Strategia digitale

Guida completa

Nella collana Guida completa:

Android 6: guida per lo sviluppatore, di Massimo Carli
Android: guida alla sicurezza per hacker e sviluppatori, di Nikolay Elenkov
Big Data con Hadoop, di Turkington e Modena
Bitcoin: guida all'uso delle criptovalute, di Richard Caetano
Content marketing, di Michela Ballardini
Costruire applicazioni con Excel 2013, di Mike Davis
C guida alla programmazione, di Pellegrino Principe
Digital Forensics, di Ghirardini e Faggioli
Droni DIY, di Pier Calderan
Elettronica DIY, di Pier Calderan
Email marketing in pratica, di Alessandra Farabegoli
Google marketing, di Daniele Salamina
Hacker 7.0, di McClure, Scambray, Kurtz
HTML5 CSS3 JavaScript, di Pellegrino Principe
Il manuale dell'e-commerce, di Roberto Ghislandi
Il manuale di Arduino (II ed.), di Maik Schmidt
IPv6 in pratica, di Dooley e Rooney
Java 8, di Pellegrino Principe
JavaScript, di Yank e Adams
jQuery (II ed.), di Castledine e Sharkie
LinkedIn: per aziende e professionisti, di Napolitano e Parviero
Linux server per l'amministratore di rete (V ed.), di Silvio Umberto Zanzi
Node.js, di Marc Wandschneider
OS X 10.11 El Capitan, di Accomazzi e Bragagnolo
Python: programmazione avanzata, di Mark Summerfield
Raspberry Pi (II ed.), di Pier Calderan
Social Commerce, di Gianluca Diegoli
Social Media ROI (II ed.), di Vincenzo Cosenza
Sviluppare applicazioni con PHP e MySQL, di Kevin Yank
Sviluppare applicazioni iOS con Swift, di P. Deitel, H. Deitel, A. Deitel
Sviluppare applicazioni per Apple Watch, di Massimiliano Bigatti
Sviluppare applicazioni web con AngularJS e Bootstrap, di Stephen Radford
Sviluppare applicazioni web con React.js, di Artemij Fedosejev
Sviluppare con WordPress, di Thord Daniel Hedengren
Windows 10 IoT Core, di Pier Calderan

A colori:

Fotografia digitale (IV ed.), di Paolo Poli
Fotografia digitale con Lightroom CC, di Elisa Andreini
Fotografia digitale Fine Art, di Marco Fodde
GoPro guida completa, di Jason R. Rich
Grafica 3D con Blender (II ed.), di Francesco Siddi
HTML5: il markup e le API, di Gigliotti e Troiani
Il negativo digitale, di Jeff Schewe
Imparare a programmare in Java con Minecraft, di Hunt Andy
L'arte della fotoelaborazione digitale a colori, di Marco Fodde
L'arte della fotografia digitale in bianconero (II ed.), di Marco Fodde
Mobile Design, di Castledine, Wheeler, Eftos
Photoshop CC, di Trezzi e Andreini
Responsive Web Design, di Gianluca Troiani
Stampa 3D, di Pier Calderan
Video con la reflex, di Davide Vasta
Usabilità mobile, di Nielsen e Raluca
Web design, di Jason Beaird
Windows 10: guida per tutte le età, di Mike Davis

Alice Avallone

Strategia digitale

APOGEO

Strategia digitale

Autore:
Alice Avallone

Socio Unico Giangiacomo Feltrinelli Editore srl
Via Andegari 6 – 20127 Milano (Italy)
Telefono: 02-725721 – Fax: 02-72572500
Email **apogeo@apogeonline.com**
Sito web **www.apogeonline.com**

ISBN: 978-88-503-3367-7

Impaginazione:
Virginio B. Sala

Copertina e progetto grafico:
Enrico Marcandalli

Editor:
Fabio Brivio

Immagini:
© 2016 Beatrice Avallone

Finito di stampare nel mese
di aprile 2016
presso Grafica Veneta S.p.A.
Trebaseleghe (PD)

Indice generale

L'immaginazione governa il mondo.
Napoleone Bonaparte in Las Cases, *Mémorial de Sainte-Hélène*

Introduzione

Come spesso accade, anche questo volume nasce da un'esigenza specifica, un vuoto che aveva necessità di essere colmato: tra i tanti articoli, approfondimenti e libri dedicati alla strategia digitale mancava un tassello fondamentale per l'apprendimento di un metodo intuitivo, semplice e senza tanti fronzoli, come solo l'approccio ludico può garantire. E così, anche se a prima vista l'espediente disimpegnato e ricreativo potrà sembrare quanto mai azzardato se accostato a tematiche lavorative, impareremo insieme l'importanza di avere a disposizione uno strumento concreto, da tenere sulla scrivania, nella borsa o sul tavolo della sala riunioni, e da applicare ogni volta che dovremo affrontare un progetto, che sia amatoriale, come un'iniziativa personale, o professionale, e quindi legato a prodotti, eventi, servizi e – perché no? – anche a personalità di spicco. Con questo manuale ricominceremo insieme da zero e torneremo a essere come bambini, curiosi di smontare e rimontare in libertà tutto quello che passa sotto il nostro naso. Nelle prossime pagine non avremo a che fare con complicati termini inglesi di difficile traduzione, e neanche con pesanti regole di marketing da imprimere nella mente come un mantra. Piuttosto, potremo testare in prima persona un modo per rendere più pratico e funzionale il nostro lavoro e quello di tutti coloro che si trovano ad avere a che fare con progetti legati al digitale. Premessa non meno importante è che ciò che state iniziando a leggere non ha una data di scadenza. In qualsiasi momento vogliate consultare questo volume, tra sei mesi o dieci anni, troverete sempre il modo di rileggere la realtà digitale con una chiave attuale. È vero, citeremo alcuni social network che dominano le nostre vite quotidiane nel presente, reti sociali che con tutta probabilità lasceranno solo un lontano ricordo tra qualche tempo, ma non importa. Qui sono le dinamiche relazionali che contano e che non andranno mai a male, qualsiasi cosa verrà dopo Twitter e Facebook.

Già cento anni prima dell'anno zero, Lucrezio, con il suo *De rerum natura*, tramandava una cosa tanto fondamentale quanto contemporanea. Il filosofo e poeta latino, infatti, ci ha lasciato in eredità un vero e proprio poema della materia, avvertendoci da subito che la vera realtà di questa materia è fatta di corpuscoli invisibili. La conoscenza del mondo avviene solo attraverso la dissoluzione della compattezza del mondo stesso. Lo stesso vuoto è altrettanto completo e dà un senso ai pieni. Ebbene sì: la poesia del digitale affonda le sue radici in un poeta materialista come Lucrezio. In fondo, se ci pensiamo bene, è vero che il nostro universo conosciuto si legge per elementi sottilissimi: il DNA, gli atomi, i quark. La stessa informatica si presenta in bit. Solo scomponendo e analizzando i singoli pezzi che creano una figura completa possiamo comprendere di cosa questa sia davvero composta. Dunque, per scomporre la strategia digitale abbiamo adottato un espediente narrativo che ci aiuterà in questa operazione, che considera appena sette pezzi: un quadrato, un parallelogramma e cinque triangoli, due grandi, due piccoli e uno medio. Ormai l'avrete capito. Si tratta del tradizionale rompicapo cinese Tangram, conosciuto anche come "Le sette pietre della saggezza", poiché in Oriente si pensava che chi avesse padronanza di questo gioco possedesse la chiave per ottenere saggezza e talento. E così, combinando opportunamente questi sette pezzi, sarà possibile ottenere un numero pressoché infinito di figure, che noi utilizzeremo per creare, analizzare e rileggere strategie applicate al mondo digitale. Proviamoci insieme.

Capitolo 1

La teoria del gioco

Proprio come i bambini

Recita un saggio detto Zen:

> Chi è maestro nell'arte di vivere distingue poco tra il suo lavoro e il tempo libero, tra la sua mente e il suo corpo, la sua educazione e la sua ricreazione, il suo amore e la sua religione. Con difficoltà sa cos'è cosa. Persegue semplicemente la sua visione dell'eccellenza in qualunque cosa egli faccia, lasciando agli altri decidere se stia lavorando o giocando. Lui, pensa sempre di fare entrambe le cose insieme.

La strategia digitale rende ancora più complessa questa distinzione, perché pianificare mosse per raggiungere un obiettivo specifico è l'essenza stessa del gioco. Nei momenti in cui sentiamo venir meno stimoli e fonti di ispirazione sul lavoro, potrebbe rivelarsi terapeutico entrare in quei vecchi negozi di giocattoli educativi oppure, meglio ancora, salire in soffitta e dare una spolverata ai nostri divertimenti infantili. L'intuizione che ha visto nascere questo volume ha mosso i suoi primi passi nelle dinamiche dei giochi. Tra le tante scatole che potrebbero capitarvi tra le mani, quella del Tangram è tra le più adatte per sviluppare le capacità creative, potenziare la concentrazione e geometrizzare il pensiero laterale, ovvero fare un'esperienza del

In questo capitolo

- **Proprio come i bambini**
- **La leggenda del Tangram**
- **Giocatori illustri del passato**
- **Il manuale in breve**

mondo che ci circonda attraverso un'attività matematica primaria. Basta guardarsi attorno: è la natura stessa che porta a tale visione, dalle linee di una ragnatela alla disposizione dei petali di una margherita.
Il Tangram è uno dei più noti giochi di pazienza e affascina grandi e piccini per la sua incredibile semplicità da un lato, e il mare di opportunità che offre dall'altro. Può essere giocato in solitaria, in due o con una sfida tra gruppi a chi riesce a realizzare una figura data, come un rombo o un trapezio isoscele, oppure a inventarsi composizioni più originali, come la sagoma di un'anfora o di un coniglio. Il giocatore ha a disposizione sette pezzi, che inizialmente compongono un quadrato perfetto ma, se associati diversamente, possono creare altre forme geometriche o figure che ricordano sagome di persone, animali o oggetti di uso quotidiano. Una caratteristica notevole della maggior parte delle figure composte con il Tangram è quella di suggerire alla nostra immaginazione molto più di quanto effettivamente rappresentano: di fatto, spesso si tratta di illusioni ottiche e interpretazioni che diamo in base alle nostre proiezioni. La loro essenzialità ed efficacia offre una ricchezza percettiva unica. I movimenti che si possono applicare alle figure sono potenzialmente infiniti; sono infatti previste traslazioni, rotazioni e addirittura ribaltamenti, come nel caso del parallelogramma. Il gioco impone solo due regole da rispettare: non è possibile sovrapporre i pezzi tra loro e occorre usarli tutti quanti.
Adesso proviamo a fare uno sforzo di memoria e pensiamo a quando eravamo piccoli, a quando tendevamo prevalentemente e in modo del tutto spontaneo a rappresentare le nostre esperienze – in casa, al parco e all'asilo – attraverso il disegno, raffigurando gli oggetti, le persone e gli animali attorno a noi, ancor prima di essere in grado di scrivere e contare. Questa attività grafico-pittorica è per tutti i bambini indispensabile per avere una valvola di sfogo che permetta di interpretare e raccontare l'esperienza della realtà che li circonda. È il primo momento in cui, in forma ancora rudimentale, ci troviamo nella nostra vita a fare *storytelling*, ovvero una narrazione di cosa viviamo, con il solo scopo di trasmettere la nostra visione sul mondo agli altri. Solo in un secondo tempo, con l'ingresso alle scuole elementari, la matematica dà l'accesso ad altri strumenti specifici per descrivere tali realtà. Si prende coscienza, per esempio, della geometria, intesa proprio come scienza matematica che si occupa delle forme nel piano e nello spazio, e soprattutto delle loro mutue relazioni. Ecco perché rapidamente si passa dal semplice disegno a qualcosa di più complesso: si osserva con più attenzione, si manipolano nuove idee, si fanno costruzioni e si modellano materiali. Non per niente i mattoncini Lego e i salsicciotti malleabili del Pongo sono giochi intramontabili per tante generazioni. Inoltre, per creare nuovi oggetti si prende confidenza con una serie di strumenti mai provati prima, come forbici, colla e righello, e attraverso il loro utilizzo si fanno misurazioni, piegature, tagli, assem-

blaggi. Tutto il mondo circostante che possiamo rappresentare prende una nuova dimensione e si inizia a dare forma a oggetti tangibili, che siano l'aeroplanino di carta origami da tirare al compagno secchione in prima fila, il libro fatto a mano da regalare alla maestra per Natale, oppure i quadrati di pasta da ritagliare con la rotella per aiutare la mamma a fare gli agnolotti. L'analogia fra tutto questo e la strategia digitale, come avrete intuito, è sempre più stretta: con il passare del tempo impariamo nuovi strumenti, sperimentiamo possibilità e relazioni tra di essi, diamo una nuova dimensione al nostro modo di comunicare.

Spesso i bambini odiano matematica e geometria perché sono presentate con tanta teoria e poca pratica. Non ne vedono l'applicazione diretta e per questo si annoiano facilmente. Succede anche quando si lavora nel mondo digitale, dove tutto è impalpabile e spesso sembra non aver alcun riscontro nella vita reale. Forse, per recuperare un corretto rapporto con la geometria, basterebbe introdurre l'uso di giochi come il Tangram nelle scuole, così da far riscoprire gli aspetti pratici del saper creare con le figure geometriche. Questo rompicapo, applicato nella strategia digitale, ci permetterà di approfondire le relazioni tra i vari pezzi che la compongono e fare della nostra professione un gioco. Impareremo a dare un nome a ogni pezzo, comporremo strategie e compiremo anche un passaggio inverso, che permetterà di risalire dal disegno geometrico al suo significato (Figura 1.1).

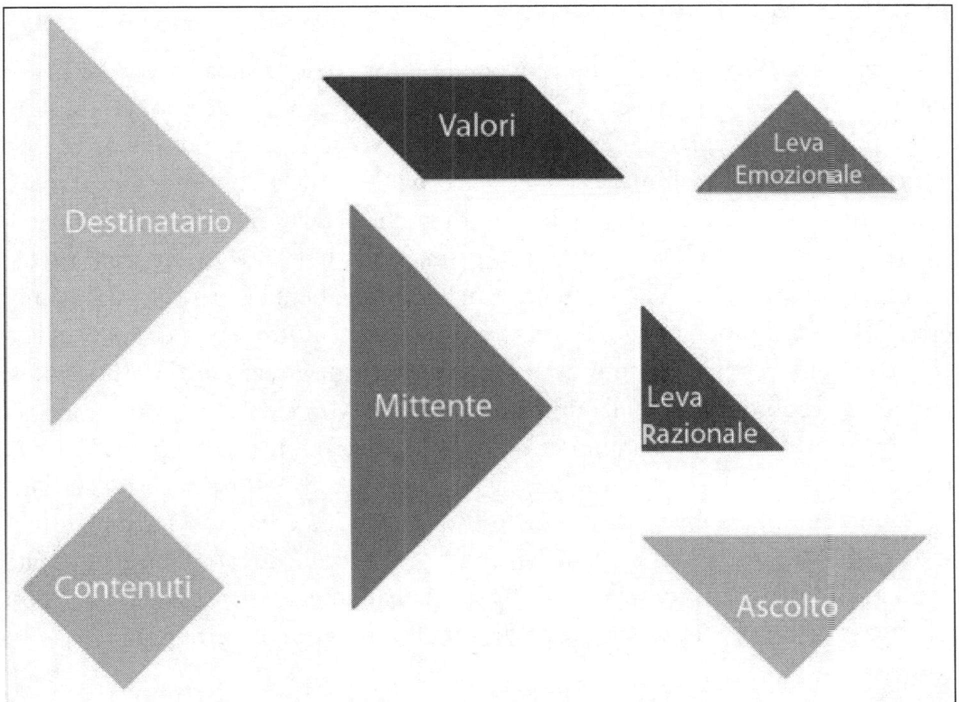

Figura 1.1 I sette pezzi che compongono il gioco del Tangram.

Come accennavamo, il disegno, in questo caso anche quello geometrico, può essere interpretato in molti modi nei diversi contesti, e la percezione è la prima a intervenire nella costruzione di un'interpretazione. Ecco perché qui avremo a che fare con un metodo universale capace di valorizzare le vostre capacità intrinseche personali e quelle dei vostri collaboratori. Ciascuno potrà vedere e adattare la realtà del Tangram al proprio contesto, che sia un blog di cucina, un punto di riferimento per cuori solitari o una costosa campagna per un brand di lusso. Un'ultima nota prima di proseguire: i teoremi forniscono fin dall'antichità strumenti utili per le discipline che riguardano lo spazio in cui viviamo, dalla meccanica all'architettura, dalla geografia alla navigazione, fino all'astronomia. La parola "teorema" in greco significa "ciò che si guarda": è una proposizione che, a partire da condizioni iniziali arbitrariamente stabilite, trae una conclusione che riesce a dimostrare. A noi la geometria del Tangram, insieme al teorema che stabiliremo, fornirà la possibilità di indagare riguardo la Rete, lo spazio intangibile che circonda la vita quotidiana di tutti noi, e tutte le relazioni che ospita al suo interno e che influenzano la stesura di una strategia digitale. Chiaramente non prima di aver dato uno sguardo alla nascita di questo affascinante gioco che affonda le sue radici nella notte del tempi.

La leggenda del Tangram

Lo diciamo subito a scanso di equivoci: le informazioni sulla storia del gioco sono conflittuali. Jerry Slocum, noto storico americano, collezionista e autore specializzato in rompicapi, nei primi anni 2000 ha cercato di mettere ordine tra le varie fonti con il volume *The Tangram Book* (Sterling Publishing, New York). Innanzitutto, ne ha studiato le radici etimologiche: il termine "Tangram" apparve sul *Webster's American Dictionary* per la prima volta nel 1864 come utile metodo di apprendimento della geometria nelle scuole, benché sia noto da scambi epistolari che il gioco fosse in gran voga già a inizio Ottocento, quando navi e carrozze erano i principali mezzi di trasporto e comunicazione. Ci sono ipotesi che fanno risalire il nome alla dinastia cinese dei Ming, dalla combinazione tra *tang* (cinese) e *gram* (immagine), mentre altre direttamente a "tangram", antico termine inglese che significava "puzzle". Infine, alcuni testi riportano che "tan" potrebbe significare invece la parola "prostituta": il matematico Martin Gardner scoprì che le famiglie cinesi che vivevano sui battelli fluviali erano chiamate "tanka", e nulla gli fece escludere che i marinai americani potessero aver così ribattezzato il Tangram come gioco di intrattenimento con le ragazze.

Sulla provenienza

Un'altra fantasiosa ipotesi, questa volta di James Dalgety, fondatore del Puzzle Museum (al momento visitabile solo online), fa risalire addirittura il gioco a un'origine italiana. Niente di più irreale: le prime pubblicazioni in Italia arrivarono dopo il 1817 con il *Nuovo Giuoco Cinese* dei fratelli Bettalli e *Metamorfosi del Giuoco detto l'Enimma Cinese* (edizione Landi).

In realtà, in Cina il gioco è chiamato "Ch'i ch'iao t'u", che significa "sette pietre della sapienza" e identifica il "quadrato della saggezza", forma geometrica che nella cultura cinese simboleggia la sapienza e l'infinito, oltre a possedere proprietà magiche. Non è arrivato nessun testo ai giorni d'oggi che possa confermare queste ipotesi, ma sappiamo che la moda di guardare con fascinazione all'Oriente imperversava nei salotti reali come in quelli borghesi già nel primo ventennio dell'Ottocento e il Tangram ottenne tale successo, anche negli ambienti matematici, grazie al fatto che non si trattava solo di un semplice "gioco di creazione", ma soprattutto di un vero e proprio rompicapo che richiedeva una profonda concentrazione e capacità di immaginare la possibile posizione dei pezzi tra loro. È altrettanto vero che un primo puzzle simile è datato al III secolo avanti Cristo ed è di origine greca: si chiama Loculus Archimedes o Stomachion. Numerosi autori romani, infatti, nel corso dei decenni successivi, lo citavano nei loro libri. Ausonio, poeta e statista del IV secolo, lo descriveva come un puzzle di ben quattordici pezzi di avorio che assemblato poteva formare centinaia di figure umane, animali o di oggetti: un gladiatore armato, un cacciatore accucciato, un elefante, una torre, un cane che corre incontro al suo padrone (Figura 1.2).

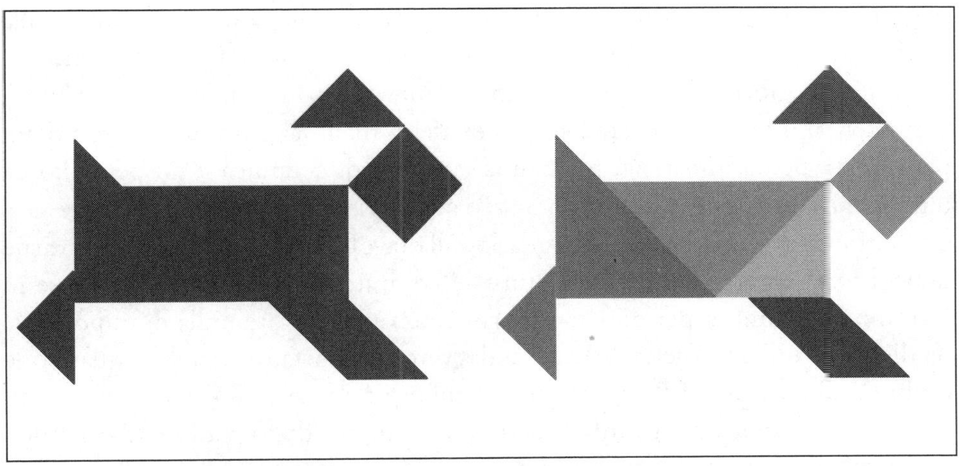

Figura 1.2 Un esempio di figura creata con il Tangram.

Samuel Loyd, scacchista statunitense e creatore di enigmi matematici, vissuto a cavallo tra Ottocento e Novecento, ha ideato centinaia e centinaia di possibili figure realizzabili con il Tangram che sembrano quasi illustrare la creazione del mondo e l'origine della specie nel suo libro *The Eighth Book of Tan*, uscito per un dollaro nel 1903 per la sua omonima casa editrice newyorkese. Samuel Loyd aveva una sua personale teoria originaria sul gioco, che secondo alcune credenze orientali sarebbe stato inventato dal dio Tan, nome peraltro utilizzato per indicare i setti pezzi, che più di quattromila anni fa creò i vari componenti prelevando ciascun pezzo dal sole, dalla luna e dai pianeti Mercurio, Venere, Marte, Giove e Saturno. Ebbene, sembra che le sue fonti arrivassero da sette fantomatici libretti compilati nell'Antica Cina e riesumati da un improbabile professor Challenor, dei quali sono pervenuti ai giorni nostri solo il primo, il settimo e alcuni frammenti del secondo. Chiaramente, nulla di tutto ciò è verosimile: *i sette libri di Tan* non sono mai esistiti, e la fantasia sfrenata di Lyod contribuì ad alimentare il grande caos intorno alla nascita del puzzle. In fondo, come ricorda il professore di matematica Ronald C. Read nei suoi studi, "4000 anni fa in Cina incidevano ancora rozzi pittogrammi sui gusci delle tartarughe", e viene dunque davvero difficile credere che avessero compilato un'opera titanica di sette volumi.
Ancora una curiosità: sulla copertina appaiono una croce greca in un cerchio e un quadrato, una svastica come simbolo portafortuna dell'Antico Egitto e il simbolo cinese di yin e yang, a rappresentazione del destino. Senza avventurarci in altrettante surreali versioni complottistiche, possiamo fare un breve riferimento a una delle leggende più accreditate sulla sconosciuta nascita di questo rompicapo e che ben si collega con il concetto di destino. E come in tutte le storie, anche questa inizia con un "c'era una volta...".
In una remota regione della Cina si trovava un tempio abitato da monaci molto saggi che si dedicavano tutto il giorno alla lettura, alla contemplazione e alla meditazione. Molte persone si recavano qui per ascoltare gli insegnamenti dei monaci. Un giorno, un ragazzo andò da uno di loro dicendo che desiderava conoscere il mondo. Il vecchio saggio diede in mano al giovane tre oggetti: un paio di scarpe da infilarsi ai piedi, una tavoletta di ceramica e un pennello da tenere in borsa. Ogni volta che il ragazzo avesse visto qualcosa che lo interessava e lo colpiva, avrebbe dovuto disegnarla sulla tavoletta, in modo da preservarne il ricordo. Il ragazzo, entusiasta di un tale compito, calzò le scarpe e si mise in cammino. Camminò per giorni e giorni, senza mai trovare nulla di importante da disegnare sulla tavoletta. Si sentiva davvero sconfortato. Una sera, quando le ombre si allungavano dalle montagne e il cielo cominciava a imbrunire, il ragazzo tirò fuori la tavoletta per guardarla: si trattava di un quadrato perfetto di ceramica. Il ragazzo si chiese tra sé e sé come avrebbe fatto a disegnare tutto ciò che lo avesse colpito e interessato su una tavoletta così piccola. Ma ecco che, proprio

mentre rifletteva, il suo piede inciampò su un sasso e lui cadde. Rialzandosi e scrollandosi la terra dagli abiti, scoprì con immenso dispiacere che la tavoletta si era rotta. Raccolse i cocci in fretta, accese un lume e si sedette cercando di ricomporla. Ma mentre era lì intento si accorse che, invece del quadrato, aveva composto la figura di un drago. Mescolò di nuovo i pezzi e ritentò di assemblarli in un quadrato. Nulla, questa volta aveva ottenuto la figura di una casa. Provò e riprovò tutta la notte, ottenendo sempre nuove figure.
Questa storia insegna al ragazzo, e a noi di riflesso, che tutte le cose del mondo non sono solo attorno a noi, ma anche e soprattutto dentro di noi. Il destino ha voluto che il ragazzo le abbia trovate non viaggiando, ma seduto, giocando con la sua tavoletta rotta. E sapete che cosa disse il vecchio saggio una volta che il ragazzo lo raggiunse?

> Vedi ragazzo, tu volevi viaggiare e vedere il mondo. Il tuo desiderio era buono, ma il modo in cui volevi realizzarlo non era appropriato. Tutte le cose del mondo possono passarti accanto, ma se tu non hai occhi per guardare e cuore per capire, non ne vedrai neppure una.

E fu così che il giovane riprese a giocare per sette anni con la sua tavoletta rotta, trovando tutte le cose del mondo senza muovere un passo.
Il digital strategist, come il giovane del racconto, ha tutto sotto il naso anche per lavorare nel mondo digitale: dobbiamo solo esercitarci ad assemblare gli elementi giusti tra loro. Come vedremo tra poco, tanti si sono innamorati di questo sistema.

Giocatori illustri del passato

Napoleone Bonaparte, Lewis Carrol, Hans Christian Andersen, Edgar Allan Poe e John Quincy Adams, il sesto Presidente degli Stati Uniti d'America, furono solo alcune delle personalità che rimasero folgorate dal Tangram. Nel 1908, il matematico Henry Dudeney scrisse sullo *Strand Magazine* un articolo intitolato "Tales with Tangrams", dove raccontava di quando entrò in possesso di uno dei primi libri su questo gioco, *The Fashionable Chinese Puzzle*, proprio dalla biblioteca personale di Lewis Carrol, autore di *Alice nel paese delle meraviglie*. Fu in questa occasione che Dudeney presentò al pubblico quattro personaggi mitici ricreati con le sette tessere – la Lepre Marzolina, il Cappellaio Matto, il Gatto dello Cheshire e la Regina di Cuori – la cui ideazione è interamente attribuita allo scrittore (Figura 1.3).
Una piccola curiosità: a tutti gli studiosi è sembrato impossibile scoprire la soluzione della seconda figura... Voi riuscite a trovarla?

Figura 1.3 Le figure di Alice nel paese delle meraviglie attribuite a Carrol.

Alcuni sostengono che furono queste figure a ispirare Carrol nella composizione del suo capolavoro, e non il massiccio uso di oppio, come alcuni pettegolezzi riportano. All'interno di *The Magic of Lewis Carrol*, a cura di John Fisher, sono stati racchiusi tutti gli enigmi e i giochi matematici che lo intrigavano maggiormente: il "tangramma", così venne tradotto il termine in lingua italiana negli anni '80, ne fa inevitabilmente parte. Ma il connubio Tangram e scrittori non si esaurisce qui: nella sua rubrica dedicata ai giochi matematici della rivista *Scientific American*, il già citato Martin Gardner includeva addirittura una foto del Tangram in avorio appartenuto a Edgar Allan Poe. E lo stesso scrittore danese Hans Christian Andersen menziona il rompicapo nella sua favola *The Snow Queen*:

> Trascinava dei pezzi di ghiaccio taglienti e piatti che sistemava in tutti i modi possibili perché voleva ricavarne qualcosa: come quando abbiamo dei pezzetti di legno e li disponiamo a comporre figure chiamate il gioco cinese. Anche Kay formava delle figure, le più complicate, era il gioco di ghiaccio dell'intelletto; ai suoi occhi le figure erano ottime e della massima importanza.

Ma è sul mito di Napoleone che si concentra la maggior parte delle pubblicazioni sul puzzle a partire dal 1817, in America come in Svizzera. Nonostante non esistano a oggi fonti davvero certe, pare che il Tangram fosse diventato il suo passatempo preferito durante l'esilio sull'isola di Sant'Elena. In realtà, ci sono buone ragioni per dare credito a questa leggenda, poiché è risaputo che Napoleone sviluppò con il tempo un forte e sorprendente interesse per tutto ciò che era razionale e dimostrabile, e in particolar modo per la geometria. Divenne amico di diversi matematici e scienziati, come Fourier, Monge e Berthollet, e non per niente la Francia sotto il suo regno divenne la potenza scientifica più importante al mondo. Inoltre, sviluppò un proprio teorema che porta ancora oggi il suo nome, dove afferma che se si costruiscono dei triangoli equilateri sui lati di un triangolo qualsiasi, tutti all'esterno oppure tutti all'interno, i centri di questi triangoli equilateri formano a loro volta un triangolo equilatero, detto anche "triangolo di Napoleone" (Figura 1.4). Triangoli, figure e dissezioni: impossibile non pensare che il Tangram fosse diventato nel tempo il suo gioco preferito.

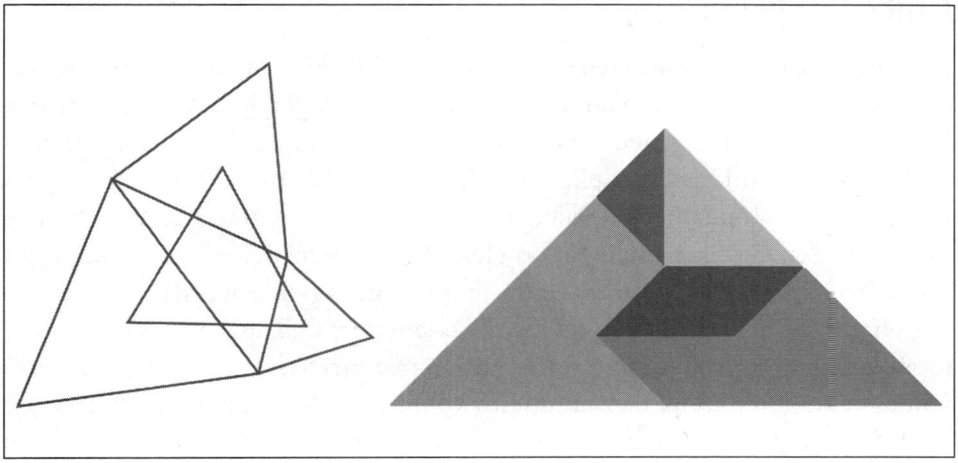

Figura 1.4 Il teorema di Napoleone e il triangolo costruito con il Tangram.

La seconda buona ragione per riflettere sul suo legame con il gioco è dovuta all'influenza cinese a Sant'Elena, che si trova a 1200 miglia dalla costa africana, dove Napoleone rimase dal 1815 al 1821, anno della sua morte. Ai tempi, due terzi della popolazione dell'isola erano schiavi africani e cinesi, presenti sul territorio fin dai primi insediamenti della East India Company del 1659. È facile dunque capire come Sant'Elena fosse uno dei più importanti punti di attracco e approvvigionamento di cibo e acqua per le navi che commerciavano tra Cina, Inghilterra e resto d'Europa. Nel porto, i mercanti rivendevano ai commercianti locali confezioni di scacchi e altri oggetti provenienti dall'Oriente: è così che giunse alle mani di Napoleone una scatola contenente un Tangram di avorio, con relativo manuale di istruzioni di provenienza cinese, molto simile a quella attribuita a Edgar Allan Poe. Oggi si trova al terzo piano del museo ospitato all'interno del Castello di Malmaison, acquistato da Giuseppina Beauharnais, prima moglie di Bonaparte, mentre questi era impegnato nella Campagna d'Egitto. Infine, c'è da sottolineare come il rompicapo preveda pazienza da parte del giocatore. E Napoleone, durante il suo esilio, ne doveva aver avuta parecchia, se pensiamo che è riuscito a inventarsi anche un gioco di carte che porta il suo nome: il "Napoleone", appunto, un accattivante solitario che consiste nel realizzare delle sequenze ascendenti, a partire dagli assi, formate da carte tutte dello stesse seme. Questa è non solo un'ulteriore testimonianza di quanto rigore matematico e genialità creativa facessero parte indissolubilmente dello stesso grande uomo, ma anche e soprattutto una precisa indicazione dell'approccio che avremo nell'affrontare via via la strategia digitale nei prossimi capitoli.

Il manuale in breve

Per il matematico e filosofo tedesco Gottfried Wilhelm von Leibniz, per *ars combinatoria* si deve intendere la combinazione di tutti i segni delle idee primitive in tutti i modi possibili, capace quindi di fornire la chiave per la soluzione di ogni problema. In parole più semplici, non è altro che la capacità di mescolare tra loro più elementi per creare qualcosa di nuovo che sia in grado di risolvere una questione. Secoli prima anche Aristotele, nella sua opera di logica *Analitici*, aveva intravisto la possibilità di una scienza unica in grado di rappresentare concetti semplici con dei simboli, in quel caso con le lettere dell'alfabeto greco. Con la stessa ambizione, noi useremo sette simboli per altrettanti concetti. Il percorso volutamente interdisciplinare di questo volume vuole insegnare a interpretare la strategia digitale non tanto come una pianificazione studiata a tavolino e con i piedi ben piantati per terra, ma come una combinazione di più elementi o, ancora meglio, come un organismo fluttuante in continuo cambiamento. Inoltre, la presenza di un vincolo così rigido, come l'avere solo sette pezzi a disposizione, è da considerarsi un'opportunità. In fondo, la creatività stessa nasce proprio da un problema da risolvere e un ostacolo da superare. È una sfida a tutti gli effetti: ecco perché il Tangram è un espediente concreto che più di qualsiasi altro può aiutarci a comprendere il concetto di "costruzione di una visione". Esso attiva un duplice processo nella nostra mente: da una parte la induce a una presa di consapevolezza riguardo i singoli sette pezzi costitutivi; dall'altra la conduce al riconoscimento della figura finale e del significato che assume.

Come ormai avrete intuito, il manuale che avete tra le mani propone un'esperienza ludica, un gioco, ma non per questo si tratta di una metodologia meno seria di altre. Come ricorda Umberto Eco nella prefazione del libro *Homo ludens* di Johan Huizinga (edizione Einaudi), nella lingua inglese, a differenza dell'italiano, esiste una sostanziale differenza tra i termini *game* e *play*. Se la prima parola definisce il gioco come insieme di regole e schemi volti a instaurare una forma di competizione come nel tennis o nel poker, la seconda indica un atteggiamento ludico di fondo, tipico dei bambini che lavorano alla scoperta del mondo. Il Tangram spinge noi adulti a percepire il *game*, l'insieme delle tante regole che definiscono la strategia digitale, con spirito di *play*, cioè attraverso il piacere di sperimentare e manipolare. Inoltre, Eco ci ricorda quanto l'attività ludica sia un fatto concreto: in italiano, infatti, chi gioca non gioca *qualcosa*, ma gioca *con qualcosa*.

Questo manuale, da immaginare come una vera e propria scatola da gioco, ha una struttura molto flessibile che permette una doppia modalità di lettura: lineare, per seguire passo passo la formazione di una strategia digitale; oppure trasversale, se la necessità è quella di approfondire solo singole parti. Sarà possibile strutturare strategie digitali partendo dalla creazione di figure con i sette pezzi; oppure, al contrario, si potrà decodificare una figura già creata, attraverso il codice che andremo a delineare nei prossimi capitoli.
Intanto, apriamo insieme la scatola e diamo un'occhiata al suo interno.

Capitolo 2: Panoramica sulla strategia

Sono le istruzioni del nostro gioco. Qui si definisce che cosa è e cosa non è una strategia digitale, la sua relazione con il mondo offline, che tipo di obiettivi deve prefissarsi e quali sono gli ingranaggi che la fanno muovere. Ma soprattutto, si introduce la capacità più importante per affrontarla, che farà poi da collettore a tutte le pagine seguenti: l'immaginazione.

Capitolo 3: Il mittente e il destinatario

Entriamo nel vivo dei componenti del Tangram, iniziando proprio dai due triangoli più grandi. Sono loro i reali protagonisti della comunicazione: chi invia un messaggio, attraverso un canale e un codice condiviso, e chi lo riceve. Il lavoro proposto è di scomposizione: il destinatario non solo andrà segmentato capillarmente, ma anche mappato all'interno del settore di riferimento.

Capitolo 4: I contenuti

Il quadrato rappresenta gli ingredienti che abbiamo a disposizione per preparare la nostra ricetta: i contenuti, solidi e concreti. Adottando un efficiente modello di organizzazione, verranno innanzitutto messi in ordine e a portata di mano. Attraverso poi i quattro elementi naturali, si porteranno alla luce le loro caratteristiche intrinseche. E infine sì, diremo addio anche alle teorie di Marshall McLuhan: il mezzo non è il messaggio.

Capitolo 5: I valori professionali

La figura del parallelogramma, con il suo movimento obliquo, suggerisce flessibilità, qualità fondamentale per chi vuole avvicinarsi al mondo digitale. Rappresenta i valori di uno stratega. Sarà Italo Calvino con le sue *Lezioni americane* a indicare l'approccio giusto al lavoro, sia nel caso che il digital strategist agisca da solo, sia che abbia a che fare con un team di professionisti.

Capitolo 6: Le leve sociali

I due triangoli più piccoli azionano le meccaniche di engagement del nostro destinatario. Si tratta di un gioco di bilanciamento tra due aspetti così opposti ma complementari: emozionale e razionale. Parafrasando Jane Austen: "ragione e sentimento". Le leve vengono azionate ogni qual volta viene veicolato un contenuto. Sarà compito del digital strategist individuare il giusto equilibrio di caso in caso, con l'aiuto dello storytelling. E così, ognuno dei sette pezzi del Tangram assumerà un significato differente, seppur analogo, che permetterà allo stratega di sperimentare e veicolare i contenuti in forme di racconto sempre più innovative.

Capitolo 7: L'ascolto

L'ultimo dei sette pezzi è il triangolo medio, il nostro orecchio teso e pronto a captare le conversazioni in Rete. È un pezzo decisivo, poiché la funzione che assume è simile a quella di un timone. Essere in grado di intercettare che sentimenti prova il destinatario e saper valutare la reputazione del mittente e dei contenuti veicolati è fondamentale per preparare il terreno alle strategie future.

Capitolo 8: Tangram al completo

Dopo aver studiato i sette pezzi, diamo finalmente uno sguardo al tavolo da gioco. Ciascuna strategia digitale, proprio come un film o un romanzo, richiede la costruzione di un mondo di riferimento, così che in tutte le fasi di sviluppo si possa avere piena coerenza e continuità. È un capitolo di esempi pratici, con figure semplici e complesse, come nel caso di progetti cross e trans-mediali. Impossibile non fare un accenno al mondo della narrazione sul digitale e ai nuovi format possibili, utilizzando la scatola da gioco con un'altra finalità: costruire mondi.

Appendice

A chiudere il tutto, un'appendice che farà della nostra stessa vita un gioco attraverso stimoli da applicare nel quotidiano, la costruzione di un Tangram tascabile e sette segnalazioni di letture da non perdere dopo aver terminato questo manuale: buona scoperta.

> La fantasia è una facoltà dello spirito capace di inventare immagini mentali diverse dalla realtà dei particolari o nell'insieme: immagini che possono essere anche irrealizzabili praticamente. La creatività è una capacità produttiva dove fantasia e ragione sono collegate per cui il risultato che si ottiene è sempre realizzabile praticamente.
>
> *Bruno Munari*

Capitolo 2

Panoramica sulla strategia

In questo capitolo

- **La definizione corretta**
- **Le variabili da considerare**
- **Dentro e fuori la Rete**
- **Largo all'immaginazione**

La definizione corretta

Le parole sono importantissime. Ecco perché, in questa guida, ci piacerebbe partire proprio dalle definizioni etimologiche di quelle parole il cui significato diamo spesso per scontato, pur non conoscendolo davvero. Per esempio, probabilmente non tutti sanno che la radice della parola "strategia" è greca, ed è riconducibile alla figura del generale e alla sua capacità di arrivare a una visione d'insieme che gli permetta di prendere le decisioni più efficaci durante una guerra. Inoltre, è interessante scoprire che i termini "strategia" e "tattica" non sono affatto sinonimi, bensì esiste una netta distinzione tra di essi: in campo militare, si parla di "strategia" per descrivere un piano d'azione a lungo termine per impostare e successivamente coordinare le azioni tese a raggiungere obiettivi predeterminati. Al contrario, il termine "tattica" viene utilizzato per definire una singola azione, non particolarmente legata ad altre, che prevede un parziale raggiungimento di un obiettivo.

Anche nel mondo sportivo, questa parola identifica non tanto il piano d'insieme di un atleta che punta alla vittoria, quanto gli accorgimenti isolati da lui adottati durante la gara: per esempio, nel motociclismo, al fine di superare un avversario in curva. Pensiamo anche al calcio: le tattiche sono quelle che prevedono diverse modalità di fare pressing, tirare calci d'angolo e calci di rigore; le strategie, invece, sono gli schermi veri e propri, studiati dall'allenatore, posizionando in modi diversi i giocatori rispetto ai loro ruoli. Il 5-3-2 è diverso dal 3-4-3: la prima strategia è di difesa e prevede di schierare cinque difensori, tre centrocampisti e due attaccanti, mentre la seconda è più di attacco, con tre difensori, quattro centrocampisti e tre attaccanti.

Tra il VI e il V secolo avanti Cristo, il generale e filosofo cinese Sun Tzu, nel suo celebre *L'arte della guerra*, scriveva: "una strategia senza tattiche è il cammino più lento verso la vittoria; le tattiche senza una strategia sono il clamore prima della sconfitta". Non per niente, il volume è tuttora usato come riferimento per le strategie di molte aziende in tutto il mondo. Ritornando al campo militare, facciamo un ulteriore esempio esplicativo, e prendiamo in analisi due nazioni che si affrontano con l'obbiettivo di vincere una guerra: avere una strategia, in questo caso, significa studiare e attuare un piano che punti a distruggere l'esercito avversario per neutralizzare la sua capacità militare; mettere in atto una tattica, invece, significa che chi combatte esegue specifiche azioni per distrarre, aggirare o depistare il nemico, senza però avere in serbo una pianificazione effettiva e sistematica.

La stessa dinamica si riflette sul digitale: la strategia è un piano che stabilisce visione, obiettivi, strumenti e meccaniche di coinvolgimento; la tattica è una manovra non omogenea all'insieme. Succede quando i brand, per esempio, decidono di aprire un canale su un nuovo social network, senza sapere bene come e perché usarlo, solo per il fatto che "tutti gli altri ce l'hanno". Adeguarsi ai competitor è una tattica che raggiunge solo parzialmente un obiettivo (in questo caso, apparire al passo con i tempi e con le mode online), poiché manca una visione strategica di utilizzo (Figura 2.1).

Un altro errore molto comune è far sì che la strategia digitale, che prevede un utilizzo di svariati strumenti e modalità che coinvolgono l'online, corrisponda ai soli canali social e alla relativa pianificazione: in questo caso la definizione *social media strategy* è più accurata, benché si tratti solo di una componente di quella che chiamiamo *digital strategy*.

Se dovessimo leggerla attraverso il gioco del Tangram, la strategia digitale sarebbe la creazione di una sagoma identificabile con l'insieme dei sette pezzi; la parte relativa ai social network, invece, si limiterebbe a una figura non riconoscibile, se non addirittura frammentata. La verità è che, per via della continua evoluzione del digitale e delle possibilità di integrazione, ogni realtà, anche la più piccola, non può più limitarsi alla semplice presenza sulle reti sociali.

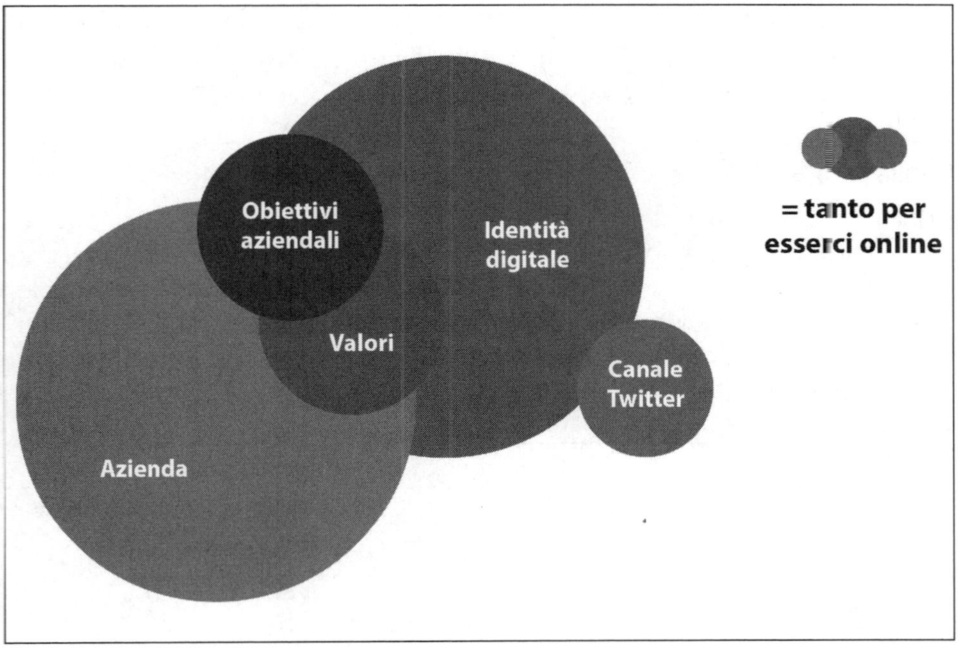

Figura 2.1 Che cosa non è una strategia digitale.

Vediamolo attraverso un esempio concreto: *La Dolce Vita* è un negozio di parrucchiere nell'astigiano, gestito da Melania, giovane e intraprendente ragazza che ha a disposizione un piccolo budget da investire in una strategia di comunicazione online per attirare nuove clienti e fidelizzarle, soprattutto per occasioni speciali, dalle feste di compleanno alle cerimonie. Al momento, gestisce da sola e in modo amatoriale una pagina su Facebook, dove pubblica di tanto in tanto le sue ultime acconciature. Strutturare una strategia per Melania significa dare un senso coerente all'attività già intrapresa, inglobandola in una visione più ampia (Figura 2.2). Questo vuol dire, per esempio, proporre un sito web che abbia tutte le informazioni per mettersi in contatto con lei e un feed collegato agli aggiornamenti postati su Facebook, così che si possa dare agli utenti l'impressione di un punto di riferimento online concreto, dove potersi tenere aggiornati sulle novità de *La Dolce Vita* senza essere vincolati dall'accesso sul social. Si potrà poi predisporre un modulo di raccolta di indirizzi email, sia nel negozio sia sul sito web, in modo tale che Melania possa inviare piccoli suggerimenti e buoni sconto alla clientela più affezionata. Inoltre, si procederà al posizionamento corretto e completo del suo esercizio su Google Maps e su altri portali di riferimento, sia locali sia tematici, come per esempio quelli che presentano elenchi di parrucchieri per spose o per sfilate di moda. In seconda battuta, a fronte di piccolissimi investimenti, si potranno creare e sponsorizzare su Facebook contenuti rilevanti e curati, da indirizzare a un target specifico: per esempio, donne tra i 25 e i 40 anni che vivono in un raggio di 15 km dal centro di Asti e che hanno interesse nella cura dei capelli.

Dalla pratica alla teoria

Quanto esposto non ha la pretesa di essere esaustivo, ma più semplicemente vuole abbozzare l'architettura di una possibile strategia digitale che fissa l'attenzione su che cosa vogliamo ottenere. Anche la stessa sensibilizzazione riguardo l'uso consapevole dei presidi digitali può rientrare tra le attività da proporre ai clienti, nel caso siate portati per l'insegnamento. In fondo, chi meglio di un digital strategist può diventare maestro di queste materie?

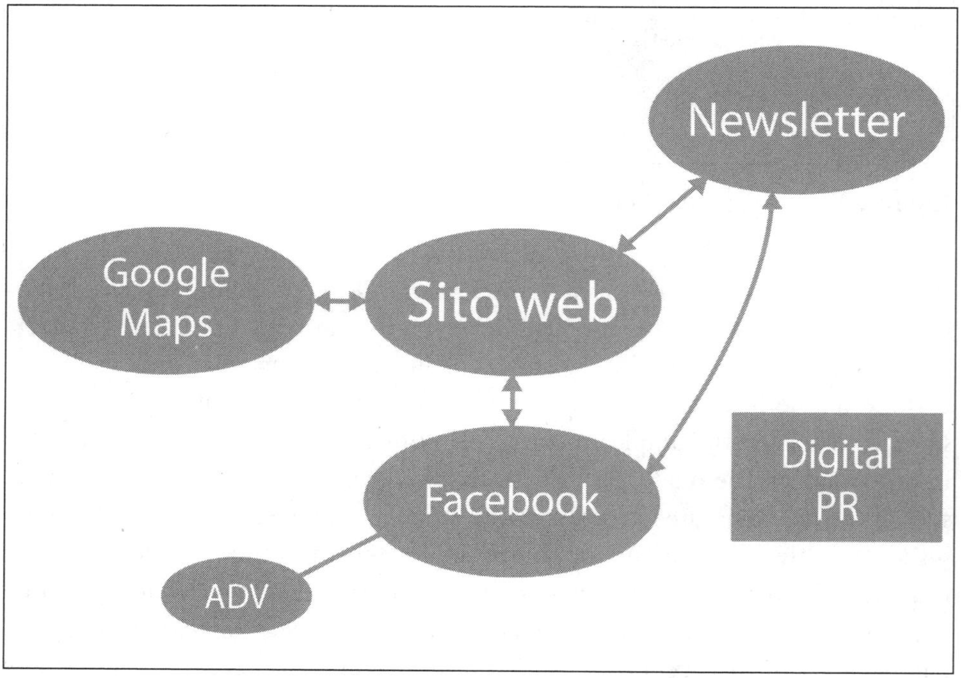

Figura 2.2 Esempio di bozza da prevedere in fase di studio di una strategia.

Fissare nero su bianco gli obiettivi dell'operazione strategica significa dare un valore reale al nostro impegno e all'investimento economico che il cliente ha deciso di fare scommettendo su di noi. In un articolo apparso nel 1981 su *Management Review* e firmato dagli esperti George Doran, Arthur Miller e James Cunningham, venne presentato ai lettori un metodo per pianificare le finalità di un progetto e definire le loro caratteristiche tanto semplice quanto rivoluzionario: SMART. Se nella lingua inglese la parola *smart* significa "intelligente", "brillante" e "sveglio", in questo caso si tratta dell'acronimo che fa da ombrello ai valori che devono presentare i nostri obiettivi. Scopriamoli insieme.

Specific

In italiano, "specifico". Ma anche particolare, caratteristico, speciale, proprio, distintivo, determinato: sono tutti sinonimi che ci fanno capire come il nostro obiettivo debba calzare a pennello con l'oggetto in questione. Uno dei rischi più diffusi è quello che vede il digital strategist fissare delle finalità troppo generiche che potrebbero andare bene anche per un competitor. Insomma, l'obiettivo principale della Sagra della Porchetta non potrà essere uguale a quello della Sagra degli Arrosticini. Chiedetevi sempre cosa rende unico il cliente. "Specific" significa determinare in dettaglio che cosa vogliamo: si passa dal voler "coinvolgere più persone possibili online e portarle alla sagra" al voler "intercettare il pubblico online amante del maiale (o dell'agnello, nel secondo caso) a un raggio di due ore di macchina dal paese di Costano (oppure di Riano, per gli arrosticini)". Come il gioco del Tangram ci insegnerà nelle prossime pagine, non c'è una strategia digitale uguale all'altra.

Measurable

In italiano, "misurabile". Benché analizzeremo in profondità questa tematica nel Capitolo 7, è bene introdurre subito un concetto basilare: una strategia digitale non può ritenersi tale se non ha obiettivi misurabili, sia dal punto di vista quantitativo sia qualitativo. In fondo, perché un cliente dovrebbe investire un budget in qualcosa di intangibile? Ecco perché è bene "prendere le misure". Vanno dunque preventivamente concordate e definite le metriche sulle quali baseremo la valutazione del raggiungimento o meno degli obiettivi. Numeri e percentuali sono vere e proprie cartine tornasole dell'efficacia del nostro piano strategico e un valido supporto per impostare nuovi goal. Sapere che il sito ufficiale della Sagra della Porchetta ha raggiunto mille visite uniche settimanali nel mese antecedente all'evento aiuterà lo stratega ad alzare il tiro degli obiettivi dell'edizione successiva e, al tempo stesso, potrà rassicurare il cliente riguardo l'impiego del suo denaro.

Achievable

In italiano, "raggiungibile". Anche se alcuni testi di marketing riportano altre interpretazioni della terza lettera, come "ambizioso" e "action-oriented", in questo manuale preferiamo sottolineare l'importanza di avere i piedi ben piantati per terra. Prevediamo dunque obiettivi che si possano raggiungere passo dopo passo, soprattutto in base alle risorse che abbiamo a disposizione. Chiediamoci se, in base alle restrizioni imposte o alle concessioni date, sia realistico o meno pensare di raggiungere ciò che ci siamo prefissati. Si tratta di prendere bene la mira da una posizione che ci permetta di fare canestro: è impensabile, per chiunque, tirare la palla da basket da cento metri di distanza e segnare (a proposito: a oggi, il record del mondo per il canestro dalla distanza più lunga è 33,22 metri). Con la stessa dinamica, anche l'ipotetico digital strategist della Sagra della Porchetta di un piccolo paesino in provincia di Perugia, con un budget di comunicazione limitato, avrà come obiettivo "achievable" il pubblico della sua provincia e della sua regione, non certo chi vive in Sardegna.

Relevant

In italiano, "pertinente". I propositi della strategia devono essere contestuali al soggetto della comunicazione e dunque riguardare direttamente una determinata sfera concettuale. Se il soggetto in questione è la porchetta e la sfera concettuale è il piacere di mangiare la carne, la pianificazione non potrà certo prevedere un'attività di coinvolgimento per un pubblico vegetariano e vegano. Così come, trattandosi di una sagra dove si consuma il pasto in piedi o su tavolate comuni, tenderemo a non intercettare persone che preferiscono tutti gli agi di un vero e proprio ristorante. In questo caso, è quanto mai necessaria un'impostazione logica. Ma occorre valutare l'attinenza degli obiettivi anche nel contesto socio-economico di riferimento, e più in generale in quello di cronaca e attualità. Il giorno successivo agli attentati terroristici di Parigi, numerosi brand hanno scelto (o dimenticato) di non sospendere le promozioni a pagamento su Facebook che, con tono spensierato e frivolo, davano seguito agli obiettivi pianificati in precedenza, come comunicare la gioia per il fine settimana che stava iniziando. La strategia digitale non può essere indifferente a ciò che succede intorno a noi. A volte, è meglio prendersi un momento in più, fermarsi a riflettere o, in casi estremi, rimanere in silenzio.

Time-bound

In italiano, "con un tempo ben definito". Ogni strategia digitale ha una data di scadenza, e così gli obiettivi che la giustificano. "Digital strategist procrastinatore" è un ossimoro: oltre a rispettare le deadline, deve sapere in ogni momento se il raggiungimento degli obiettivi sta seguendo la tabella di marcia prestabilita. A fronte di una sagra paesana che si tiene a metà agosto, è chiaro come partire con una strategia digitale per tempo sia una *condicio sine qua non* al fine di ottenere risultati concreti. Iniziare troppo presto o troppo tardi potrebbe vanificare ogni nostro lavoro. Facciamo un quotidiano punto della situazione: che azioni intraprendo oggi, tra una settimana, e il mese successivo? L'ideale sarebbe tenere un diario di bordo per ciascun progetto di comunicazione seguito, così da appuntare l'andamento della navigazione strategica, eventuali ritardi e soluzioni per ovviare a perdite di tempo dovute a fattori esterni. E proprio il tempo sarà il primo protagonista del prossimo passaggio.

In chiusura, ci permettiamo di dare un paio di consigli della nonna che raramente si trovano sui manuali più seriosi: non credete a chi dice che il fine giustifica i mezzi, e neppure a chi si nasconde dietro il basta che ne se parli. Alcuni politici nostrani, che hanno comprato intere fanbase a prezzi spropositati per incrementare da un giorno all'altro il numero di follower su Twitter, non ne sono usciti benissimo: gli utenti collegati da chissà quale paese del mondo non interagivano e il grande scalpore creatosi ha solo peggiorato le cose. Impostare le cose per bene, con serietà e trasparenza, ripaga sempre, sia in termini immediati sia nel futuro, perché il lavoro arriva anche dal passaparola tra le varie realtà. Al contrario, pensare di raggiungere i propri obiettivi con scorciatoie, meschinità e sotterfugi può rivelarsi un'arma a doppio taglio: come dicevano i nostri nonni, "le bugie hanno le gambe corte" e "tutti i nodi vengono al pettine". Questo vale sia a livello professionale sia personale. E non si tratta solo di facile retorica.

Parola d'ordine: semplicità

A proposito di acronimi, introduciamo qui anche KISS, molto usato nel campo dell'informatica, che indica la formula "Keep It Simple, Stupid", cioè "rimani sul semplice, stupido". In parte, il concetto si rifà al principio filosofico del Rasoio di Occam, secondo cui "a parità di fattori, la spiegazione più semplice tende a essere quella esatta". In riferimento ai programmatori, alle prese con il codice sorgente di un programma, l'acronimo assume il significato del non occuparsi delle ottimizzazioni fin dall'inizio, ma cercare invece di mantenere uno stile di programmazione semplice e lineare, demandando le ottimizzazioni al compilatore o a successive fasi dello sviluppo. È un ottimo consiglio anche per il digital strategist, ma attenzione: lavorare con semplicità è probabilmente la parte più difficile di questo lavoro!

Le variabili da considerare

Per mettere in moto una strategia digitale, immaginate di avere a disposizione ruote dentate simili a quelle di un orologio, dove una dipende inevitabilmente dal movimento dell'altra. Se la prima rallenta, anche il ritmo delle altre diminuirà. Tempo, risorse umane e budget sono le tre parti concatenate che hanno la capacità di innescare, rallentare o bloccare l'efficacia di una pianificazione (Figura 2.3). Non serve conoscere le basi dell'ingegneria meccanica per dedurre che ruote della stessa dimensione possano generare un'armonia di movimenti (e di

risultati), mentre, al contrario, un'alternanza di ruote troppo piccole e troppo grandi provocherebbe una riduzione di velocità (e di efficienza). Questo succede quando, per esempio, il personale viene drasticamente ridotto, oppure quando il budget è troppo basso per coprire i costi di quanto è stato inserito in programma. Prima di mettervi al lavoro, prendete coscienza di tutte e tre le variabili, perché il rischio altrimenti sarà quello di ritrovarsi a mettere nero su bianco un sistema non equilibrato, improduttivo e spesso controproducente.
Nella maggior parte dei casi, la ruota motrice che dà il la al movimento è il fattore tempo: la strategia va innanzitutto collocata su di una linea temporale ben definita, che deve prevedere step a breve, medio e lungo termine. Prevedete una data di inizio e una di fine per ciascuno step. "La strategia è l'arte di far buon uso del tempo e della distanza: la distanza può essere recuperata, il tempo mai", diceva Napoleone. Il segreto è procedere di paletto in paletto, avendo però sempre ben chiara la meta e il quadro temporale d'insieme. Ecco perché è importante, esattamente come in una partita a scacchi, saper prevedere anche le mosse strategiche future, così da essere sempre pronti a imboccare la strada giusta (e stravolgere la strategia, se fosse necessario). Dopo aver compilato l'asse delle tempistiche generali, si andranno a fissare i singoli goal quotidiani e settimanali.
AirHelp è una società danese che aiuta i passeggeri di tutto il mondo a ottenere il dovuto risarcimento in caso di volo in ritardo, cancellato o in sovra-prenotazione. Tra i servizi offerti c'è anche Gmail Searcher, uno strumento capace di accedere agli archivi di posta elettronica dei propri utenti alla ricerca dei biglietti acquistati che possono essere risarciti. Sarà la stessa azienda a procedere alla richiesta ed eventualmente, una volta consultati i database pubblici come quelli di FlightStats, a effettuare il ricorso in sede legale.
Come si evince, per una strategia che deve allargare il bacino degli iscritti al sito web, e dunque intercettare online tutti quei viaggiatori rimasti delusi dalle compagnie aeree, tempistiche e reattività saranno quanto mai decisive. Si potrebbe, per esempio, instaurare una conversazione in tempo reale con tutti quegli utenti che esprimono un malcontento via Twitter sul volo effettuato ma in grave ritardo, oppure, peggio ancora, cancellato.
L'ingranaggio del tempo muove di riflesso quello relativo alle risorse umane a disposizione per la realizzazione della strategia digitale. Benché questo manuale cerchi di rendere il più autonomo possibile lo stratega, che soprattutto nelle commissioni più piccole si trasforma per forza di cose in un *one man show*, la verità è che quasi sempre c'è la possibilità di fare affidamento su precisi profili professionali. Un bravo digital strategist è in grado di riconoscere le qualità di ciascun collaboratore e, di conseguenza, ottimizzare il suo piano tenendo conto delle risorse. Senza questa sensibilità in campo, il rischio è quello di assegnare compiti errati e invertire il senso di marcia del nostro ingranaggio, con una conseguente perdita di tempo e di denaro.

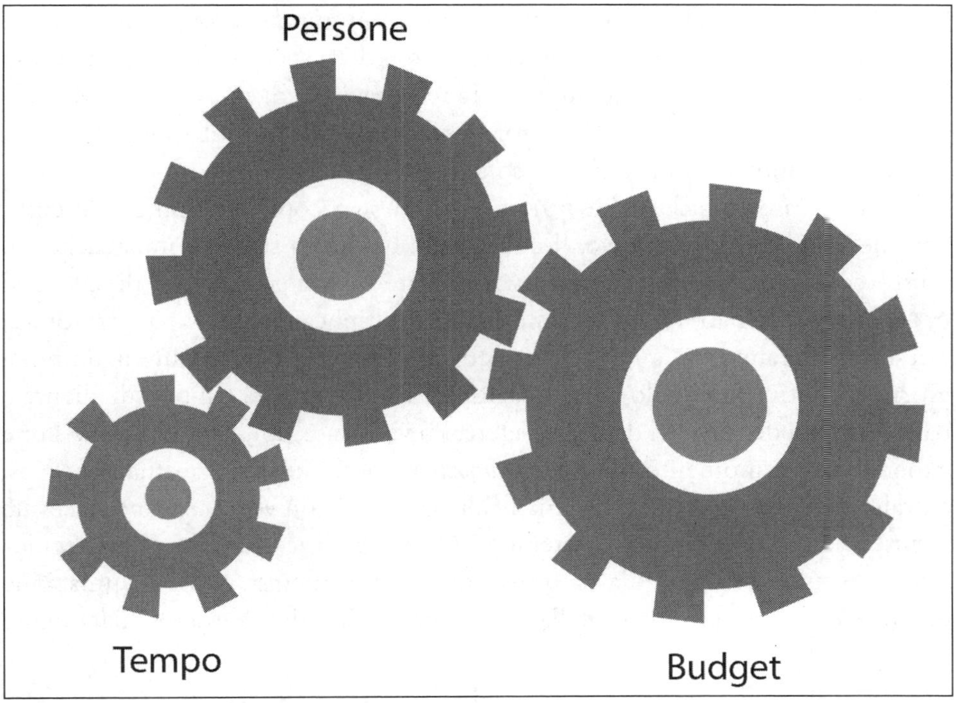

Figura 2.3 I tre ingranaggi e il loro movimento.

Il team di AirHelp, per tornare al nostro esempio, è formato da una squadra di legali con molta esperienza alle spalle. Quest'ultima, combinata a un caparbio desiderio di ottenere il risarcimento che spetta ai passeggeri e a uno specifico sistema di algoritmi, permette di prevedere e pianificare una strategia efficace orientata all'informazione sui diritti di chi sceglie di mettersi in viaggio. La newsletter persegue questo obiettivo: un gruppo di esperti di viaggio e di diritto internazionale compila e invia mensilmente una guida contenente consigli pratici per i passeggeri, come le classifiche delle migliori e peggiori compagnie aeree quando si deve modificare il volo oppure l'articolo che suggerisce come evitare che il bagaglio venga smarrito.

Nel caso in cui l'azienda un domani decidesse di ampliare il proprio team o di coinvolgere un graphic designer freelance, si potrà pianificare anche la diffusione di infografiche mirate e in tema, da veicolare attraverso una fitta attività di digital PR con il coinvolgimento dei travel blogger più popolari del momento. Potrebbero diventare loro stessi i testimonial da far apparire all'interno di un'area specifica del sito web, per esempio.

Quello presentato è solo uno stimolo che cerca di chiarire ulteriormente quanto la strategia possa variare in base all'ingranaggio centrale.

Solo dopo aver valutato tempo e risorse umane, possiamo affrontare la terza variabile, il budget. Sapere se un cliente del calibro della società che abbiamo preso in esempio poco fa, per lo sviluppo e la realizzazione di una strategia digitale della durata di un anno, con due professionisti a servizio, voglia investire mille, diecimila o cinquantamila euro, è assolutamente fondamentale.
Nel primo caso, infatti, AirHelp non riuscirebbe a coprire nemmeno il costo vivo del monte ore lavorativo. Il consiglio è quello di stabilire innanzitutto il giusto compenso da digital strategist: calcolate quanti giorni reali di lavoro vi occorreranno per lo studio e la stesura, e moltiplicatelo per una cifra oraria onesta. Generalmente, tale fase preliminare richiede dai cinque ai quindici giorni lavorativi, ma è solo un'indicazione: tutto dipenderà dal tipo di cliente e dalla richiesta di obiettivi da raggiungere. Preventivate, poi, sia una supervisione generale sia un momento mensile dedicato a fare il punto della situazione, così da valutare, insieme alle risorse umane che lavorano con voi, se ci sono necessità di integrazioni o correzioni strategiche. Ogni altro incarico extra che deciderete di assumere e che esula da quello di digital strategist, come l'animazione e la moderazione quotidiana sulla pagina Facebook, dovrà essere chiaramente conteggiato a parte.

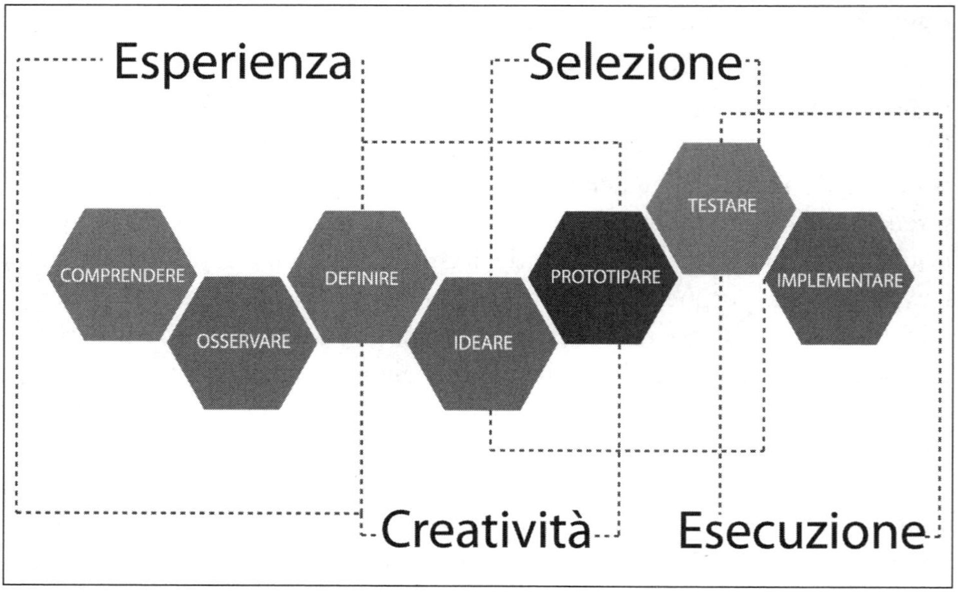

Figura 2.4 Dal problema alla soluzione.

Da poco più di una decina d'anni, dentro e fuori la Rete, in tanti parlano di un approccio particolarmente adatto ad affrontare problemi piuttosto complessi che comportano rischi decisionali: il design thinking. Nato intorno agli anni 2000 in

California e adottato principalmente per la gestione aziendale, questo modello prende in prestito le sue fondamenta proprio dal design, inteso come processo che parte da un dato problema, la cui soluzione è sconosciuta, e giunge alla progettazione, e successivo eventuale sviluppo, di un'idea creativa capace di risponde perfettamente alla necessità individuata. Anche questo manuale, proponendo l'uso del gioco del Tangram, ne condivide la filosofia: una volta studiata la sagoma che si vuole costruire, si parte dai sette pezzi sparpagliati sul tavolo e si provano numerose combinazioni fino al suo raggiungimento (Figura 2.4).

Con approccio analogo a quello adottato dai designer per creare oggetti e prodotti finiti, il design thinking mette al primo posto criteri di utilità, sostenibilità economica, fattibilità tecnica e organizzativa: un invito a nozze che permette anche ai digital strategist di "pensare da designer" soprattutto rispetto alla risoluzione di problemi di inceppamento dell'ingranaggio formato da tempo, risorse umane e budget. Interpretate dunque il percorso proposto di seguito come fosse un libretto di istruzioni di un macchinario: ecco cosa fare in caso di spia rossa in fase di stesura della pianificazione.

1. Dare un nome al problema

Il budget che il cliente ha messo a disposizione è troppo basso rispetto alle tempistiche definite? Non ci sono abbastanza risorse umane che possano portare avanti la strategia che stiamo iniziando a strutturare? Smettiamo di pensare al problema in quanto tale, concentriamoci su un obiettivo specifico, e prendiamo il controllo della crisi: la stessa etimologia della parola "crisi" non è affatto negativa, ma deriva dal verbo greco *krino*, che significa "definire, distinguere, scegliere". Affrontare il problema che abbiamo davanti in modo oggettivo e schematico ci aiuterà a scegliere la soluzione più giusta. Inoltre, nella lingua giapponese, la parola crisi è composta da due kanji: il primo significa "pericolo", il secondo "opportunità". Ogni grattacapo legato al tempo, alle finanze e alla forza lavoro potrà trasformarsi in un nuovo e inaspettato stimolo per migliorare ulteriormente la nostra strategia digitale, a patto di saperlo osservare e comprendere.

2. Considerare tutte le possibilità

Generare soluzioni è la radice dell'attività di qualsiasi progettista. Si utilizza una doppia modalità di pensiero: divergente, per trovare più risposte possibili, e convergente, per identificare la più adatta tra le tante. L'importante è tenersi lontani dalla trappola che ci fa innamorare della prima idea che ci sembra buona; ecco perché i designer possono trasmetterci un'altra lezione basilare: per quanto ci possa sembrare scontata la risoluzione di un problema, sforziamoci sempre di considerarne altre. Aggiriamo l'ostacolo. Siamo sicuri che nessuno, all'interno di una pubblica amministrazione, possa farsi carico dell'aggiornamento dell'area eventi che abbiamo previsto per il nuovo sito? Dimentichiamo il problema, concentriamoci sulla soluzione. Possiamo proporre di fare un bando per la ricerca di un web editor, certo, ma anche suggerire una collaborazione con l'università cittadina per proporre uno stage formativo, oppure ipotizzare un corso di formazione ai dipendenti interni.

3. Creare un prototipo

Adesso che abbiamo riempito il nostro sacco con mille possibilità, occorre fare una scelta oculata. I designer ci riescono procedendo per tentativi, senza escludere nessuna strada. Lo sa bene chi lavora nel settore dell'industrial design, per esempio, quando trasforma un'idea in sketch, fino ad arrivare alla creazione di un prototipo. Lo sketching, infatti, prevede semplici scarabocchi su carta che aiuteranno anche il digital strategist a visualizzare a colpo d'occhio ciò che poco prima era solo nella sua testa. Infine, quando dovrete presentare la strategia digitale al cliente, portate con voi un'elaborazione delle soluzioni che avete individuato, così da raccontare il processo creativo che vi ha portato a risolvere problematiche iniziali. Dunque, mai sottovalutare quanto sia utile rimanere a contatto con il mondo reale, anche e soprattutto se si parla di digitale.

Dentro e fuori la Rete

Una volta, quando venivano impiegati diversi strumenti, come dépliant, banner, spot, manifesti, newsletter, su diversi canali, dal Web alla televisione passando per le piazze, si parlava di comunicazione integrata. Al giorno d'oggi si tende a non usare più questo termine e a considerare erroneamente il lavoro del digital strategist come qualcosa a parte. Spesso succede infatti che il cliente avverta l'esigenza di una strategia digitale solo una volta che i piani di comunicazione su altri canali sono già stati stabiliti: in questo caso, lo stratega si distinguerà per la sua capacità di trovare un collegamento con ciò che già esiste. La parola d'ordine è adattare. In elettrotecnica, questo verbo definisce l'operazione cui si ricorre per ottenere il massimo trasferimento possibile di energia da un circuito all'altro. L'ambiente naturale in cui si muove una strategia digitale è, paradossalmente, quello non-digitale: qualsiasi azione verrà pianificata e attuata avrà un inevitabile impatto sulla vita fuori dagli schermi di computer e smartphone. In fondo, se così non fosse, le strategie non avrebbero senso di esistere. Indivisibili come la mente e il corpo, anche l'offline e l'online intrattengono un rapporto di reciprocità che è possibile prendere in considerazione solo attraverso una visione unitaria. La filosofia olistica, dal greco *olos*, ovvero "totalità", illustra dalla nascita delle prime

filosofie orientali come le proprietà di un sistema non possano essere spiegate esclusivamente con le singole componenti, bensì attraverso la totalità. In fondo, anche la presente metodologia di approccio alla pianificazione con il gioco del Tangram abbraccia questa posizione teorica: solo conoscendo il significato di ciascuno dei sette pezzi è possibile creare e interpretare una strategia digitale.
Influenzare le abitudini delle persone, che sia per un giorno in occasione di un evento sponsorizzato in Rete o per la vita con l'iscrizione a un sito di incontri, dovrebbe essere la missione comune a tutti i progetti di comunicazione online.
Il marchio spagnolo di abbigliamento Zara è un esempio tanto semplice quanto efficace di come non servano fuochi d'artificio per coinvolgere i clienti che decidono di acquistare capi sul loro sito ufficiale. Dettagli strategici come l inesistenza di buoni sconto, spesso divulgati su aggregatori di coupon, e l'estrema discrezione del form di iscrizione alla newsletter, raccontano come la comunicazione sia aderente tanto al target di fascia medio-alta che vuole raggiungere, quanto al rigore delle linee sartoriali del brand. L'acquisto online diventa prima di tutto un'esperienza piacevole: nessun commesso virtuale alle costole, una consegna rapidissima e la possibilità di cambiare il capo gratuitamente anche nei negozi veri e propri. Bando ai fronzoli. Ma anche qui sono i dettagli a fare la differenza: la scatola di cartone che arriva a casa con il corriere è custodita da un'ulteriore borsa di plastica robusta e trasparente con tanto di manico e, al suo interno, ogni articolo è confezionato nella velina bianca con estrema cura. Si tratta ancora una volta di dettagli, ma nel loro insieme fondamentali per fidelizzare l'acquirente e garantirgli un'esperienza positiva, dal clic dietro lo schermo del computer fino alla prova abito nella propria camera.
Progettare esperienze uniche per trasportare il digitale nel reale, e viceversa, è decisivo. Rimanendo sempre in tema di catene di abbigliamento, in un punto vendita di Seattle, l'americana Nordstrom qualche tempo fa ha avuto un'intuizione e ha deciso di applicare un'etichetta con il simbolo di Pinterest alle calzature e ai capi più apprezzati dagli utenti del noto social network. I consensi positivi espressi dalla community online hanno presto stravolto la disposizione di scarpe e vestiti nelle vetrine e sugli scaffali, direzionando in modo incisivo le decisioni d'acquisto prese sul posto. Nordstrom, inoltre, ha anche messo a punto un'applicazione per i venditori capace di verificare le giacenze in magazzino dei prodotti popular secondo gli utenti Pinterest. La nuova tendenza per la quale le persone ricercano prodotti online per poi comprarli nel negozio si chiama *reverse show-rooming*.
Ma è stato esplorato anche un processo del tutto opposto: eBay ha infatti messo in atto una curiosa shopping experience attraverso un originale mix di digitale e presenza offline, aprendo a Londra un temporary shop dove i visitatori potevano toccare con mano gli oggetti dal vivo, usare il proprio smartphone o tablet per l'acquisto e aspettare il pacchetto a casa. Qualche tempo dopo, il colosso ha messo

a punto un esperimento ancora più inconsueto, installando quattro vetrine digitali in punti strategici di New York per ventiquattro ore: il touchscreen permetteva ai consumatori di selezionare e acquistare prodotti della linea di abbigliamento e accessori firmati Kate Spade, e infine programmare la consegna, garantita entro un'ora in qualsiasi punto della città. In un futuro non poi così lontano, impostazioni simili saranno pane per i denti dello stratega, tanto quanto lo è oggi la scelta dei social network da attivare. Insomma, reale e digitale sono sempre più fusi insieme ed è facile prevedere come prima o poi si dovrà abbandonare il nome di digital strategist, in favore di un ben più ampio experience strategist, che possa abbracciare contemporaneamente analogico e digitale. Quelli che una volta ci sembravano servizi futuristici, oggi sono già realtà. Alcuni negozi hanno predisposto dei terminali digitali connessi a Internet che permettono ai consumatori di scattarsi delle foto in camerino e di condividerle sui propri profili social, con il chiaro obiettivo di chiedere consigli ai propri amici. E non finisce qui: altri negozi hanno installato dispositivi che scansionano il corpo del cliente al fine di determinare le sue misure al millimetro, garantendo uno shopping che più su misura di così non si può.
Una delle dimostrazioni più lampanti della potenza derivata dalla commistione di online e offline è il guerrilla marketing. Definizione coniata dal pubblicitario statunitense Jay Conrad Levinson una trentina di anni fa, si tratta di una particolare forma di comunicazione non convenzionale e a basso costo ottenuta attraverso l'utilizzo creativo di diversi strumenti che fanno leva sull'immaginario e sui meccanismi psicologici dei destinatari finali. Caso eclatante è stata la diffusione in Rete di una leggenda metropolitana che parlava di quattro giovani cineasti scomparsi in una foresta del Maryland nel 1994, di cui sarebbero state ritrovate le riprese a distanza di anni. La falsa notizia studiata a tavolino, e legittimata anche da un sito web che trattava il caso in maniera realistica, fu ripresa da svariati media. Poco tempo dopo, uscì in tutti i cinema il film *The Blair Witch Project*. La formula si è rivelata vincente: un'idea fortemente originale di fondo, un'impeccabile ricostruzione del fatto sul Web e un teaser efficace sono stati gli ingredienti magici che hanno scatenato un effetto ad alto potenziale virale. Via via che il Web ha sviluppato nuovi strumenti e piattaforme social, il digital strategist ha assunto un ruolo sempre più centrale anche quando è alle prese con il guerrilla marketing. In tempi più recenti, Nescafé ha deciso di dare seguito all'ormai consolidata tradizione degli innamorati di legare lucchetti a ponti, ringhiere e altri arredi urbani. La marca di caffè solubile ha distribuito ben mille tazze rosse con il proprio logo per le strade di due grandi centri urbani della Croazia, legandole con un lucchetto da bici a quattro cifre. Una volta trovata la tazza, il passante poteva connettersi alla pagina Facebook di Nescafé e ricevere il codice per sbloccarla. Successivamente, recandosi allo stand del noto brand, aveva la possibilità di scambiare il lucchetto

con un caffè caldo e una seconda tazza, per condividere la bevanda con un amico o con il proprio partner. L'operazione ha unito in un colpo solo social network e vita quotidiana, generando un carico emotivo non indifferente, senza snaturare il brand, che da sempre viene associato a un momento di condivisione piacevole tra persone. Se l'idea fosse stata sviluppata solo sulla pagina Facebook di Nescafé, con tazze virtuali, non avrebbe avuto di certo lo stesso impatto e tanto meno la stessa risonanza (Figura 2.5).

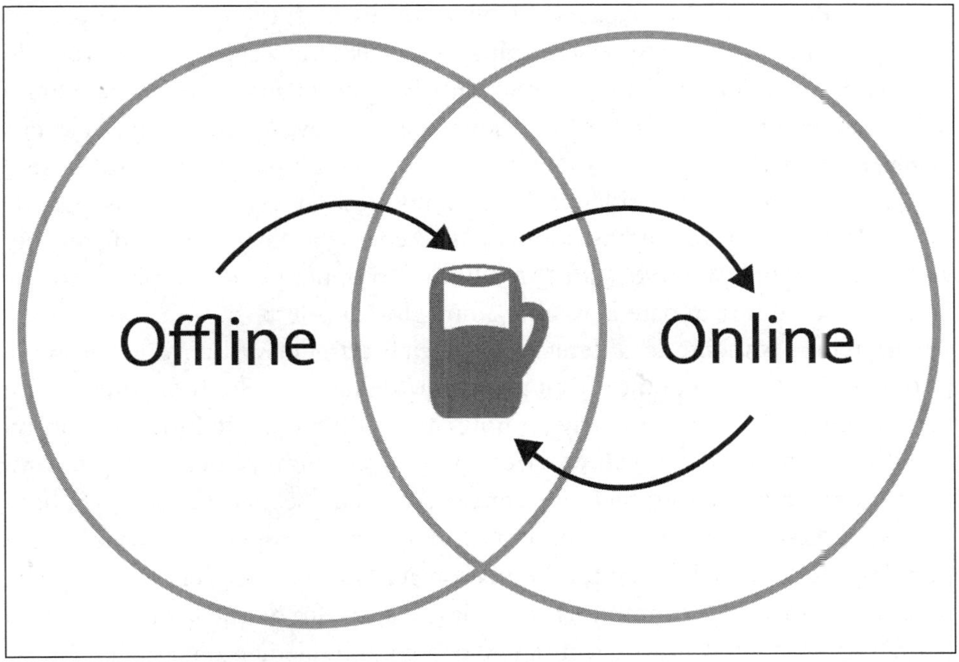

Figura 2.5 Schema di come digital e reale si intersecano.

Ancora più recente è il caso di un tale Enzo, marito infelice e molto arrabbiato che racconta i tradimenti della moglie Lucia tramite una lettera pubblicata su di un'intera pagina del *Corriere della Sera*. Non solo snocciola scuse e bugie della consorte, ma annuncia anche la fine del loro matrimonio e la conseguente apertura della pagina Facebook "tuoexmarito". Complice la diffusione del quotidiano e la viralità delle notizie in Rete, la lettera del misterioso Enzo ha fatto il giro dell'Italia in una manciata di ore: centinaia di messaggi solidali, consigli tra uomini, racconti di esperienze simili, inviti a tutelare la privacy, complimenti e pacche sulla spalla virtuali. L'hashtag #enzoelucia ha raggiunto in un attimo il primo posto dei trend di Twitter, e la risposta della presunta moglie non ha tardato ad arrivare sulle stesse pagine cartacee, qualche giorno dopo, come nelle migliori tradizioni del feuilleton sentimentale. Gli utenti, ormai pronti a smascherare le azioni di guerrilla marketing, hanno iniziato ad avanzare ipotesi riguardo la vera identità del mittente fino a risolvere l'enigma: non era nient'altro che la promozione di un nuovo programma televisivo dedicato alle storie di infedeltà.

Per capire meglio quanto il digitale faccia parte, volenti o nolenti, della nostra vita, occorre aprire una breve parentesi anche per quanto riguarda noi stessi. La nostra immagine sul digitale, sia da semplici fruitori di esperienze sia da strateghi professionisti, non è altro che un'estensione della nostra persona nel quotidiano. L'etimologia stessa del termine "persona" deriva dal latino *persona*, che indicava una sorta di maschera indossata dagli attori di teatro per amplificare la propria voce in modo che potesse essere udita sino agli ultimi spalti del teatro; solo successivamente prese il valore di individuo. Ebbene, viene facile associare l'idea della maschera teatrale alla nostra persona che si muove sul mezzo digitale, che ci permette di alzare, figurativamente parlando, il volume della nostra voce e raggiungere il pubblico desiderato. La nostra protesi immaginaria online assume anche il ruolo di filtro del nostro offline: succede ogni volta che decidiamo, per esempio, di pubblicare uno status, un commento oppure una foto piuttosto che un'altra, solo al fine di dare la miglior immagine di noi stessi.

Anche tenere a mente le differenze sostanziali tra generazione e generazione può aiutare ad approfondire il rapporto tra digitale e reale. Individuiamo tre macrocategorie di persone: nativi, immigrati e tardivi digitali. I giovani nati tra la diffusione di massa dei computer con l'interfaccia grafica nel 1985 e i primi sistemi operativi a finestre nel 1993 sono coloro che, secondo i sociologi, hanno una dimestichezza con il mondo online superiore rispetto alla media della popolazione. Immersi da sempre in una società multischermo che spesso pecca di sovrabbondanza di comunicazione online a discapito di quella offline, i nativi digitali considerano le nuove tecnologie come il loro elemento naturale. "Generazione Google" è la definizione che viene affibbiata in particolare al sottoinsieme dei nati dopo il 1990, che prendono così il nome dal motore di ricerca entrato nelle nostre vite nel 1998: se da una parte sanno usare dispositivi e piattaforme con incredibile scioltezza, dall'altra questa attitudine li rende meno predisposti a una consapevolezza critica, come la valutazione della qualità delle informazioni, la scelta strategica tra le infinite possibilità che la Rete mette a disposizione e la capacità di prevedere le conseguenze del loro comportamento online. La seconda categoria è composta invece dagli immigrati digitali, ovvero coloro che sono diventati adulti prima del digitale e hanno adottato le soluzioni tecnologiche solo in un secondo tempo. Infine, ci sono i tardivi digitali, persone cresciute senza tecnologia e che ancora oggi la guardano con parecchia diffidenza. Prima di approcciare una strategia digitale, è dunque fondamentale tenere conto anche di questo aspetto generazionale del target che vogliamo coinvolgere, al di là del suo mascheramento nei social, blog e forum. In fondo, tutti noi siamo la somma dei comportamenti fuori e dentro la Rete.

Largo all'immaginazione

Adesso che la scatola del Tangram è stata aperta e le istruzioni d'uso imparate, possiamo finalmente iniziare a prendere confidenza con i processi che vengono attivati da questa metodologia. Innanzitutto, sgombriamo il campo da tutto ciò che abbiamo letto fino a questo momento riguardo la strategia digitale su magazine online e libri di marketing, o che abbiamo ascoltato alle conferenze dei grandi guru e sedimentato con la nostra esperienza diretta: con il Tangram l'approccio alla pianificazione cambia radicalmente. Attingendo dai campi più disparati, si affilano le armi del pensiero laterale e scende in campo l'immaginazione, da educare fino a vedere cose che non esistono nella realtà. Ed è così che qualsiasi figura andremo a creare – riassunto simbolico della strategia digitale – sarà la nostra stessa mente ad arrotondare i suoi contorni, donare espressioni ai volti e caricare i suoi spazi di significato. Immaginare significa anche questo, ovvero riempire degli spazi lasciati scoperti con una libera interpretazione. Alle stesse conclusioni deve essere arrivato anche Italo Calvino con il suo romanzo *Le città invisibili*, dove la magia della decodifica personale è in primo piano. Marco Polo si è messo in viaggio a caccia di simboli, profumi e volti da raccogliere e raccontare poi a Kublai Khan. Ecco che l'autore immagina il noto esploratore attraverso diverse città, delle quali racconta solo ciò che riesce a esprimere a parole, lasciando l'imperatore libero di immaginare il resto. Come spiega lo stesso Calvino in un'intervista:

> Se tutto è fantasia non si tocca niente, non si realizza niente... se abbiamo intorno uno scenario di parallelepipedi, possiamo addobbarlo con bandierine, festoni e ali di farfalle; se abbiamo intorno invece uno scenario solo di ali di farfalle, non viene fuori niente.

Noi, con il Tangram, di forme geometriche a disposizione a cui dare un significato ne abbiamo sette. E a loro volta, se diamo per assodato che ogni pezzo del Tangram ha un proprio significato specifico, si andrà ad aggiungere un secondo piano di lettura fuori dai confini della figura completa in quanto tale. La semiotica, termine derivante dal greco *semeion*, che significa "segno", è la disciplina che studia proprio questo, ovvero il modo in cui i segni hanno un senso. In questo modo, si possono determinare le relazioni che legano qualcosa di materiale presente davanti a noi a qualcos'altro che è invece assente. Un esempio lampante è il semaforo: quando scatta la luce verde dopo quella rossa, noi pedoni sappiamo che abbiamo la facoltà di attraversare una strada in totale sicurezza. All'interno di questa disciplina possiamo distinguere poi una branca specifica che si occupa dell'aspetto prettamente visivo: la "semiotica figurativa", che si interessa in modo particolare delle immagini come rappresentazioni del mondo, come per esempio le fotografie e le opere d'arte. Pensiamo a tutte le volte che abbiamo avuto un quadro davanti: per prima cosa attiviamo il riconoscimento delle immagini attraverso linee, spazi, composizione e colori; in seconda battuta leggiamo il suo significato, non dalla didascalia, ma dalla presa di coscienza delle relazioni tra tutti i componenti individuati. Nella Figura 2.6 abbiamo tre sagome: chiediamoci chi sono, cosa stanno facendo, che cosa stanno rappresentando. Infine, proviamo a individuare il significato che vogliono veicolare e la struttura narrativa che le unisce. Questo è un esercizio pratico che dimostra come la nostra mente sia naturalmente portata a interpretare le figure che vediamo e dar loro un senso. Non c'è una sola risposta possibile: ciascuno di noi, in relazione alle proprie esperienze del mondo, darà una lettura diversa. Alcuni avranno immaginato un vecchio mendicante sul marciapiede circondato da persone che gli passano accanto con indifferenza. Un primo piano di lettura potrebbe condurci a pensare che la fretta che accompagna la nostra quotidianità ci porta a perdere umanità. Altri potrebbero aver interpretato le figure come una scena indigena, con un saggio che batte le mani sul tamburo durante una danza tradizionale. Il rimando sarebbe all'importanza dei riti nelle società. E se invece fosse una ragazzina che piange in un angolo mentre gli altri si divertono al ballo del liceo? Come in uno specchio magico, rifletteremo sulle sagome il nostro vissuto, personale e culturale. Questo accade anche quando a venir presa in esame è una singola figura (Figura 2.7).

Figura 2.6 Tre figure da interpretare liberamente.

Figura 2.7 La sagoma di una persona e la sua composizione.

Si tratta di un turista con un iPad in mano, un gladiatore con lo scudo o un parrucchiere con uno specchio che mostra il nuovo taglio alla cliente? Insomma, il processo cognitivo implicato nel gioco del Tangram è senza ombra di dubbio duplice: da una parte la percezione della sagoma e il suo riconoscimento come unità finita, che ha un suo significato; dall'altra la segmentazione dell'unità nei suoi elementi costitutivi, ciascuno dei quali permette di riprodurre la figura stessa. È dunque chiaro che, mentre per l'immagine riprodotta a sinistra cercheremo di riconoscere che cos'è stato raffigurato, per quella a destra ci sforzeremo di capire come siano stati disposti i sette pezzi del Tangram. Dal prossimo capitolo in avanti ci occuperemo di aggiungere un terzo processo cognitivo, attraverso l'attribuzione di significati ai singoli elementi, lo studio della loro organizzazione interna e soprattutto delle combinazioni che possono attivare gli uni con gli altri.

Capitolo 3

Il mittente e il destinatario

In questo capitolo

- I due triangoli grandi
- Marketing a servizio
- L'identikit del destinatario
- L'importanza di una mappatura
- Pubbliche relazioni tra reale e virtuale

I due triangoli grandi

Entriamo nel vivo del gioco del Tangram: il primo triangolo grande avrà l'incarico di rappresentare il mittente che ha scelto noi digital strategist per pianificare la comunicazione online dei suoi contenuti. Questo pezzo condivide la stessa forma e superficie con il suo gemello, il destinatario, con il quale dovrà instaurare una forma di relazione (Figura 3.1). L'etimologia stessa di quest'ultima parola ci conduce alla scoperta del legame tra chi invia un messaggio e chi lo riceve: la sua origine ha radici latine, *cum* (con) e *munire* (legare, costruire), fino ad arrivare al termine "comunico", cioè mettere in comune, far partecipe qualcuno riguardo qualcosa. Nell'accezione generale del significato, ci riferiamo a tutti quei processi bilaterali che consistono nello scambio di un messaggio, in un contesto specifico, attraverso un canale e secondo un codice. È l'ABC alla base di qualsiasi comunicazione, verbale e non. Già, perché anche quando siamo in silenzio "non è possibile non comunicare", come sosteneva con ragione Paul Watzlawick, psicologo e filosofo austriaco naturalizzato statunitense. Il significato del silenzio tra marito e moglie che si ignorano a vicenda al ristorante è ben diverso da quello tra due innamorati che si guardano negli occhi durante una cena a lume di candela. Benché il contesto sia uguale, è proprio il codice comune che ci fa decodificare la comunicazione tra i due protagonisti: espressione facciale, contatto visivo, gesticolazione e postura.

Figura 3.1 La posizione dei due triangoli grandi.

Nel nostro caso, il canale è l'insieme degli strumenti di trasmissione che il digitale ci mette a disposizione; il codice, invece, è il pacchetto di regole tacitamente condiviso tra mittente e destinatario, che ci permette di interagire. Che Twitter permetta al mittente di postare aggiornamenti lunghi fino a 140 caratteri spazi inclusi e richiamare l'attenzione con l'uso di chiocciole e hashtag è un chiaro esempio di come il codice condiviso del canale scelto determini una comunicazione con il destinatario ben diversa da quella che potrebbe svilupparsi su Tumblr. Ancora diverso è il caso, per esempio, del contesto istituzionale che richiede un codice univoco e semplificato per rivolgersi ai cittadini, dove chiarezza, trasparenza ed esaustività sono le tre colonne portanti. Gli autori della *Guida alla scrittura istituzionale* (edizione Laterza), Michele A. Cortelazzo e Federica Pellegrino, hanno stilato ben trenta punti che definiscono il codice da osservare per far sì che i testi amministrativi risultino efficaci. Tra questi, ne fanno parte anche il richiamare altri testi senza complicare la lettura, dare il giusto rilievo alle informazioni che contano, controllare la lunghezza delle frasi, limitare le subordinate e le proposizioni implicite, preferire la forma attiva, usare tecnicismi solo quando sono necessari e ridurre l'uso di sigle. A prima vista possono risultare semplici regole di buon senso, ma sono l'unico modo per evitare quelle che nella teoria della comunicazione si chiamano interferenze, estremamente dannose per la comprensione.
Mittente e destinatario sono legati in modo indissolubile, perché uno non può esistere senza l'altro: non per niente l'unione dei due triangoli forma la metà esatta

della nostra strategia digitale. Il digital strategist è per natura la figura più vicina al mittente, che di solito coincide con il suo cliente diretto, a meno che non si tratti di un progetto proprio oppure di un lavoro commissionato da un'agenzia esterna. Il ruolo che deve svolgere lo stratega in questa prima fase prevede un'analisi dettagliata del mittente, dei suoi valori e delle sue finalità. È fondamentale conoscere la sua identità, sia valoriale sia visuale, la storia, gli obiettivi che intende raggiungere e il portfolio, ossia l'elenco e la descrizione dei prodotti, servizi o benefit che propone. L'insuccesso di una strategia digitale spesso dipende proprio dall'aver sottovalutato questo passaggio e non aver posto fondamenta solide. Sembrerà banale, ma conoscere per davvero un mittente significa entrare in contatto con la sua più profonda essenza, e per fare questo abbiamo suddiviso l'approccio in tre tempi: prendiamo in mano i triangoli grandi del Tangram, mittente e destinatario, e andiamo a creare le tre figure geometriche possibili (Figura 3.2).

Figura 3.2 Schema di composizioni possibili dei due triangoli grandi del Tangram.

1. Il triangolo: a occhi chiusi

Prima ancora di incontrare il mittente di persona, mettiamoci alla prova cercando di capire da soli quanto più possibile sul suo conto, attraverso gli indizi lasciati in Rete. Proprio come una blind audition alla *The Voice*, facciamoci una nostra idea di partenza senza entrare in contatto diretto con il cliente che ci sta affidando il compito di una strategia digitale. I due triangoli, mittente e destinatario, che formano a loro volta un triangolo più grande, ci suggeriscono l'idea che, calandosi nei panni del destinatario finale in cerca di informazioni in Rete, potremo avere una percezione più completa riguardo chi invia la comunicazione e i suoi stessi contenuti. Infatti, tale procedimento preliminare è di grande aiuto soprattutto in quei casi in cui il digital strategist si trova ad avere a che fare con settori e tematiche molto lontane dalla sua esperienza lavorativa e quotidiana, come possono essere per esempio la tornitura, le spedizioni oppure i rimedi alternativi. Potremmo non conoscere la realtà dei fiori di Bach, ma ritrovarci a dover svolgere pianificazioni sul digitale per conto di un'azienda del settore.

Prendiamo in esame un leader del mercato italiano, il Laboratorio Erboristico Di Leo. Il sito ci informa che per le sue miscele vengono utilizzati solo i fiori delle piante fresche, spontanee e selvatiche provenienti da zone incontaminate e lontane dalle forme di inquinamento, quali città, strade, emittenti di onde elettromagnetiche e fabbriche. Non solo: grazie a blog, gruppi di discussione e forum animati da naturopati, avremo anche modo di capire dove vengono distribuiti i prodotti, con che modalità e quali sono le principali differenze di utilizzo che li distinguono da altri preparati. Infine, se ci accorgiamo che il nostro bagaglio culturale sulla tematica è troppo ridotto per affrontare uno scambio con il mittente, dovremo allora armarci di pazienza prima di arrivare al nostro primo incontro con l'azienda e studiare sia la storia di Edward Bach sia, accantonando ogni eventuale giudizio personale, la filosofia che sta dietro la medicina alternativa in generale.

2. Il quadrato: diretto e logico

Anche il secondo step richiede al digital strategist di vestire i panni del destinatario che, insieme al mittente, forma così un quadrato, ovvero un contenitore di possibili contenuti da veicolare nella strategia digitale. È il contatto più convenzionale, e prevede un incontro in cui è proprio il mittente a raccontarsi al digital strategist, il quale può predisporre una serie di domande tematiche, mirate a tracciare i suoi contorni. A volte capita che il cliente abbia già un brief pronto da presentarci, altre volte si tratta di una consegna verbale, che richiederà la nostra totale attenzione ai dettagli. Un trucco può essere quello di tenere davanti a sé un block-notes sul quale appuntare le parole chiave che il mittente ripeterà di più. Il quadrato, come accennato e come vedremo nel prossimo capitolo, è il simbolo dei contenuti che abbiamo a disposizione. È grazie al dialogo che potremo davvero tirare fuori e sviscerare ogni particolare attraverso numeri e dati reali, e perché no, anche aneddoti.
Oltre alla consapevolezza che il Laboratorio Erboristico Di Leo usa il 100% di principi attivi della pianta che non vengono diluiti con acqua, potremmo ottenere dati interessanti da manipolare e pianificare riguardo la composizione dei rimedi: saremo in grado di scegliere di rivolgerci a un pubblico particolarmente attento agli ingredienti, sapendo che i prodotti non hanno conservanti, coloranti e quando necessario vengono utilizzati dolcificanti biologici, come miele o sciroppo d'agave. Ecco spiegato dunque come, tra le nozioni del mittente e le nostre domande, potranno nascere e svilupparsi nuovi contenuti.

3. Il parallelogramma: di traverso

Infine, la terza forma di interazioni possibili sarà quella del parallelogramma, che all'interno della dinamica del metodo Tangram qui presentato è simbolo dei valori professionali del digital strategist, tra i quali spicca la flessibilità. Infatti, quest'ultima fase ci mette alla prova e ci invita a rielaborare creativamente i contenuti raccolti con le due tappe precedenti, attraverso l'osservazione del mittente da diverse angolazioni. Il pensiero laterale, termine coniato dallo psicologo maltese Edward De Bono, si riferisce a una caccia di elementi, idee, intuizioni, spunti fuori dal dominio della logica e della conoscenza lineare. Basilare è un certo allenamento al creare associazioni di idee.

Se sappiamo che molti prodotti del laboratorio vengono preparati con un antico metodo di estrazione dei principi attivi detto spagirico, potremo concentrare per esempio la nostra strategia digitale sull'aspetto della forza interiore che i rimedi possono portare a galla. Oppure, se l'obiettivo del cliente è anche trasmettere un senso di tradizione e continuità con il passato dei suoi preparati, potremo prevedere sulla pagina Facebook la compilazione di una timeline con l'evoluzione storica della tecnica spagirica, nata in Egitto 5000 anni fa, usata in Italia nel Medioevo dalla Scuola Salernitana e da Paracelso, dimenticata in epoca moderna e riscoperta successivamente in Germania. Facciamo sì che il pacchetto di informazioni che abbiamo sia come plastilina nelle nostre mani: malleabile durante il brainstorming, solido una volta infornato. Per fare questo, è proprio il marketing che ci viene in soccorso.

Con due gruppi di destinatari

Teniamo sempre a mente che il mittente potrebbe avere l'esigenza di comunicare in due modalità ben distinte: *business to consumer*, cioè all'utente finale, ma anche *business to business*, ossia da impresa ad altre imprese. Non è un compito semplice, perché richiede canali e codici diametralmente opposti: nel caso ci abbiano affidato questa complicata missione, la nostra scheda di analisi preliminare sarà doppia e dunque si tratterà di formulare due strategie indipendenti, con il mittente come minimo comune denominatore (ovvero con un unico primo triangolo grande).

Marketing a servizio

Tra i numerosi riferimenti culturali, storici e matematici di questo manuale di strategia digitale, un accenno al mondo del marketing strategico è inevitabile, anche se in realtà prenderemo solo in prestito alcune modalità di analisi. Il processo che più ci sarà utile per inquadrare in modo quasi scientifico il nostro mittente si avvale della ben conosciuta analisi SWOT (Figura 3.3). Si tratta di una matrice, ovvero una tabella ordinata che mette in evidenza le relazioni tra diversi elementi, che viene utilizzata per valutare i punti di forza (*strengths*), quelli di debolezza (*weaknesses*), le opportunità (*opportunities*) e le minacce (*threats*) di un progetto. A loro volta, i quattro elementi vanno a intersecarsi in due variabili:

fattori interni e fattori esterni all'organizzazione. Se ne avete la possibilità, usate una lavagna o una parete bianca, suddividete lo spazio con un nastro adesivo come nell'immagine sottostante, e provate a riempire le caselle vuote con post-it, seguendo le analisi e le riflessioni che faremo insieme tra poco. Il risultato servirà ad avere un quadro generale di partenza e – perché no? – potrà aiutarci anche nella pianificazione preventiva della gestione di eventuali criticità, soprattutto su social network e community online.

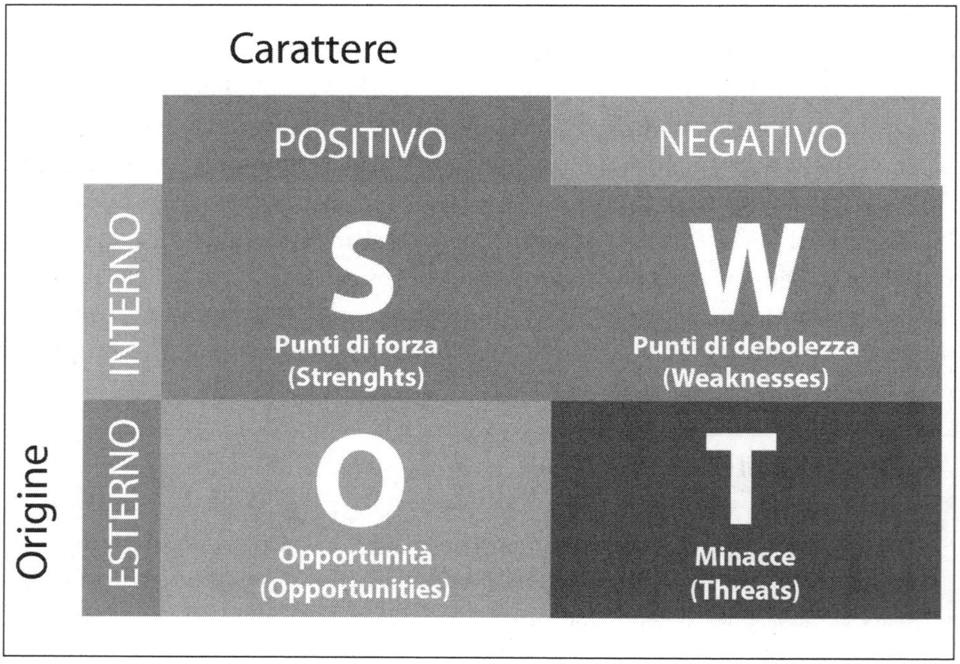

Figura 3.3 Esempio di matrice SWOT per comprendere la posizione del mittente.

Innanzitutto, focalizziamo l'attenzione sulle qualità che rendono unico il pezzo di Tangram triangolare che abbiamo scelto di analizzare per primo: il mittente. Nata dall'idea di due giovani italiani, The Algae Factory è una start-up che sviluppa e produce cibo preparato con ingredienti sani e innovativi, come le alghe, rivolto principalmente a coloro che sono vegetariani, vegani, intolleranti al lattosio e al glutine, e più in generale a tutti i consumatori che hanno a cuore un'alimentazione sostenibile. In questo caso, uno dei punti di forza interni più importanti è da rintracciare nella squadra dinamica, internazionale e con una grande conoscenza del settore agro-alimentare; tra i fattori esterni ci sono riconoscimenti, investitori e istituzioni che hanno deciso di supportare economicamente la scommessa dei due giovani. Tali premesse positive introducono l'argomento successivo che coinvolge le opportunità, ovvero le circostanze esterne che favoriscono il mittente preso in esame. Il gruppo di lavoro ha la possibilità di stringere importanti collaborazioni con realtà che si occupano delle problematiche legate ai paesi in via di sviluppo, così da combattere la malnutrizione. Ogni volta che un loro prodotto viene acquistato, una parte dell'introito viene utilizzato per ridurre il divario tra chi necessita di cibo per sopravvivere e chi spende miliardi di dollari in snack. Inoltre, la start-up si sta allargando per progettare la creazione di una piattaforma ecommerce che aiuterà a portare direttamente il prodotto nelle case dei consumatori e nelle aziende. E c'è da considerare anche l'elemento novità, che gioca senza dubbio a loro favore: le alghe sono considerate un ingrediente innovativo in Europa, terreno di gioco e business di The Algae Factory, mentre in altre parti del mondo, per esempio in Giappone e in Corea, vengono già consumate quotidianamente. Conclusa la compilazione della colonna a sinistra della matrice SWOT, ci sposteremo alla seconda per analizzare tutte quelle condizioni che potrebbero comportare pericoli, problemi e criticità.

Se da un lato i punti deboli si possono annidare all'interno di una squadra, nelle metodologie e nei processi aziendali (in questo caso riguardanti le fasi di ricerca, sviluppo e produzione del cibo), le minacce che arrivano dall'esterno sono le più difficili da individuare e spesso anche le più imprevedibili. Purtroppo la conoscenza dei benefici degli ingredienti innovativi, come la spirulina, è ancora troppo scarsa e indebolisce l'incisività della proposta: il rischio dietro l'angolo è la percezione distorta del pubblico, che potrebbe non comprendere il duplice valore aggiunto in termini sia di apporti nutrizionali sia di impatto ambientale. Ma allora, come possiamo migliorare ogni debolezza e ridurre a zero ciascuna minaccia? Forse, dovremmo imparare dal *kintsugi*, un'antica pratica giapponese il cui nome significa letteralmente "riparare con l'oro", e che prevede l'utilizzo di metalli preziosi per dare nuova vita soprattutto ai cocci degli oggetti in ceramica. La tecnica di saldatura permette di ottenere oggetti preziosi sia dal punto di vista economico, per via della presenza di oro o argento, sia da quello artistico: ogni ceramica riparata presenta un diverso intreccio di linee dorate, unico e irripetibile per via della casualità con cui la ceramica può rompersi. Così come le crepe valorizzate diventano un pregio distintivo, ecco che anche punti deboli e minacce possono trasformarsi in risorse. Una scarsa informazione su alimenti altamente nutritivi può diventare l'occasione giusta per progettare iniziative online rivolte alle scuole primarie. Anche grazie a questa ritrovata presa di coscienza, si mettono le basi della strategia digitale.

Adesso che abbiamo chiaro chi è il mittente e quali sono le sue caratteristiche distintive, andremo a definire la sua posizione rispetto ai principali competitor, cioè gli antagonisti che popolano il settore di riferimento. Il benchmarking è una pratica molto in voga che prevede un confronto sistematico con le realtà

migliori che, per vocazione e obiettivi, sono simili al mittente. Il primo uso della metodologia risale alla fine degli anni '70, quando Robert Camp, per conto della Xerox Corporation, pensò di migliorare le prestazioni dell'azienda mettendola a confronto con le concorrenti più autorevoli presenti nella stessa zona di mercato. Ma il benchmarking non si riduce alla sola analisi dei dati finali. Esattamente come per la matrice SWOT, infatti, il suo ruolo è fornire chiare indicazioni che possano essere spunto per il miglioramento della propria strategia. Ci sono diverse tipologie di approccio, e possono essere gestite tutte con la creazione di un modello grafico capace di incrociare metriche diverse, a seconda di quali aspetti vogliamo studiare. Questo ci permette di utilizzare tale approccio sia che si tratti di un'azienda che di una pubblica amministrazione, un'organizzazione no-profit, un evento, un personaggio famoso, o anche di noi stessi, nel caso volessimo ottenere un confronto con i migliori digital strategist.
Ecco dove si collocherebbe idealmente il comune ligure di Zoagli rispetto ad altre cittadine che affacciano sul prestigioso Golfo del Tigullio, ma con una capacità di attrazione turistica durante la stagione estiva ben superiore (Figura 3.4).

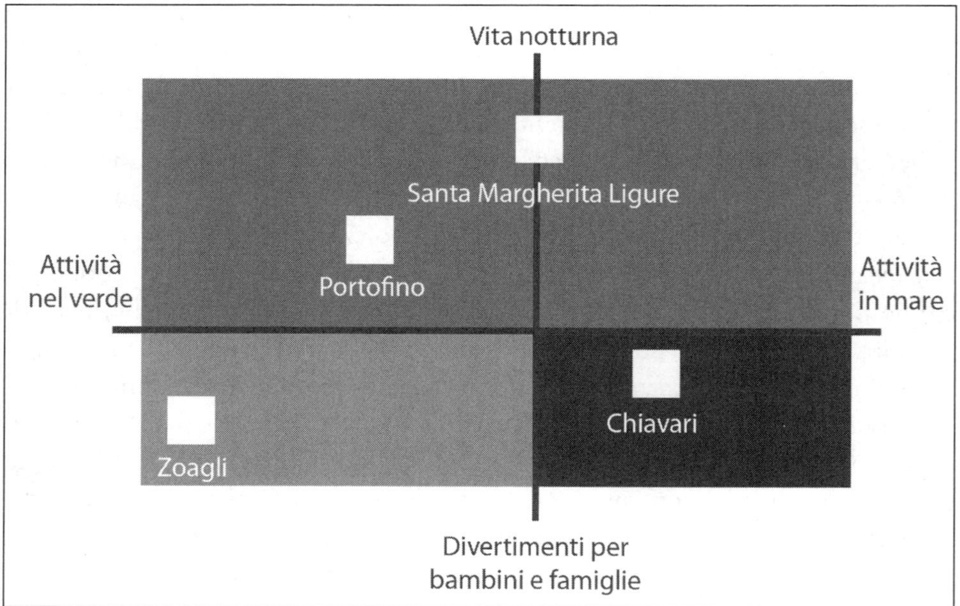

Figura 3.4 Posizionamento di alcuni centri della riviera del levante ligure.

Un'analisi SWOT avrebbe evidenziato gli stessi punti di debolezza, come l'inesistenza di un intrattenimento serale, ma è solo con il benchmarking che possiamo capire le possibili direzioni da intraprendere. Ed è così che Portofino, Santa Margherita Ligure e Chiavari hanno diverse cose da insegnare a Zoagli, per esempio, rispettivamente, un potenziamento dell'offerta per chi vuole fare immersioni e passeggiate nel verde, scegliere un locale notturno per un aperitivo o un dopocena, trovare tanti divertimenti per i più piccoli, intrattenersi con uno spettacolo diverso ogni sera. Il benchmarking competitivo potrà poi proseguire con altri grafici e tabelle che scendano più in profondità, mettendo in luce tutti gli aspetti, dal coinvolgimento del pubblico sui canali social al costo del noleggio delle canoe. In fondo, competitività significa proprio questo: avere dei punti di riferimento da superare. Come abbiamo accennato in precedenza, esistono anche altre tipologie di comparazione. Quella funzionale, lo suggerisce il termine stesso, confronta processi simili di organizzazioni diverse: tenendo come focus l'attrattiva turistica, Zoagli si confronterebbe così per funzione, e in tal caso potrebbe farlo tanto con la Regione Puglia quanto con l'ente turistico della Spagna. È di certo un modo per facilitare l'individuazione di soluzioni innovative, anche se poi oggettivamente difficili da adattare e spesso costose, in termini di tempo e denaro.

La stessa capacità di adattamento è richiesta anche dalla tipologia di benchmarking globale, che avviene tra processi diversi di organizzazioni diverse. Riprendendo il nostro esempio, il piccolo comune ligure potrebbe guardare a realtà distanti, come potrebbero essere tanto una compagnia di trasporti aerei portoghese quanto un colosso americano del settore immobiliare. Da questi potrebbero arrivare input importanti, come una tipologia di menu di ricerca personalizzata interno al portale o anche solo una nuova impostazione delle newsletter da inviare. Certo, una simile modalità non garantisce soluzioni immediatamente replicabili, bensì porta alla luce best practice da studiare. In questo modo si possono imparare a riconoscere anche i cosiddetti *best-in-class* del momento, cioè le soluzioni da dieci e lode che presentano sia la combinazione migliore di prestazioni sia i valori singoli al loro massimo. Non sarebbe sufficiente un intero volume per spiegare come condurre il benchmarking perfetto, ma possiamo riassumere il motivo per il quale abbiamo scelto di introdurlo in questo manuale: migliorarsi continuamente. I latini avrebbero usato una locuzione ancora più efficace: *ad maiora semper*, letteralmente "sempre verso cose più grandi".

Su Nuovo e Utile, sito nato per divulgare teorie e pratiche della creatività, curato dall'esperta di comunicazione Annamaria Testa, sono apparsi nel tempo parecchi articoli interessanti sull'arte del copiare. Anche da piccoli, quando abbiamo iniziato a parlare, è avvenuto un processo analogo: siamo riusciti a pronunciare le prime parole proprio grazie all'imitazione degli adulti che ci circondavano. E nonostante tutti noi condividiamo lo stesso linguaggio, copiato uguale di generazione in generazione, con le stesse regole grammaticali e strategie di costruzione sintattiche, ciascuno finisce immancabilmente per usarlo in modo differente. Ecco perché non bisogna aver timore a utilizzare i risultati del benchmarking realizzato per il mittente che stiamo seguendo per dare vita a una strategia digitale. Come scrive Annamaria Testa:

> L'imitazione è chiave dell'apprendimento e luogo dove allenare il talento creativo: imitare, in fin dei conti, significa "andare a scuola" dai grandi, ripercorrendone i passi e le decisioni, scoprendone le tecniche e, magari, i trucchi.

Non per niente alcuni insegnanti illuminati permettono ai proprio studenti di svolgere temi e verifiche con i libri aperti sul banco: il vero problema, infatti, è sapere cosa vale la pena copiare e come farlo. Le buone prassi, anche se copiate da cima a fondo, raggiungeranno sempre un risultato diverso, perché a cambiare sono innanzitutto le condizioni di partenza, il contesto intorno e le reazioni del pubblico.

L'identikit del destinatario

Uno degli errori nei quali si può incappare più facilmente nel pianificare una strategia è la netta convinzione di conoscere a priori il pubblico interessato al contenuto del mittente. Può succedere di dover affrontare il lancio di un'applicazione mobile per il controllo del peso e cristallizzare nella propria mente l'idea che il target si riduca alle sole donne che corrono ai ripari prima della prova costume. E se esistessero segmenti più piccoli ma ugualmente interessanti in altre fasce di età, con altre motivazioni d'uso, oppure tra gli uomini? Il secondo triangolo grande del Tangram vuole ricordarci quanto sia basilare svolgere un'identificazione ben più precisa del destinatario, una fase che richiede la stessa attenzione di quella investita per il mittente. L'approccio diventa così verticale, ovvero tematico, abbandonando la strada più generalista. Un'immagine ancora più efficace ci viene offerta dal concetto di *long tail*, esposto dal giornalista Chris Anderson in un articolo apparso su *Wired Magazine* appena una decina di anni fa. Google, eBay, iTunes Store e Amazon sono esempi di colossi che cavalcano in pieno il fenomeno con un proprio catalogo virtuale pressoché illimitato: le ricerche altamente profilate che permettono questi portali verticali, e la relativa disponibilità di prodotti per tutti i gusti e bisogni, raggiungono nicchie di mercato inimmaginabili, consentendo così ricavi superiori a quelli che si sarebbero ottenuti concentrando l'attenzione solo su un target generalista. Chiaramente non è necessario essere un gigante del mercato digitale per sfruttare la coda lunga e dunque la meccanica di altissima segmentazione dei desideri. Basta essere primi anche con un'offerta ben più ridotta. Concedendoci una parentesi scherzosa, è ciò che fa Ned Flanders, vicino di Homer Simpson, quando decide di aprire nel centro commerciale di Springfield il *Sinistrorium*, ovvero un negozio dedicato ad articoli per mancini come lui. Passando dal cartone animato al mondo reale, lo scrittore Dave Eggers ha invece aperto una serie di negozi veri e propri rivolti a un pubblico altrettanto profilato: per supereroi a New York, per pirati a San Francisco e per robot ad Ann Arbor. Mantelli invisibili, uncini e taniche di criptonite sono solo alcuni dei prodotti rivolti in realtà a persone normali che hanno semplicemente tali specifici interessi e venduti al solo scopo di raccogliere fondi da destinare ai bambini della città meno fortunati. Ma diamo uno sguardo più serio all'offerta di ebook in Italia: ecco dove si posiziona un editore giovane come Zandegù, che da qualche anno pubblica differenti tipologie di format narrativi, dai manuali professionali alle guide surreali, dai fumetti ai reportage su cose assurde (Figura 3.5).

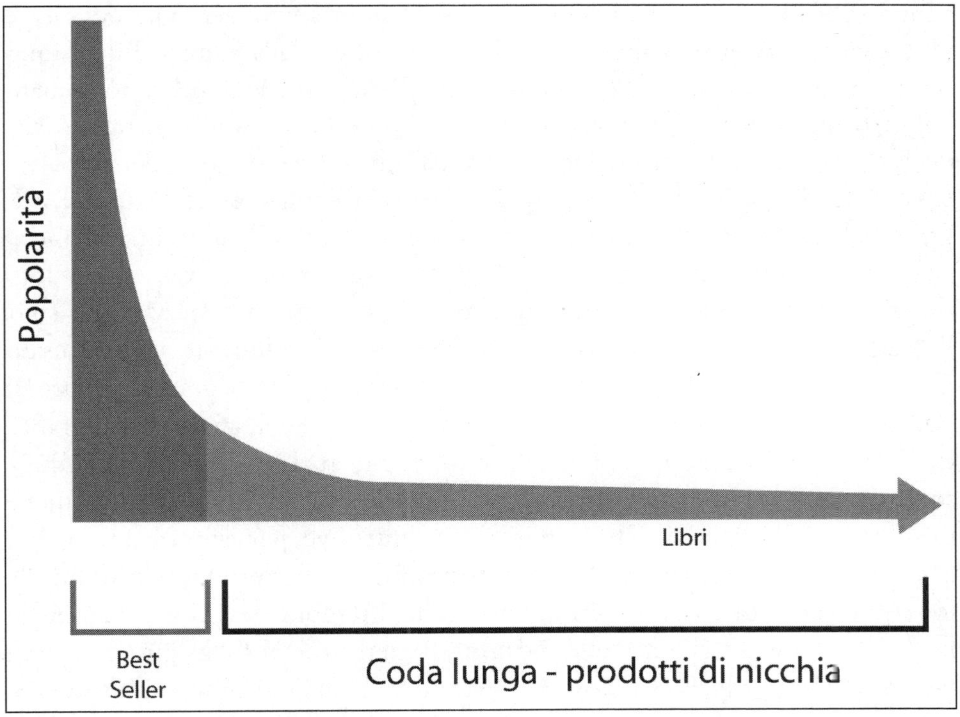

Figura 3.5 Il pubblico generalista e la coda lunga.

Prendendo le distanze da scelte convenzionali e generaliste di molte altre case editrici, che troppo spesso si limitano a ripubblicare gli stessi volumi cartacei in formati digitali, la torinese Zandegù ha scelto di non concentrarsi sulla porzione verticale della curva, ma su quella orizzontale, ovvero una coda lunga di interessi assai particolari. Un esempio su tutti: *Il Manifesto dell'Aperitivo Comunista* di Marco Magnone. Con tono chiaramente ironico, ma con l'intento di far emergere i motivi che hanno fatto dell'aperitivo un simbolo del nostro tempo, l'autore ci restituisce un quadro dissacrante della società contemporanea. La tematica insolita e non convenzionale dell'ebook intercetta proprio nella coda lunga il suo pubblico eterogeneo e trasversale, unito da un rito della nostra convivialità sempre più diffuso in Italia, popolare e necessario anche per sviluppare e intrattenere relazioni lavorative. Oltre a creare un gran vantaggio per quanto riguarda i risultati sui motori di ricerca, tale verticalità consente di raggiungere un numero di nicchie illimitato: la somma è inevitabilmente maggiore di quella data da una sola parte. Conoscere in modo capillare i diversi potenziali segmenti di pubblico, in base alle abitudini sociali come in questo caso, significa avere gli strumenti per capire come diversificare la nostra offerta.

Per affrontare lo studio dei destinatari non servono potenti software che scavano a fondo nella Rete, ma una semplice analisi comportamentale. La netnografia è un metodo di ricerca qualitativa ideale per lo studio della cultura di consumo online sia per finalità sociologiche sia di marketing. Il termine è stato coniato nel 2010 dal sociologo Robert Kozinets e, come facile intuire, si tratta della declinazione su Internet dell'etnografia, dal greco "descrizione del popolo". Ciò che si viene a sapere sul proprio destinatario può essere sorprendente: grazie alla netnografia, la Listerine ha scoperto che molti utenti associano il colore dei collutori per l'igiene orale agli alieni e che altri trovano che il loro profumo sia in grado di evocare quello delle case dei nonni. Ma non solo, l'indagine ha portato allo scoperto come spesso il collutorio venisse usato dagli utenti anche come pesticida quando avvistavano in bagno un insetto. Il punto di riferimento in Italia e in Europa nel campo dell'analisi netnografica è il Centro Studi Etnografia Digitale, co-diretto dai ricercatori Adam Ardvisson e Alex Giordano. La loro analisi empirica si basa sull'impiego di tecniche di osservazione naturalistiche, dirette e non intrusive, per riuscire ad arrivare al nucleo dei contesti in cui gli utenti producono e riproducono online le loro esperienze di consumo. In questo modo, i tempi e i costi si riducono in maniera sostanziale rispetto alle indagini di mercato e ai focus group creati a tavolino di una volta: lo studioso può effettuare la sua indagine comodamente seduto sul divano di casa, senza rischiare di inquinare il campione e mancare di oggettività. E a proposito di aperitivi, il Centro ha diffuso recentemente una ricerca sul momento dell'happy hour, servendosi delle tante foto che gli utenti caricavano su Instagram con l'hashtag #aperitivo. Attraverso 2000 foto campione e un'analisi interpretativa combinata dei testi che le accompagnavano, i ricercatori sono riusciti a delineare tre macrotendenze di consumo e hanno inquadrato cinque tipi di consumatore: il Fashion&Cool Drinker, il Social Drinker, il Radical Chic, il Tradizionalista e il Down-Time Lover. Con le dovute differenze di strumenti, modalità e tempistiche, l'autore di Zandegù e gli etnografi hanno in realtà compiuto lo stesso studio senza saperlo. Questo

passaggio ci suggerisce come, dopo aver individuato le nicchie di interesse, sia necessario definire i profili personali che ne fanno parte.
Filofax è una società inglese famosa soprattutto per la sua gamma di personal organizer, tradizionalmente con una copertina in cuoio e sei anelli di metallo per tenere insieme fogli con i buchi. La popolarità di questa agenda è cresciuta enormemente con la dilagante cultura yuppie degli anni '80, che ha iniziato a considerarla come un accessorio *must-have*. Quello che forse l'azienda oggi non sa è che l'etnografia digitale potrebbe allargare ulteriormente la conoscenza del destinatario, aiutando a definire una strategia digitale più solida e articolata. Negli ultimi tempi è nata una miriade di blog tematici, canali con video tutorial e gruppi privati su Facebook come Planner Addicts Italia e Life in Planner, che si presentano, come da loro stessa descrizione, come luoghi di ritrovo online per pianificatrici seriali:

> per chi deve sempre avere un'agenda sottomano; per chi programma meticolosamente ogni spostamento e ogni impegno; perché un'agenda ordinata (e colorata) è la migliore delle compagnie!

E infatti, qui centinaia e centinaia di donne, di diversa fascia di età, provenienza, livello culturale e disponibilità economica, si scambiano consigli su come rendere più originali e utili le proprie agende, e in particolare le Filofax. Questo genere di presidi online ci svela che la nuova tendenza, importata dal Giappone, si chiama *kakebo*, termine che si riferisce al libro per tracciare la contabilità di casa, e in senso più ampio riguarda il mettere per iscritto su un planning entrate e uscite per monitorare le spese e imparare a gestire meglio le finanze. Ecco che abbiamo molti più elementi per dare un volto ai profili dei destinatari: non si accontentano di un'agenda anonima; sono felici di decorarla con nastri adesivi, sticker e disegni colorati; trovano diverse destinazioni d'uso e non si limitano al semplice appuntare gli impegni, come può avvenire per esempio su una Moleskine. Svolgere una ricerca netnografica significa entrare in contatto con le tribù senza disturbarle con interventi di promozione, più o meno mascherati. Al contrario vuol dire semplicemente sedersi in silenzio, osservare i soggetti e annotare le parole chiave più utilizzate, i comportamenti, le aspettative e le paure più comuni, che possono andare dal timore di avere una calligrafia inadeguata alla preoccupazione riguardo le spese doganali per acquisti negli online store stranieri.
Un simile approccio verso gli utenti finali viene proposto anche da Andrea Rossi e Maurizio Goetz, esperti di marketing e autori di *Tourist Experience Designer* (edizione Hoepli). Il volume definisce una metodologia per migliorare la competitività dell'offerta turistica, dando spazio alla segmentazione dei destinatari nell'ottica dei turismi personali. I due autori individuano inoltre quelli che chiamano "elementi WOW", ossia ciò che con la propria specificità genera

stupore, soddisfazione ed entusiasmo nei turisti, che si vedono dunque ritagliare una vacanza su misura. Nell'atto pratico, si cerca di delineare, quanto più in modo preciso, una tipologia di persona. Così, un tour operator che lavora in Sud Africa non andrà più a proporre generiche esperienze alla voce "viaggiatori che amano l'avventura", ma potrà espandere ulteriormente la proposta tra chi ha il desiderio di celebrare un matrimonio su una jeep in mezzo alle giraffe e chi ha scelto di fare il volontario per una settimana in una riserva protetta come aiuto lion keeper. Per aiutarci concretamente nella profilazione di quella che a inizio di questo paragrafo abbiamo definito "coda lunga", intavoliamo dunque un esercizio di immaginazione ogni volta che dobbiamo studiare il secondo triangolo grande del Tangram: dividiamo i nostri amici, parenti e conoscenti in diverse tipologie inerenti al settore di riferimento, in questo caso il viaggio, e compiliamo per ciascuno di loro una scheda profilo con tanto di nome, età, professione, abitudini, interessi, sogni, timori sia come persona sia come viaggiatore. Un vero e proprio identikit, insomma. Sarà molto più facile, in fase di stesura della strategia digitale, avere a che fare con le schede di Milva, Veronica e Giacomo ben fissate in mente. Dopodiché, la nostra missione sarà individuare le personalità con identiche caratteristiche in Rete.

L'importanza di una mappatura

In ogni viaggio che si rispetti, il primo passo per orientarsi all'interno di un territorio è avere una mappa a disposizione. E viene naturale consultarla ancor prima di partire, così da prendere confidenza con la geografia di un luogo dove non siamo mai stati. Il borough di Manhattan ne è una dimostrazione lampante: senza vedere una cartina, sarà difficile capire che non ci troviamo in una città circondata da due fiumi, ma su un'isola dell'Oceano Atlantico avvolta da stretti marittimi. E, a proposito di isole e mappature preliminari, torna nientepopodimeno che Napoleone a darci una lezione. Al suo arrivo all'Isola d'Elba, il 3 maggio del 1814, l'imperatore conosceva già a menadito i luoghi del suo esilio. Da eccellente stratega, e non solo nel gioco del Tangram, aveva iniziato i suoi studi sulle rilevazioni topografiche ben prima dell'abdicazione a Fontainebleau, grazie all'aiuto del suo ufficiale cartografo Louis-Albert Guislain Bacler d'Albe. Intuì con dieci anni di anticipo quanto l'Elba fosse il territorio strategico ideale per il controllo dei movimenti nel Mediterraneo. Inoltre, rispondeva anche alle sue esigenze del momento, ovvero essere isolato e allo stesso tempo trovarsi in una posizione di dominio.

Anche il mondo digitale necessita di una sorta di carta geografica, così da trarre il maggior vantaggio dalla conformazione delle sue isole tematiche, ovvero le macrocategorie di interesse (viaggi, cibo, musica e così via), e individuare di conseguenza la posizione dei loro abitanti, ovvero i nostri destinatari finali. Per fare ciò, possiamo ricorrere al concetto di mappe mentali teorizzato dal cognitivista inglese Tony Buzan, autore di *The Mind Map Book* (edizione Penguin Books). Si tratta di una forma di rappresentazione grafica molto utile anche per segmentare e mappare il nostro pubblico, la quale si avvale di due approcci che, mescolati tra loro, creano una struttura portante: il primo è di tipo gerarchico, dove i rami collegano ciascun elemento con quello che lo precede (l'isola tematica del lusso può essere collegata a quelle del cibo, della moda e del viaggio, come un albero); il secondo è invece associativo, e avviene attraverso il collegamento di elementi gerarchicamente disposti in punti diversi della mappa (lo sport può essere collegato al viaggio, così come il cibo può avere relazioni con la maternità). Il risultato di questi incroci è la profilazione e la localizzazione dei destinatari, che permetteranno un successivo potenziale contatto. La costruzione di una simile mappa si avvale di una geometria radiale: si parte dal centro con elementi di primo livello, e si continua verso l'esterno, con sottocategorie di secondo livello e così via. Inoltre, le mappe mentali, anche adattate allo scopo di individuare i destinatari, fanno leva sulle capacità creative di ciascuno di noi, esattamente come fa il gioco del Tangram. Questa prima fase del processo di mappatura è tutta basata sulle risorse mentali inconsce che ci animano, sui processi che lasciano aperta più di una chiave interpretativa e sugli accostamenti tra concetti e immagini. Sono proprio queste sinestesie ad aprire un universo di stimoli davanti a chi avverte un blocco creativo in fase di stesura della mappa e a chi ha confidenza con il ragionamento per immagini. A volte è sufficiente uno stimolo visivo per trovare nuova linfa ispirazionale, a un incrocio stradale, su una mood board di Pinterest oppure nelle sale di un museo d'arte.

Ipotizziamo di metterci al lavoro per conto della Plasmon, ditta storica di alimenti per l'infanzia, principalmente latte in polvere, omogeneizzati, pappette e biscotti. È chiaro come le mamme siano il nostro target principale, ma grazie alla mappatura è possibile scendere più nel dettaglio e – perché no? – allargare il bacino dei destinatari della nostra strategia digitale anche ai parenti che si occupano degli acquisti e dei bambini quando i genitori sono al lavoro o in viaggio. Dopo aver fatto un'immersione di immagini legate al mondo del brand, prendiamo un foglio bianco e mettiamo al centro della mappa l'isola tematica "Bambini" (Figura 3.6). Da qui, facciamo partire quattro frecce verso l'esterno e per ciascuna scriviamo le parole che ci vengono in mente associate al brand Plasmon, come per esempio tradizione, praticità, crescita, sicurezza. Per ciascun termine, adesso creiamo tre nuove direzioni, che riempiremo con la descrizione di potenziali acquirenti: che profilo ha chi compra i prodotti Plasmon per la loro tradizione? Ecco che potremmo quindi completare il grafico con le zie e le nonne che li acquistavano già per i loro figli, le donne che si ricordano di averli amati durante la loro infanzia, e le neo-mamme che, non sapendo che scelta fare al supermercato, accordano la propria fiducia a un marchio storico.

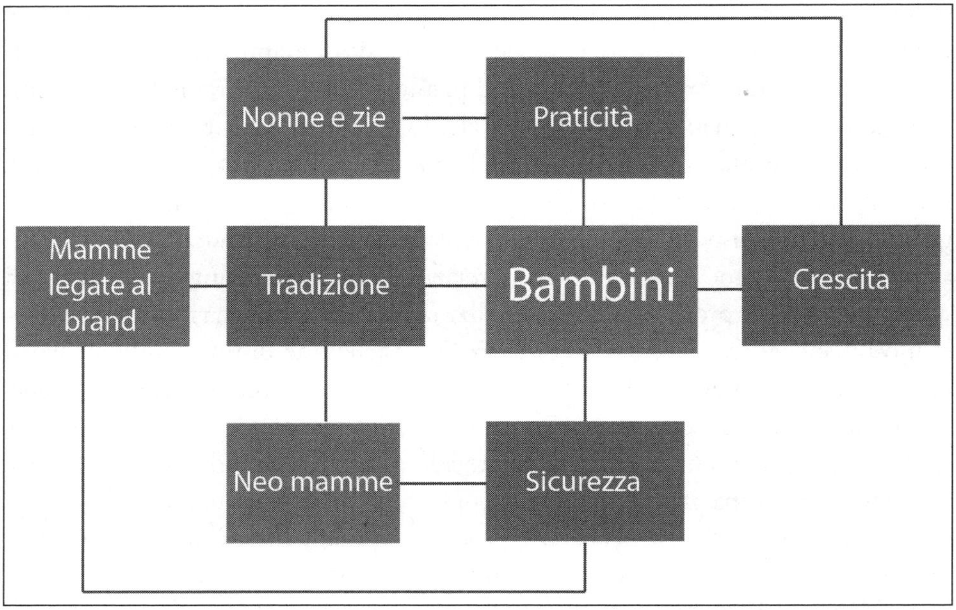

Figura 3.6 Abbozzo della prima ricognizione di potenziali destinatari.

Il passo successivo è definire se e dove possiamo trovare online questo target così suddiviso, ed eventualmente quale ha più senso prendere in considerazione. Senza dubbio, in questo caso, il segmento di future mamme che si scambiano pareri online riguardo quali alimenti dare ai propri piccoli è quello più interessante per noi, anche perché qui convergono ipoteticamente anche coloro che cercano sicurezza sulla provenienza delle materie prime impiegate. A questo punto si passa dalla mappa su carta al giro di ricognizione vero e proprio. Nel linguaggio militare, con questa definizione si intende ogni attività intesa a raccogliere, attraverso un accertamento diretto, le informazioni necessarie per impostare un'azione strategica. Per analogia, nel linguaggio digitale significa constatare la reale presenza online del segmento. Tornando al nostro esempio, quindi, il "giro di ricognizione" si traduce nella ricerca di tutti quei forum, blog e canali social che raccolgono conversazioni tra mamme sui prodotti alimentari. Questo genere di esplorazione è fondamentale e ci sarà utile in due direzioni: da una parte ci permette di identificare gli influencer che andremo a coinvolgere in attività di digital PR, come vedremo nelle pagine successive, e dall'altra ci aiuta nel difficile compito di scovare le community tematiche da monitorare per migliorare le nostre prestazioni, argomento del Capitolo 7 di questo manuale.

L'ultimo passo è decodificare i dati raccolti, ovvero individuare una chiave di lettura capace di renderli fruibili non solo per il digital strategist stesso ma anche per chi poi si occuperà materialmente di monitorare le conversazioni e mettersi in contatto con i destinatari. Dovendo condividere il risultato con altri professionisti, la scelta potrebbe ricadere su un foglio Excel da modificare online, che presenta in verticale la lista dei nominativi individuati e in orizzontale le informazioni utili, dalla community di riferimento ai loro presidi social, fino agli indirizzi email quando disponibili (Figura 3.7). È possibile prevedere ulteriori caselle più specifiche, per appuntarsi le modalità di contatto preferite, le fasi di approccio passate e future, le risposte ottenute e i commenti raccolti. Il principale pregio di una impostazione tanto semplice quanto immediata è senza dubbio la flessibilità nel personalizzare i campi, che rimangono ben ordinati per consultazioni, integrazioni e modifiche.

Nome e cognome	Blog	Tematiche principali trattate	Contatto email	Followers su TW	Fans su FB	Città	Commenti
Chiara Cecilia Santamaria	machedavvero.it	Travel e Fashion	machedavvero@gmail.com	16800	19190	Londra	da seguire anche su Instagram
Giovanna Gallo	www.giovannagallo.it	Lifestyle e Tech	giovanna.gallo23@gmail.com	8965	2392	Torino	-
Federica Piersimoni	www.federicapiersimoni.it	Travel	federica.piersimoni@gmail.com	12600	7636	Rimini	

Figura 3.7 Esempio di struttura di un file contenente la mappatura di mamme blogger.

Infine, potreste implementare un ulteriore livello del documento gestendo colori diversi, così da facilitare una lettura a colpo d'occhio. A fronte di una legenda condivisa, sarà possibile suddividere ulteriormente la lista di profili mappati. Rimanendo sempre sul tema bambini, alimentazione e mamme, è possibile suddividere le influencer secondo la fascia di età dei loro figli In questo modo, avremo un indirizzo da seguire per quanto riguarda i contenuti della nostra comunicazione: si potrà, per esempio, inviare in omaggio una selezione di prime pappe per il compimento del quarto mese di vita del neonato, oppure

una nuova merenda da provare per i più grandicelli. Con i personaggi famosi, il gioco è ancora più semplice, perché spesso sono più propensi a tenere sempre aggiornato il proprio pubblico sulla loro vita di tutti i giorni. Ed è così che, se scoprirete che una soubrette famosa e molto attiva su Instagram ha problemi a far addormentare il suo pupo, non ci penserete due volte a programmare un invio di tisane granulari alla camomilla con un biglietto di accompagnamento, confidando che i ringraziamenti passeranno proprio attraverso il suo profilo social.
Per concludere la vostra mappatura e ottenere un risultato con i fiocchi, non dimenticate di valutare la reputazione online dei vostri destinatari e mappare con una certa profondità anche il loro network: sapere che la soubrette in questione ha un grande seguito tra le mamme perché presenta un programma televisivo per bambini eviterà una dispersione di tempo, energia e denaro. Al contrario, sarebbe parecchio controproducente avvicinare personaggi che, al momento dell'attività che avete in mente, godono di una pessima reputazione, per esempio se coinvolti in scandali giudiziari.

Pubbliche relazioni tra reale e virtuale

Come abbiamo anticipato, una volta portata a termine la fase di mappatura, possiamo concentrarci sul rapporto vero e proprio con i profili che abbiamo individuato. Il lavoro di pubbliche relazioni digitali non è tanto diverso da quello che svolgeva un ufficio stampa tradizionale prima dell'avvento del digitale, quando la modalità principale prevedeva una cornetta da sollevare per mettersi in contatto con i nominativi di un prezioso casellario. Al giorno d'oggi sono cambiati gli strumenti che abbiamo a disposizione, ma non l'approccio, che richiede un atteggiamento cortese ed elegante, basato innanzitutto sulla buona educazione e sul buon senso.
Instaurare un proficuo dialogo con le persone selezionate è basilare, ma ancora più importante è rafforzare il legame tra mondo reale e quello virtuale. Questo genere di scambio avvicinerà i nostri due triangoli grandi, mittente e destinatario, fino a renderli indissolubili e dipendenti l'uno dall'altro. È impensabile studiare una strategia che nasce e muore sul digitale, senza prevedere un riflesso importante sulla vita reale di tutti i giorni. È il caso, per esempio, della Juventus FC, che su Twitter si spinge quotidianamente a intercettare i supporter più sfegatati e influenti, coinvolgerli con hashtag dedicati e premiarli per il loro amore incondizionato nei confronti della squadra di calcio. Alla vigilia della semifinale della passata Champions League contro il Real Madrid, la società ha lanciato sui social network il concorso #SeAndiamoInFinale, invitando i propri tifosi a condividere il loro buon proposito. Uno di loro ha preso sul serio la sfida e ha dichiarato che avrebbe raggiunto Berlino a piedi, così la società bianconera ha

portato il botta e risposta dal virtuale al reale: gli ha dato appuntamento allo Juventus Stadium e organizzato il viaggio con otto tappe attraverso Svizzera, Liechtenstein e Germania, per un totale di più di 1.100 km. Se questa strategia digitale avesse una forma di Tangram, non potrebbe che essere un calciatore, con i due triangoli grandi che si toccano e, grazie a velocità e flessibilità, generano a loro volta nuovi contenuti (Figura 3.8).

Figura 3.8 La figura di un calciatore realizzata con il gioco del Tangram.

In fondo, le pubbliche relazioni sono da sempre proprio questo, ovvero l'insieme delle pratiche di comunicazione che hanno come obiettivo sviluppare relazioni e sostenere la reputazione del destinatario che comunica, contribuendo alla creazione di una specifica identità. Il digitale ci offre solo un numero più alto di possibilità di manovra per portare a casa il risultato in tempi decisamente più brevi e con un effetto dirompente.
La strategia per lo scorso Coca-Cola Summer Festival è un'altra best practice che ci aiuta a capire come si costruiscono le pubbliche relazioni e in che modo si mescolano reale e virtuale. L'hashtag #DaiUnBacio è stato il trait d'union tra il packaging delle confezioni, le attività digitali con gli influencer, il concorso cross-mediale in collaborazione con Mediaset, la mostra dedicata all'interno del padiglione Coca-Cola all'Expo Milano e l'evento estivo finale. Ma non solo: è stato anche la naturale estensione della strategia avviata in primavera con il lancio dello spot televisivo che celebrava i 100 anni della bottiglia in vetro e i miti che l'hanno baciata, da Marilyn Monroe a Elvis Presley fino a Ray Charles. Per quanto riguarda l'attività di digital PR, Coca-Cola ha agito con grande consapevolezza, individuando da un lato un bacino di blogger molto attivi su Twitter, proprio là

dove è nato l'uso degli hashtag, e una serie di personaggi famosi vicini al panorama musicale. A ciascuno di loro ha inviato una scatola contenente due bottigliette con le etichette personalizzate e uno spinner che trasformava la confezione nel mitico gioco della bottiglia. Come potrete immaginare, le miriadi di fotografie e le conseguenti condivisioni in massa sui profili social non si sono fatte aspettare. Tutte le strategie digitali dovrebbero prevedere una parte più o meno ampia dedicata alle pubbliche relazioni: un digital strategist che conosce i meccanismi di engagement può ottenere grandi risultati. Questo perché, a differenza di un tempo, il contatto con il pubblico non è più "lineare" e volto a trasmettere un valore in modalità unidirezionale, bensì si tratta ormai di un sistema "reticolare", dove è il network stesso a garantire la circolarità della comunicazione. A conclusione di questo capitolo su mittente e destinatario, vediamo insieme cinque regole d'oro per garantire una buona riuscita delle relazioni tra loro.

1. Bussare prima di entrare

Proprio come nella vita reale, ricordiamoci di chiedere sempre il permesso in punta di piedi a chi vogliamo raggiungere. Così come non è certamente buon costume presentarsi sotto casa delle persone e citofonare senza preavviso, facciamo in modo di instaurare un rapporto con il destinatario che abbiamo individuato, prima di inondarlo di materiale che potrebbe non gradire. L'effetto boomerang è sempre dietro l'angolo: gli errori che commettiamo tornano indietro, e la memoria da elefante del Web non perdona. Chiedere se desiderano ricevere informazioni su un prodotto oppure se hanno piacere di partecipare a un'attività specifica come un blog tour non costa niente. È importante far capire che abbiamo studiato per davvero il loro profilo, che sappiamo di cosa parlano pubblicamente online e che abbiamo intercettato le loro preferenze.

2. Trattare con esclusività

Chi riceve i nostri messaggi deve sentirsi speciale, unico e coccolato. Se abbiamo fatto una selezione a monte è perché abbiamo ritenuto che quei profili meritassero un'attenzione in più e, soprattutto, contenuti in anteprima. Avere materiale in anticipo rispetto al grande pubblico è un'attestazione della nostra stima nei loro confronti e, in questo modo, saranno più disponibili a rendersi veicolo all'interno del loro network. Evitiamo email cumulative o peggio ancora dove è solo il nome dell'intestazione che varia, così come tortuosi giri di parole e formule retoriche ruffiane. Infine, differenziamo non solo il messaggio ma anche il tono di voce, scegliendolo in base alla loro professione e autorevolezza online. Blogger, YouTuber, giornalisti professionisti e personaggi famosi richiedono linguaggi e approcci completamente distinti.

3. Dire basta agli standard

Allontaniamoci il più possibile dall'approccio di una volta, quando il comunicato stampa era il re indiscusso. Anche il taglio diversificato dei testi può contribuire a una distribuzione più capillare: spostiamo l'equilibrio delle informazioni a seconda degli interessi dei destinatari. Se il focus è sull'abbigliamento per gli amanti del trekking e tra i profili ci sono delle mamme, sarà importante spostare l'ago della bilancia sulla linea di prodotti per bambini, sulla sicurezza dei materiali e sulla facilità di lavaggio. Cerchiamo di dare meno lavoro possibile al destinatario: le foto e i video già ottimizzati per il Web pronti per essere pubblicati su blog e social network, i file delle immagini già rinominati per aiutare i motori di ricerca, i testi non eccessivamente formattati. In caso di un convegno, per esempio, prevediamo un kit digitale per facilitare un live tweeting corale, con le foto dei partecipanti, i loro account Twitter, le tematiche principali che verranno trattate e l'hashtag di riferimento.

4. Retribuire l'impegno

Ricordiamoci che l'influencer non ha alcun obbligo nei nostri confronti, a meno che non si siano concordate insieme azioni specifiche. Lasciamo sempre una buona libertà di manovra e prevediamo una ricompensa adeguata: questo non significa pagare per il coinvolgimento del suo network, bensì riconoscere l'impegno e il tempo che ci ha dedicato. Regalare al destinatario un'esperienza originale (un viaggio spesato in ogni suo aspetto, un rifornimento per un anno di prodotti, un sostanzioso buono da spendere sul proprio ecommerce) ha un potenziale valoriale ben più alto di un semplice e sbrigativo gettone. Fate parlare gli influencer di qualcosa che hanno provato in prima persona. Unica regola: mai e poi mai fare differenze di trattamento tra le persone coinvolte in un'attività di digital PR, perché il mondo degli influencer è ancora più piccolo di quello reale.

5. Non darsi alla macchia

Dulcis in fundo, una volta raggiunto il nostro obiettivo strategico non eclissiamoci per poi riapparire quando avremo una nuova attività di pubbliche relazioni da attuare. Fermiamoci un attimo a pensare: quanto fastidio proviamo quando amici e conoscenti si fanno sentire solo al momento del bisogno? Instaurare una relazione duratura, di qualsiasi genere, richiede tanta pazienza e costanza. Inoltre, seguendo le attività online dei profili mappati, vi permetterà di tenere sotto controllo la qualità dei contenuti che pubblicano, gli interessi del momento e il loro indice di popolarità. L'atteggiamento mordi e fuggi non paga mai, dunque manteniamo buoni rapporti anche durante il corso dell'anno con qualche scambio di email, saluti e auguri per le festività, per esempio. Sempre rigorosamente personalizzati e senza mai esagerare in salamelecchi: gli influencer sanno riconoscere lontano un miglio le prese in giro.

Capitolo 4

Il contenuto

In questo capitolo

- Il quadrato
- Il messaggio al centro
- Saper mettere in ordine
- Amici dei motori di ricerca

Il quadrato

Eccoci alle fondamenta della nostra strategia digitale. La prima pietra da dove partire una volta che avremo ben chiari chi siamo e a chi vogliamo parlare. La forma geometrica del quadrato, con i suoi quattro lati tutti uguali, è per definizione perfetta. Anche il suo significato figurativo delinea in modo esaustivo il ruolo che avrà il contenuto, soggetto della nostra comunicazione: solido, robusto, affidabile. Nel Tangram, il quadrato e il parallelepipedo sono le uniche figure a differenziarsi dai triangoli. Sono forme geometriche molto speciali, uniche, come ciò che rappresentano. Il quadrato, in modo particolare, è il cuore della strategia di comunicazione, e non a caso è la versione in miniatura del quadrato perfetto dell'unione dei sette elementi del Tangram. Come rappresentato dalla Figura 4.1, esso è legato a doppio filo al mittente, cioè il triangolo grande studiato nel capitolo precedente: il quadrato è l'oggetto principale da cui si muove la comunicazione verso il destinatario. Inoltre, è circondato da tre triangoli: i primi due più piccoli sono le leve emozionali e razionali che permettono di raggiungere il proprio pubblico, direzionando man mano la strategia nel verso giusto, grazie al triangolo medio, cioè all'orecchio che ascolta le conversazioni in Rete.

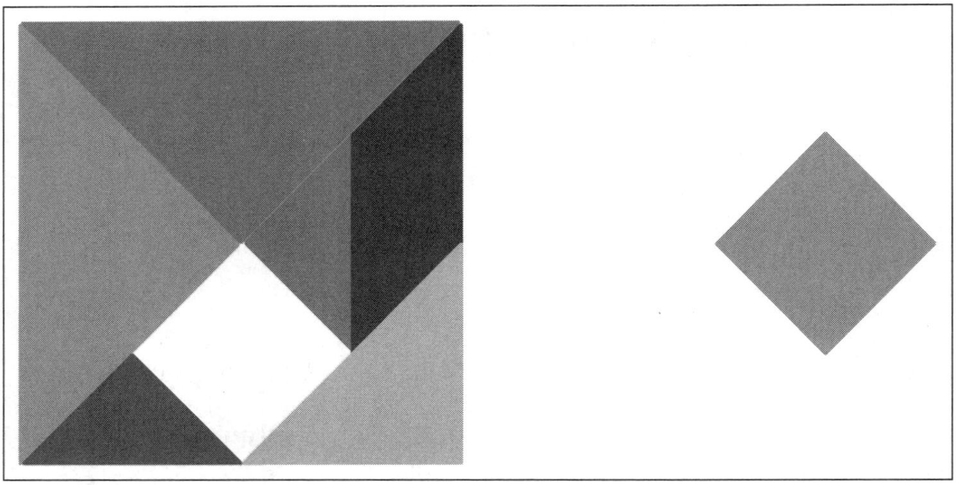

Figura 4.1 La posizione del quadrato.

Ma prima ancora degli abbinamenti azzeccati per creare qualcosa di nuovo, in questo caso con il Tangram, a fare la differenza è sempre l'accurata scelta degli ingredienti, e questo vale sia dietro ai fornelli di un ristorante stellato sia per una strategia online da delineare. Come noto, chef del calibro di Gualtiero Marchesi hanno da sempre fatto della cucina una vera e propria arte; i dogmi sono diventati la stagionalità, l'utilizzo di prodotti locali, la scelta degli accostamenti. Se da un lato le portate vengono presentate con senso estetico dell'armonia e dei contrasti, nei sapori, così come nei colori, ciò che davvero conta sono le materie prime, da esaltare nel loro gusto originario. Per realizzare tutto questo, un segreto c'è: gli ingredienti – per trasposizione, i nostri contenuti – vengono limitati all'essenziale, senza condimenti eccessivi. Una buona strategia digitale deve nutrirsi di tali spunti offerti dal parallelismo culinario, e far propria un'unica parola d'ordine quando si parla di contenuti: semplicità. Maneggiare i contenuti di un mittente, così come cucinare, significa compiere una serie di gesti creativi per eccellenza. Il più delle volte, il digital strategist avrà a che fare con contenuti disordinati e frammentari: sarà un po' come aprire il frigo e pensare a come preparare un piatto con gli avanzi. Ottenere risultati ottimi con molti vincoli, partendo da risorse scarse e lavorando con tutta la flessibilità necessaria a trasformare un difetto, un errore o una carenza in uno stimolo, è una grande sfida. In questo manuale assoceremo la figura del digital strategist a diversi mestieri che con l'online poco hanno a che fare, proprio per sottolineare quanto in realtà le uniche regole da imparare per affrontare questo lavoro sono quelle millenarie

del buon senso, trasversali a qualsiasi campo della nostra vita. Scendendo nello specifico dei contenuti, proviamo insieme ad adattare alcuni dei dieci principi redatti per la cucina italiana e approvati dal comitato scientifico della fondazione che porta il nome del maestro Marchesi.
Tra i pilastri più interessanti ce n'è uno che ricorda che ai diversi gradi di esperienza e conoscenza di un cuoco corrispondono tre figure: esecutore, interprete e compositore. Per raggiungere questi traguardi, anche sul digitale, occorre impadronirsi della tecnica e aver fatto pratica di tutte le partite: antipasti, primi, carne, pesce e pasticceria. Una sana gavetta su contenuti di diversi settori, dal fashion all'automotive fino al food, non guasta mai; in un secondo tempo, il digital strategist potrà poi decidere di dare il meglio di sé solo in alcuni di questi. Un'altra regola sottolinea come un elemento imprescindibile per arricchire le esperienze gastronomiche sia senza dubbio la conoscenza dei luoghi e degli ambienti da cui provengono gli ingredienti. In maniera analoga, il digital strategist deve misurarsi con la provenienza dei contenuti che ha davanti a sé, comprendere il loro background e il clima in cui si sono sviluppati. Se abbiamo a che fare con una strategia digitale per una catena di ristoranti argentini, è probabile che dovremmo conoscere quanto più possibile delle pampas dell'America meridionale e della vita dei gauchos. Le soluzioni tecniche e i virtuosismi non possono dunque prescindere dalla conoscenza di un luogo e di un linguaggio di riferimento. Anche la conoscenza di ciò che è giusto fare riguardo a ogni preparazione è basilare: quali sono i tempi e le modalità di cottura, l'esatta temperatura, la durata dell'eventuale riposo e la scelta della stoviglia più adatta per la presentazione finale. Il decalogo si conclude infine con una nota sulla divulgazione della cultura gastronomica, fondamentale nel mestiere del cuoco. Un momento di formazione rivolta al cliente che ha commissionato una strategia digitale è sempre bene prevederlo: insegnare a comunicare bene e correttamente sarà di grande aiuto anche ad altri livelli, dall'impostare una firma digitale coerente in fondo alle email aziendali alla creazione di presentazioni interne per i dipendenti. I contenuti di una strategia digitale sono anche questo.
Passiamo agli obiettivi del nostro quadrato. In un contesto sociale dove siamo continuamente esposti a ogni tipo di messaggio e con un accesso alle informazioni potenzialmente infinito, non è più sufficiente avere come meta guadagnarsi l'attenzione con i contenuti. L'obiettivo finale diventa così quello di diventare interessanti. Per tanti anni sul digitale è stata cavalcata l'onda della produzione di contenuti virali a tutti i costi, provando così a guadagnare l'interesse del pubblico, fino a che ogni angolo di Internet non ne sarà diventato saturo. Tutt'altra storia è, invece, produrre contenuti in grado di interessare il destinatario, ovvero avvicinare l'utente potenzialmente in target attraverso contenuti di qualità, che possano creare attenzione, coinvolgimento e soprattutto una partecipazione

attiva. In che modo si può raggiungere questo obiettivo? Il gossip, inteso come contenuti sulla vita privata riguardanti volti noti dello spettacolo, lo insegna da sempre: ciò che più interessa le persone... sono le storie di altre persone. Il pettegolezzo è diffuso in numerose culture, anche molto isolate, e viene utilizzato non solo per scambiarsi informazioni e giudizi informali su terzi, ma anche per rimarcare i confini di un gruppo, poiché comporta una conoscenza esclusiva e approfondita della comunità stessa di riferimento. Il gossip, a livello locale, trova terreno fertile, per esempio, nelle città di provincia, nei quartieri, sul lavoro; più in generale, il racconto della vita delle persone è uno dei contenuti che più possono lasciare il segno all'interno di una comunicazione, sia aziendale sia istituzionale. Nel corso del tempo sono cambiati gli strumenti del racconto, prima i blog e poi i canali social, ma non è cambiata la sostanza. Partendo dalla figura quadrata iniziale del Tangram e spostando di poco i sette pezzi, possiamo capire come sia semplice rendere più interessante la sagoma, se questa ci riporta a qualcosa che già conosciamo, come una freccia (Figura 4.2).

Figura 4.2 Da un quadrato pieno a un quadrato con freccia.

Il celebre progetto *Humans of New York* nasce proprio da questi presupposti. Un giorno il giovane Brandon Stanton, dopo una breve e sfortunata carriera nella finanza a Chicago, prende la decisione di trasferirsi a New York e inizia a catalogare gli abitanti della città. Le materie prime che ha tra le mani sono tanto essenziali quanto vincenti: uno scatto fotografico ben piazzato e uno stralcio di conversazione con il modello improvvisato. In un colpo solo, Brandon abbandona i confini del racconto personale, arrivando a instaurare una vera e propria narrazione del territorio: la Grande Mela viene raccontata da chi la anima, valorizzando e accre-

scendo il suo mito di capitale dove culture diverse si intrecciano continuamente. Il suo quadrato, ovvero il contenuto, è così forte, solido e robusto che avrebbe potuto funzionare su qualsiasi altro media, digitale o tradizionale. Il progetto non ha necessità di guadagnare attenzione, è già naturalmente interessante. Non viene difficile immaginare il contenuto di *Humans of New York* diffuso su tavolette di pietra, papiri, cartelloni stradali, attraverso Google Glass o con ologrammi alle fermate di navette spaziali. I grandi pubblicitari di una volta dicevano sempre che "le grandi idee non hanno date di scadenza e si differenziano dalla loro capacità di durare nel tempo". Insomma, se un contenuto è ancora attuale dopo dieci anni, allora valeva la pena comunicarlo.
Da tale riflessione si può facilmente dedurre che i mezzi vanno e vengono, essendo in continua trasformazione, ma la comunicazione tra le persone rimane. Il vero media sul quale vale la pena concentrarsi per veicolare i contenuti è proprio la relazione digitale tra le persone: il loro fare rete produce continui scambi, capaci di influenzare amici, fan e seguaci sulle decisioni. Casi lampanti di un simile processo sono le piattaforme di Kickstarter, GoFound o KissKissBank, sistemi che permettono di finanziare progetti dal basso, da una borsa di studio all'autoproduzione di un disco. *Polpettas* è una rivista di cultura contemporanea che nasce proprio dalla Rete e pubblica approfondimenti di architettura, design, illustrazione, musica, fotografia e molto altro ancora. A differenza di altre riviste che si occupano di arte e cultura, l'approccio di *Polpettas* non è mai tecnico, ma emozionale, mettendo le storie delle persone in primo piano: dal designer di giocattoli all'audace street artist, fino al giovane illustratore. I suoi contenuti hanno destato l'interesse della rete di amici e amici degli amici, e sono riusciti a ottenere così un finanziamento per la stampa e la distribuzione della rivista. Questo ci insegna che un contenuto con pochi e precisi ingredienti, proposto innanzitutto a una comunità di riferimento vicina al mittente, capace di generare una rete di interesse e fiducia, ha più chance di diventare appetibile anche per un pubblico più ampio. Mai come in questo caso, i contenuti tendono a circolare in reti di senso e di appartenenza: senza una community di riferimento, non possono avere successo. Non per niente, i social media si stanno spostando sempre più verso il concetto di liste di interesse e cerchie di amicizie. Ma anche in questo caso, nulla è cambiato: pensiamo alle prime stanze tematiche di IRC (*Internet Relay Chat*), oppure ai forum e ai newsgroup.

Il messaggio al centro

Prima dell'avvento di Internet, per comunicare un marchio, un prodotto oppure un politico, la ricetta per una buona riuscita prevedeva azioni semplici ma molto dispendiose: si investiva in colossali campagne televisive e radiofoniche, si compravano gli spazi sulle pagine delle riviste e dei quotidiani, si partecipava a fiere del settore o eventi collegati, e in alcuni casi si faceva anche telemarketing. Non esistevano altre modalità. Il contenuto veniva semplicemente traslato e passava inevitabilmente in secondo piano, perché era il mezzo e il format rigido che lo determinava a dettare legge. In questo senso, è doveroso dare ragione al sociologo canadese Marshall McLuhan che, con la celebre tesi "il medium è il messaggio", divenne presto portavoce dell'ipotesi che vedeva il mezzo tecnologico come un soggetto capace di determinare la struttura della comunicazione, indipendentemente dai contenuti dell'informazione di volta in volta veicolata. In parole povere, il mezzo scelto diventava messaggio: non era importante il contenuto di un programma di varietà in quanto tale, ma in quanto veicolato dalla televisione. Con l'avvento del digitale e della frammentazione dei canali, la verità è che questa tesi ha iniziato a vacillare perché la struttura della comunicazione è diventata più fluida e il messaggio ha preso una posizione centrale, mettendo da parte il suo medium. Una bella web series non è forse godibile allo stesso modo dal destinatario a prescindere che sia veicolata su computer, TV, tablet o smartphone? Scritta e diretta da Ivan Cotroneo, *Una mamma imperfetta* è una serie composta da due stagioni che ha visto un percorso distributivo inusuale: gli episodi della prima stagione, della durata di 8 minuti ciascuno, sono andati in onda su Rai2 nell'autunno di qualche anno fa, dopo esser stati pubblicati online su Corriere.it nei mesi precedenti di maggio e giugno. È cambiato il mezzo, tradizionale e digitale, ma non il contenuto, che ha ottenuto un buon riscontro di pubblico in entrambi i casi.

Nel 1996 apparve sul sito della Microsoft una frase profetica: *content is king*. L'autore di questa citazione era Bill Gates e, benché successivamente venne rimossa, passò alla storia. Vent'anni dopo, Jonathan Perelman, che fa parte della direzione di BuzzFeed, rivoluzionaria piattaforma di condivisione di notizie in tempo reale, l'ha resa ancora più completa: *content is king, but distribution is queen*. Accanto a ogni grande re, il contenuto, c'è sempre una grande regina, la distribuzione. Il medium non modifica la struttura del messaggio, ma al contrario può valorizzarla nella sua specificità. Se il mittente è un'azienda che produce giochi per animali e il nostro contenuto è un video di un bassotto che prende al volo una pallina da tennis, ecco che YouTube sarà il mezzo ideale per veicolarlo; al contrario, se si tratta di uno spot dai toni artistici, che racconta la storia dei divertimenti dei nostri amici a quattro zampe da fine Ottocento a oggi, Vimeo potrebbe rivelarsi una scelta migliore, per la sua vocazione più professionale. È il pubblico delle due piattaforme a cambiare: il primo è più generalista, mentre il secondo accoglie utenti più attenti alla forma e alla cura delle immagini. Il design di YouTube e Vimeo, inoltre, è diametralmente opposto, e offre due esperienze differenti. A parità di mezzo, dunque, è l'aspetto che oggi incide più che mai sulla fruizione del contenuto. Per similitudine, c'è un cucchiaio diverso per ogni pietanza: si può mangiare una minestra con un cucchiaino da budino, ma cambia la qualità di *user experience*, ciò che si prova quando viene utilizzato un prodotto, un sistema o un servizio.

Il contenuto è al centro anche in un tipo di comunicazione online sempre più frequente al giorno d'oggi, che ha saputo superare vecchie modalità come i banner pubblicitari: il *native advertising*. Si tratta di una tecnica definita nativa perché integrata al mezzo su cui viene veicolata. Il messaggio pubblicitario si presenta infatti come una continuazione del contesto in cui è inserito anziché come una rottura, dal punto di vista tematico, visivo e di design. Può trattarsi di un articolo, di una galleria fotografica, di un video. In questo modo, il pubblico è naturalmente portato a prestare attenzione al messaggio, grazie al suo aspetto più simile a un vero e proprio contenuto, piuttosto che a un'inserzione. C'è uno scambio: l'utente non viene raggiunto da un messaggio, ma può interagire con quest'ultimo. Un esempio è l'intervento di Land Rover all'interno della piattaforma per il trasferimento di documenti pesanti WeTransfer. Al posto di veicolare i propri contenuti con una semplice landing page di sfondo, l'azienda automobilistica ha deciso di plasmare ciò che ha scelto di comunicare in una modalità spontanea e non intrusiva. Per un periodo, infatti, si potevano caricare i propri file su una Land Rover, la quale aveva l'incarico di trasportarli fino al destinatario. Il contenuto riguardo il nuovo modello di auto è il re, la distribuzione sulla pagina di WeTransfer è la regina. La quasi totale mancanza di invasività del messaggio e la sua capacità mimetica nel contenuto fanno sì che l'utente sia meno reattivo ad alzare barriere di diffidenza verso la pubblicità digitale, mentre la curiosità lo porta a esplorare le tematiche presentate dai messaggi.

Il fatto curioso è che le storiche agenzie italiane di pubblicità avevano intuito già cinquant'anni fa l'opportunità straordinaria di raggiungere un ampio pubblico integrando un contenuto a un contesto specifico: è questo il caso di Carosello, celebre programma televisivo italiano andato in onda sul Programma Nazionale e poi sulla Rete1 della Rai per vent'anni, dal 1957 al 1977. Consisteva in una serie di filmati, il più delle volte sketch comici sullo stile del teatro leggero o intermezzi musicali, seguiti poi da messaggi pubblicitari. Il rigido format di Carosello prevedeva che la parte di spettacolo, della durata di 1 minuto e 45 secondi ciascuno, doveva essere ben separata e distinguibile da quella puramente pubblicitaria, chiamata "codino", della durata di 30 secondi. Il passaggio dallo sketch al codino avveniva sempre tramite una frase chiave pronunciata dal protagonista e solo nella parte finale poteva essere nominato il prodotto. Il native advertising chiede la stessa sincerità verso il pubblico, che se da una parte può essere coinvolto dal contesto, dall'altra deve avere sempre la possibilità di sapere se si tratta di un contenuto sponsorizzato o meno. Ecco perché sui presidi digitali come quotidiani, blog e piattaforme, e in particolare sui social network, l'indicazione "sponsorizzato" è sempre ben in vista. Se così non fosse, il contenuto non sarebbe altro che quello che confidenzialmente viene chiamato marchetta, cioè una prestazione a pagamento mascherata da azione spontanea e non sollecitata da secondi fini.

Ma un contenuto di qualità può bastare da solo per dare struttura a una buona strategia digitale? In realtà, la risposta è negativa: occorre stabilire delle qualità cui la strategia deve rispondere. Facciamo adesso un passo indietro e guardiamo più da vicino la figura del quadrato, i suoi quattro lati uguali. Di primo acchito, pensando al numero quattro siamo inevitabilmente portati a fare riferimento alle quattro stagioni dell'anno e della vita, ai quattro punti cardinali di una bussola o ai quattro elementi primari. Ed è proprio a fuoco, terra, aria e acqua che ci ispireremo per rintracciare nella natura le caratteristiche che anche i nostri contenuti devono avere (Figura 4.3).

Figura 4.3 I quattro elementi naturali presi in analisi.

Per seguire meglio il nostro breve percorso di scoperta, prenderemo come esempio uno dei più celebri marchi di fazzoletti di carta in Italia, Tempo, presente sul mercato da oltre cinquant'anni. Uno dei suoi punti di forza sul digitale è il "fuoco", l'elemento dell'immediatezza, del qui e ora, spontaneo e vivace. Il real time marketing è un nuovo approccio di comunicazione che intercetta un tema di grande attualità e lo cavalca in modo tale da coinvolgere utenti che non sarebbero mai arrivati al brand attraverso una ricerca diretta. Tempo ha dedicato una serie di post su Facebook alla cantautrice britannica Adele e al suo terzo album, *25*, che con tre milioni di copie vendute a una sola settimana dall'uscita ha infranto ogni record di vendita. In pochi giorni la cantante è diventata anche soggetto di un'ironia dilagante in Rete: gli utenti si sono scatenati con battute sulla tristezza e la profonda malinconia attorno a cui ruotano i testi delle sue canzoni. Tempo ha fatto l'occhiolino al trend pubblicando su Facebook lo status: "Grazie Adele. Mezzo miliardo di visualizzazioni per Hello – Per fortuna potete contare su 'Someone Like Us'". L'elemento fuoco ci ricorda come i contenuti vadano diffusi anche tramite una tempistica puntuale, e più in generale nei momenti in cui riescono a intercettare il destinatario potenziale online. Per esempio, come in questo caso, prendendo spunto da notizie ed eventi di respiro mondiale.

Il secondo aspetto dei nostri contenuti ha a che fare con le caratteristiche della "terra", simbolo della solidità. Tempo è per tanti consumatori un sinonimo di qualità, morbidezza e resistenza, ma anche di tradizione ed esperienza. I suoi contenuti, anche sul digitale, sono sempre riconoscibili e riconducibili all'identità del brand: il pacchetto blu con la scritta bianca ha una sua propria personalità, anche grazie al trattino della lettera T che si ripete nella sottolineatura. Il pacchetto è sempre in primo piano e si ripete in ciascun contenuto visivo veicolato. Il messaggio ha i piedi ben piantati sul terreno del marchio e del contesto. Il menu principale del sito web è stato costruito senza tanti fronzoli, con uno stile sobrio: chi siamo, prodotti, promozioni, consigli, news e press room. Tutte le informazioni utili sono a portata di mano e non per questo meno accattivanti. Ci sono anche brevi aneddoti sul mondo dei fazzoletti e del loro utilizzo, che svelano curiosità concrete come il fatto che "quando si starnutisce, l'aria passa attraverso il naso a una velocità di 160 km/h". Fare riferimento alla terra ci obbliga a prevedere contenuti sinceri e verificabili in qualsiasi momento: la Rete ha accorciato la distanza fra produttore e consumatore, e ogni azione ingannevole, piccola o grande che sia, sarà un autogoal per la nostra strategia di comunicazione.

L'elemento "aria" è simbolo di ciò che è vitale ma impalpabile, come il peso che ha il tono di voce dei nostri contenuti. La leggerezza, tema che svilupperemo meglio con il prossimo capitolo specificatamente dedicato al lavoro del digital strategist, è ciò che fa muovere i contenuti per creare empatia con il pubblico. L'elemento aria ci permette con un soffio di abbattere le distanze che ci separano dai nostri interlocutori, farli sentire al sicuro sui nostri presidi digitali, che offrono così un ambiente confortevole in cui trovare tutto il necessario. In particolare su Twitter e Facebook, l'azienda Tempo crea vicinanza con l'utente e rende il fazzoletto compagno fedele della vita quotidiana di tutti noi, con una modalità di veicolare il messaggio molto leggera e coinvolgente: "Ognuno di noi versa 121 litri di lacrime nella vita. Siamo sempre con te, anche quando il weekend non promette bene!". L'aria, in contrapposizione alla terra, è lo spazio libero verso il cielo che ci permette di vestire i nostri contenuti con un tocco di creatività in più, permettendoci così anche qualche licenza più astratta.

Infine, l'elemento "acqua", che fa da contraltare alla forza dirompente del fuoco. Si tratta di un elemento altrettanto potente perché è in grado di adattarsi a ogni genere di contenitore, prendendone la forma. La caratteristica di un liquido è proprio quella di essere fluido, agile, scorrevole. L'azienda di fazzoletti, con l'iniziativa *Dillo con Tempo*, è fluida innanzitutto nelle scelte di marketing: offre ai con-

sumatori l'opportunità di personalizzare a piacere il proprio pacchetto attraverso una piattaforma online collegata al sito. Dalla morbidezza di un bebè in arrivo alla resistenza del vero amore, il contenuto diventa come l'acqua e si adatta a ogni esigenza, facendo sì che i fazzoletti Tempo diventino un modo per esprimere pensieri o mandare un messaggio a qualcuno. Di riflesso, la stessa comunicazione sui social diventa come acqua, adattandosi a ogni festività o ricorrenza in corso. E anche in questo caso il contenuto è al centro, a prescindere dal mezzo che lo veicola: il fazzoletto è re indiscusso, qualsiasi sia l'elemento naturale che lo anima e qualsiasi sia il veicolo che lo trasporta. *No content, no party.*
Una volta comprese le quattro caratteristiche che costituiscono il nostro quadrato, non ci rimane che scoprire come raccogliere e organizzare i contenuti per la nostra prossima strategia digitale.

Saper mettere in ordine

Compreso, chiuso, raccolto in qualche cosa: è proprio il termine "contenuto", interpretato come aggettivo, a indicarci la strada giusta per mettere in ordine il materiale che il mittente, che il più delle volte corrisponde al cliente, mette a nostra disposizione per la comunicazione. Il primo passo per districarsi dal caos iniziale è quello di fare proprio un metodo di riordino. In fondo, lo stesso discorso vale anche per le nostre scrivanie a casa e in ufficio, o per i desktop dei computer, con il risultato che spesso non troviamo quello che davvero ci serve sul momento. L'umorista Arthur Bloch scriveva nella *Legge della ricerca ordinata* che "il primo posto dove cercare una qualsiasi cosa è l'ultimo in cui ci si aspetta di trovarla". E aveva ragione. Arriva sempre il momento in cui siamo costretti a individuare un senso da applicare all'organizzazione dei materiali, non solo fisicamente, ma anche e soprattutto nella nostra testa. Anche nella matematica, "ordinare" significa disporre gli elementi di un insieme secondo una legge, cioè introdurre una relazione tra loro, per esempio disponendoli in modo tale che a numero seguente corrisponda valore maggiore. La legge per la disposizione dei contenuti che andiamo a proporre prevede l'uso di tre insiemi, e la loro relazione sarà in prima battuta di tipo temporale, per poi acquistare un'utilità finale con una disposizione per argomenti, così da favorirne l'associazione.
Prendiamo come esempio uno dei tanti prestigiosi produttori di vino delle Langhe, con una florida attività familiare alle spalle, avviata più di due secoli fa. Con l'avvento del digitale, ha chiesto di mettere online un sito web che rispecchiasse la sua anima, ma i contenuti erano piuttosto superficiali e scarni. Anche la successiva presenza sui social network si rivelò improvvisata e senza una strategia digitale ben chiara. Nel frattempo, le aziende vinicole della zona hanno iniziato a comunicare in modo piuttosto incisivo sul digitale e, di riflesso, il nostro mittente ha

sentito l'esigenza di essere competitivo anche su questo piano. Proviamo adesso a scendere metaforicamente nelle sue cantine. Tra botti di vino rosso e fasci di luce impolverati, ecco che ci ritroviamo davanti a una montagna di contenuti da un lato e a tre scaffali vuoti dall'altro. Per semplificare il nostro lavoro qui, abbiamo scelto di adottare una classificazione temporale: i tre scaffali vuoti rappresentano rispettivamente i contenitori per i contenuti di ieri, di oggi e di domani (Figura 4.4). Come per la mappatura dei destinatari, anche in questo caso munitevi di un foglio bianco, sul quale abbozzerete tre scaffali, che mano a mano andrete a riempire con parole e – perché no? – anche disegni.

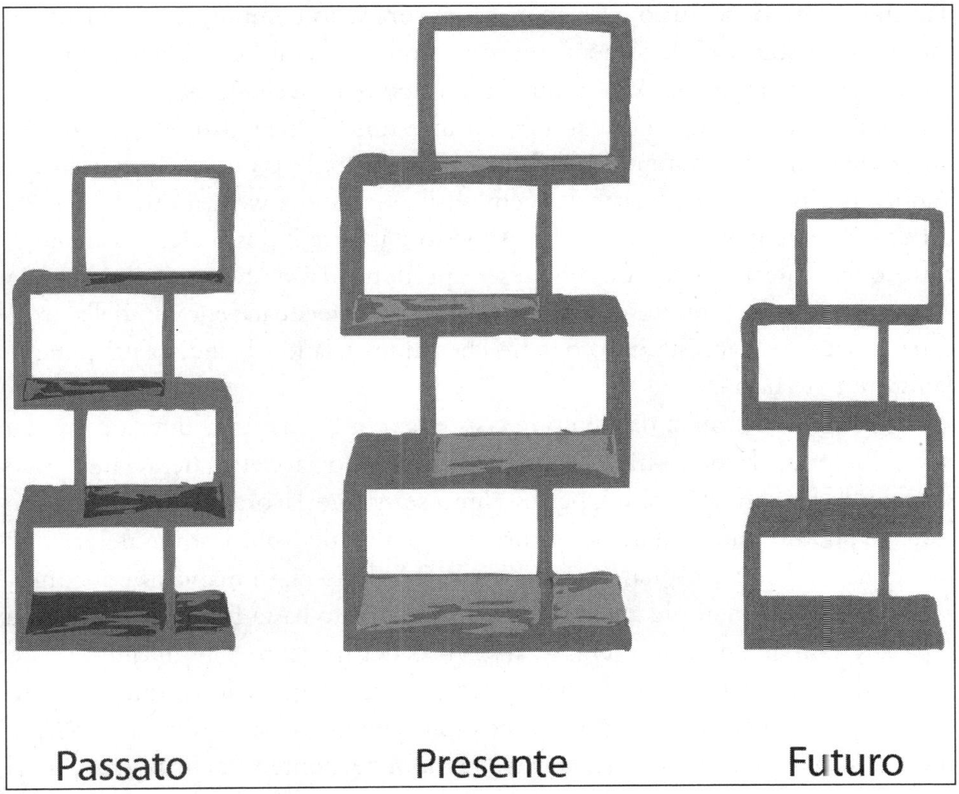

Figura 4.4 Un'idea di approccio all'organizzazione semplificata dei contenuti.

Sul primo scaffale immaginiamo di sistemare tutto ciò che è stato prodotto oppure utilizzato dalla famiglia negli anni: i libri degli ospiti, le bottiglie dalla fine dell'Ottocento, le etichette vintage, i documenti storici, le fotografie di un tempo, le testimonianze di vecchie attrezzature. Ci faremo accompagnare negli scantinati e nelle soffitte, rovisteremo all'interno dei vecchi bauli e digitalizzeremo quanto più materiale possibile. Anche nel caso di una società appena nata, non faticherete a rintracciare contenuti validi, per esempio nella storia dei fondatori, nella scelta della sede e nella pianificazione che ha portato alla creazione dei primi prodotti. In entrambi i casi, è quanto mai fondamentale sfoderare un approccio antispreco: non buttare via niente e valorizzare al meglio il materiale messo a disposizione dal mittente, che sarà ben felice che la memoria storica non ammuffisca nel dimenticatoio.

Sul secondo scaffale, invece, riponiamo ciò che l'azienda ha a disposizione per il presente immediato: il sito web con un restyling grafico recente, i canali social già aperti e avviati, le brochure per gli stranieri in visita, le degustazioni gratuite in vineria, le nuove tecnologie adottate per la vinificazione, le pratiche ecosostenibili. Tiriamo fuori anche tutto ciò che non è ancora stato comunicato ed è rimasto intrappolato solo nei documenti interni, come una collaborazione prestigiosa con un ristorante newyorkese o una nuova tipologia di sughero.

Infine, il terzo scaffale sarà dedicato agli investimenti aziendali in cantiere che potranno generare contenuti nel futuro immediato: le produzioni speciali per l'anniversario del bicentenario, la predisposizione di una webcam tra le vigne e un ecommerce collegato al sito web. Questo è inoltre il posto elettivo anche di tutto quel materiale che potrebbe essere prodotto dai destinatari, per esempio attraverso la messa a punto di un modulo online di feedback sui vini della prossima annata o la raccolta di fotografie che immortalano i brindisi fatti durante le future feste natalizie.

Visualizzare i tre scaffali da riempire e sistemare man mano ci aiuta a capire su quali contenuti lavorare maggiormente. Ci saranno progetti che avranno uno scaffale del passato stracolmo, per esempio se stiamo lavorando per un museo storico, oppure uno scaffale del futuro più grande del solito, come nel caso di una città candidata a ospitare i prossimi giochi olimpici. In mancanza di contenuti e in caso di mensole ancora da riempire, a volte basta fermarsi a osservare e parlare con alcune figure chiave a servizio del mittente, che in questo caso vanno dall'export manager al sommelier dell'area degustazione, fino a coloro che si occupano della vendemmia. È possibile che lo staff sia così immerso nelle proprie attività da non rendersi conto che molti dei contenuti che riguardano la cantina sono già sotto il loro naso. Durante i suoi tanti viaggi di rappresentanza all'estero, l'export manager potrà fornire contenuti fotografici dalle città più famose del mondo, con le bottiglie protagoniste. Il sommelier potrà proporre una scheda di valutazione sul carattere del vino messo a confronto con il carattere dell'assaggiatore; schede curiose da veicolare poi sul digitale, con un test attitudinale collegato, in modo da aiutare l'utente a scegliere il vino più adatto tra quelli proposti dall'ecommerce. Il capo squadra dei vendemmiatori potrebbe avere l'intuizione che nelle vigne, grazie a una webcam, si potrebbe raccontare in time lapse la maturazione di un grappolo d'uva, per poi trasmettere il lavoro di raccolta in diretta. A prima vista, i contenuti vi appariranno senza alcuna relazione tra loro, ma è proprio davanti ai tre scaffali apparentemente ordinati che un digital strategist preparato dà il meglio di sé. In questa fase, infatti, dovremo montare, smontare, accostare, sottrarre e moltiplicare i vari elementi singoli, proprio con lo stesso spirito ludico che avevamo tanti anni fa davanti una scatola di mattoncini Lego colorati. Proviamo a fare qualche proiezione ipotetica: con un pensiero assolutamente lineare, possiamo passare dal passato al presente digitalizzando le etichette vintage, per poi creare una timeline interattiva sul sito web, e preparare un ebook celebrativo dei due secoli di attività. Oppure, agendo con un approccio laterale, possiamo dare continuità alla vecchia usanza di tenere un libro per gli ospiti in visita (passato), predisponendo un punto di degustazione gratuita (presente) tra i filari anziché in foresteria e immortalando il tutto con una foto ricordo scattata dalla webcam (futuro). Il compito non è tanto diverso da quello di un bibliotecario che deve schedare i libri, dalla pubblicazione più antica alla più recente. Tenete traccia del contenuto dell'archivio su un documento testuale dettagliato, sul quale potrete condurre ricerche veloci in qualsiasi momento. Si tratta di contenuti che nascono a loro volta dalla mescolanza tra presente e futuro, e che tra qualche anno si sposteranno a loro volta sullo scaffale del passato poiché, così come in natura, nel digitale tutto è ciclico, e prima o poi torna di moda.

Dimentichiamo le accezioni negative del linguaggio comune associate al verbo archiviare, che può essere sinonimo di dimenticare, mettere da parte, o addirittura seppellire. In realtà, uno degli obiettivi essenziali dell'archivio è proprio l'apertura alla consultazione e alla fruizione. Dunque, soltanto una volta concluso questo primo conteggio delle risorse, potremo riordinare di volta in volta i tre scaffali seguendo una nuova catalogazione più funzionale agli obiettivi da raggiungere. Accade un po' come per una biblioteca di proprietà, dove potrete scegliere se ordinare i libri per editore, per colore del dorso oppure per tipologia narrativa. Per la storica azienda vinicola, potremmo per esempio disporre una suddivisione trasversale dei contenuti per momenti nodali del lavoro, ovvero la raccolta, la vinificazione e la degustazione. E così, quando arriverà il momento di studiare i contenuti da inserire nei format comunicativi specifici, dalle rubriche sul blog aziendale alla newsletter fino agli inviti per le presentazioni, non dovremo far altro che alzarci dalla scrivania, avvicinarci agli scaffali e lasciarci andare a un processo di composizione, molto simile a quello che, in scala più grande, stiamo affrontando con il metodo Tangram applicato alla strategia digitale.

Amici dei motori di ricerca

Una volta definiti i contenuti e valutata la loro incisività all'interno della nostra strategia digitale, non rimane che dare un'occhiata al SEO, *search engine optimiza-*

tion, cioè l'arte di ottimizzare parole e immagini al fine di fare buona impressione con i motori di ricerca. Chiaramente, questo non significa che il digital strategist deve per forza essere anche uno specialista di posizionamento; al contrario, conoscendo le regole basilari della materia, potrà prevedere contenuti che tengono già conto delle "regole di grammatica" imposte da Google e antagonisti. In questo modo, avremo maggiori possibilità di farci trovare tra le prime posizioni della SERP, locuzione inglese che sta per *search engine results page* e indica l'ordine dei risultati di una ricerca. Chi si occupa di SEO concentra le proprie attività principalmente su fattori "interni" al progetto di lavoro, per esempio curando l'architettura del sito web, la qualità delle singole pagine, la scelta dei titoli degli articoli e delle parole chiave collegate. Spesso viene confuso con chi si occupa di SEM, *search engine marketing*, che viceversa si occupa di posizionamento attraverso fattori "esterni", come la pianificazione e gestione di campagne online a pagamento, pagamento di link e spazi su siti web terzi, anche attraverso sistemi collegati ai motori di ricerca stessi come AdWords. Benché complementari, è chiaro come SEO e SEM siano due mondi molto diversi, per tipo di approccio e tempistiche necessarie per raggiungere obiettivi importanti: il SEO lavora artigianalmente, con una serie di attività di ottimizzazione che prevedono tempi più lunghi ma al solo costo di un professionista dedicato; al SEM, al contrario, occorre meno tempo, a patto che sia previsto un investimento monetario consistente destinato all'advertising.
Skyscanner è un motore di ricerca di voli aerei che, dopo aver individuato le offerte più economiche verso la rotta desiderata, indirizza in modo automatico l'utente verso il sito delle agenzie di viaggi o delle compagnie aeree per effettuare eventualmente la prenotazione, in modo diretto e senza alcun costo aggiuntivo. Inoltre, è anche possibile cercare i voli senza dover inserire date o destinazioni specifiche, interagendo così con una piattaforma di ricerca molto flessibile. Ma al di là di questa modalità di consultazione inedita, il contenuto è lo stesso di tanti altri motori di ricerca con funzionalità analoghe. Cosa può fare veramente la differenza? Una strategia che preveda nuovi contenuti in tema con un'impronta fortemente SEO e SEM friendly. La divisione italiana di Skyscanner è un perfetto esempio di cosa vuol dire diventare amici dei motori di ricerca. Infatti, collegato al sito principale è stato aperto un blog molto piacevole da consultare che pubblica regolarmente notizie del settore dei viaggi e del volo, nonché consigli legati agli aeroporti e alle città più interessanti del mondo. Tutto è pensato per stringere un forte legame con i principali motori di ricerca: i titoli contengono parole chiave e formule gettonate, e le immagini sono rinominate nel modo più corretto possibile, così da far parte anche dei risultati individuati da Google Immagini. Ogni articolo rimanda a una ricerca specifica di voli sul sito ufficiale: se per esempio si parla di 007 e delle location di *Spectre*, il nuovo film di James Bond, ecco che l'utente, con appena un clic sul link all'interno del

testo ottimizzato, potrà raggiungere la pagina dei voli più vantaggiosi per Roma, Austria, Marocco, Città del Messico e Regno Unito. Mai come in questo caso sono i contenuti a dare forza a tutto il resto. Se la strategia digitale di Skyscanner fosse una figura del Tangram, sarebbe senza dubbio un aereo, con i contenuti, il quadrato, che ne permettono il volo (Figura 4.5).

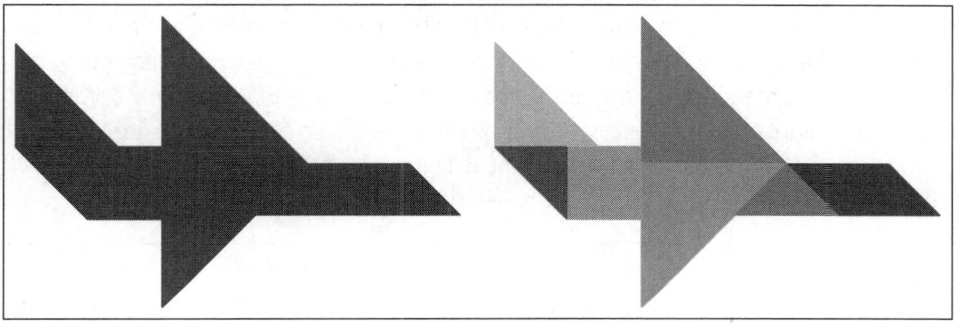

Figura 4.5 La centralità dei contenuti nella sagoma dell'aeroplano.

Ma non finisce qui, perché a rafforzare la posizione di Skyscanner entrano in gioco anche attività esterne, come le collaborazioni con blogger di viaggio e le pubblicazioni su testate del calibro di *La Repubblica*, *Wired* e Ansa, che riportano contenuti informativi e gallerie fotografiche di grande valore. In questo caso, l'attività si sposta verso la costruzione di relazioni e, soprattutto, di collegamenti esterni: la tecnica del *link building*, volta a incrementare il numero di link che puntano al proprio sito web, viene utilizzata sia per conferire maggiore autorevolezza alla fonte, sia per aumentarne la popolarità stessa. I motori di ricerca non valutano solamente il numero di questi collegamenti, ma tengono conto soprattutto della loro provenienza e della loro qualità. Non per niente Skyscanner seleziona solo partner strategici e di grande fama. Gli addetti ai lavori chiamano inbound marketing la modalità incentrata sull'essere trovati dai potenziali clienti (azione *pull*, che li attrae verso di noi con contenuti attraenti), anziché invaderli con messaggi più simili a monologhi che a conversazioni (azione *push*, che spinge con decisione i propri contenuti in modo unidirezionale). Anziché mettere in atto una pianificazione con vecchie tipologie di banner, mail di spam, annunci radio e manifesti, sempre più realtà scelgono un approccio più coinvolgente attraverso blog, social network, landing page e contenuti extra. Tirando le somme, bisogna dare ragione a Guy Kawasaki, oggi imprenditore statunitense ma un tempo uno dei migliori dipendenti Apple, quando diceva che "se hai più soldi che cervello concentrati sulla pubblicità; se hai più cervello che soldi concentrati sull'inbound marketing". Solo con una strategia digitale ben definita si può pensare di portare il contenuto davanti agli occhi degli utenti giusti, nel momento e nel contesto opportuno.

Non solo SEO e SEM

Avere ben chiari i principi esposti non deve distogliere la nostra attenzione dal produrre innanzitutto contenuti piacevoli da leggere e corretti sotto tutti i punti di vista, anche e soprattutto quello grammaticale. Sembra scontato, ma tutto parte dalla punteggiatura. Privilegiate sempre frasi brevi con il punto fermo, che impone una pausa salutare agli occhi e ai pensieri del lettore. Limate quanto basta il numero delle virgole, centellinate il punto interrogativo, e non usate mai più di un punto esclamativo! Non serve sottolineare un concetto con enfasi, perché in fondo chi legge vuole essere convinto con i fatti. Usate con il contagocce il punto e virgola; recuperate piuttosto i due punti: aprono le frasi con molta grazia e senza fatica. Comporre testi per il Web è un lavoro serio. A questo proposito, da non perdere è il lavoro online di Luisa Carrada con *Il Mestiere di Scrivere*, un punto di riferimento per la scrittura professionale, per il digitale e non.

Come abbiamo visto, i link hanno un ruolo decisivo per il SEO, ma non solo in entrata: anche quelli in uscita sono molto importanti, non solo per posizionarsi al meglio sui motori di ricerca, ma soprattutto per assicurare agli utenti un'esperienza online interessante con contenuti di qualità. Succede troppo spesso che, per timore di linkare siti esterni e disperdere i propri lettori, molti digital strategist preferiscano proporre al cliente una produzione di contenuti esclusivamente in proprio, senza appoggiarsi a fonti di terzi. In realtà, agendo in questo modo si provoca purtroppo un duplice disservizio: agli utenti, che a lungo andare si troveranno davanti a una scarsa varietà di contenuti, e a sé stessi, poiché l'immagine che viene trasmessa è autoreferenziale e disconnessa da altre realtà.

In gergo, il piano editoriale digitale che definisce la cadenza delle pubblicazioni dei contenuti si chiama PED (abbreviazione gergale di Piano Editoriale). Che si tratti di una pagina social o un blog aziendale, oppure entrambi i canali, il primo passo è definire le macrotematiche e le rubriche, e soprattutto la percentuale di frequenza con cui verranno proposte nell'arco di un mese, così da avere una programmazione costante, capace di fidelizzare i nostri lettori. Inoltre, è bene ricordare che l'architettura del piano dovrebbe prevedere specifiche attività che richiedono la partecipazione diretta dei destinatari: benvenuti dunque sondaggi, domande, quiz e richiesta di feedback.

Si passa poi alla vera e propria stesura dei testi in ottica SEO; in questa fase è quanto mai necessario avere chiare in mente le parole chiave da utilizzare, sia in modo organico all'interno di titoli e testi sia come hashtag, se ci muoviamo su determinati social, come Twitter o Instagram. Per aiutarci nel compito, proviamo a immaginare come i nostri utenti potrebbero svolgere le ricerche su Google e altri motori, con quali formule e sintassi cercano risultati. In un secondo tempo, ecco che andremo a definire la road map di pubblicazione, rimodulandola a seconda delle performance e delle attitudini del nostro target. Per forza di cose, gli orari dei post di una pagina Facebook di superalcolici saranno diversi da quelli di un brand di giocattoli in legno per bambini: la prima prediligerà il weekend e gli orari serali, la seconda i momenti in cui le mamme hanno tempo per curiosare tra le ultime novità per i loro piccoli (Figura 4.6).

PED	Lunedì	Martedì	Mercoledì	Giovedì	Venerdì
ore 10	Saluto di buongiorno e buona settimana		Condivisione dell'ultimo articolo sul blog	Ricetta per un pranzo veloce	
ore 12		Pubblicazione gallery fotografica		Sondaggio: che cosa fare questo pomeriggio?	
ore 15	Segnalazione evento XXX		Video mamma testimonial		Saluto di buon weekend con foto

Figura 4.6 Un esempio di PED per una pagina Facebook del settore baby.

Pianificare un buon calendario di pubblicazioni online tanto equilibrato quanto vario per i vari canali significa vestire i panni di un vero e proprio curatore. A tal proposito, ci permettiamo una digressione storica: nel 1855 l'artista Gustave Courbet venne rifiutato dalla giuria dell'Esposizione Universale, così decise di esporre a proprie spese in un altro spazio vicino. Involontariamente, Courbet segna la nascita di un sistema artistico non convenzionale, che non tiene più conto dell'insindacabile giudizio delle monolitiche Accademie di Belle Arti, ma che decide in modo autonomo, come successe poi nelle seguenti esposizioni del Salon des Refusés e delle mostre del movimento impressionista. Da tale rottura, complici anche le nuove correnti avanguardiste, nasce la figura del curatore d'arte, che si occupa di scegliere i contenuti, gli allestimenti, l'organizzazione e la promozione. Proprio come uno stratega alle prese con ciò che si muove nel mondo del digitale. Mai come in questo momento storico, che vede un sovraffollamento sempre più massiccio di informazioni su Internet, è necessaria la capacità di fare da filtro tra la Rete e l'utente finale, ovvero curare i contenuti, attraverso un interessamento continuativo, solerte e, in un certo senso, premuroso. La selezione avviene attraverso la ricerca di materiale pubblicato online da altri riguardo un determinato argomento, per riproporlo poi in modo contestualizzato con un commento ragionato sul proprio canale con citazione e link della fonte, purché esso non presenti il divieto di riproduzione altrove. *Il Post*, testata online dal 2010 diretta dal giornalista Luca Sofri, è un esempio nostrano che basa tutto il suo lavoro sulla content curation. In parte aggregatore di fonti interessanti e in parte blog con contenuti propri, il nome stesso del progetto fa riferimento al termine "post", comune a giornali come il *Washington Post*, ma anche come il post dei blog, inteso come unità di misura della scrittura sul digitale. L'obiettivo de *Il Post* è trovare, organizzare e condividere i migliori e più rilevanti contenuti della stampa italiana e internazionale, utilizzando un linguaggio semplice che imbastisca tra loro queste informazioni. Ma non è necessario arrivare ad aprire un giornale online o un diario online per fare content curation e avere più possibilità di strizzare l'occhio ai motori di ricerca: al giorno d'oggi ci sono numerosi strumenti che rendono ancora più facile questo processo, da Storify a Pinterest. Quest'ultimo, in particolare, permette di categorizzare e condividere con il proprio network contenuti visivi: è una sorta di grande baule pieno zeppo di foto e video, al quale ciascun utente può attingere per riempire le proprie board, divise per diversi argomenti, secondo la necessità strategica. Che si tratti di parole o immagini, come avrete intuito, tutto sta nelle capacità di analisi, ricerca e adattamento dei contenuti a disposizione da parte del digital strategist: il prossimo capitolo è interamente dedicato ai suoi valori professionali.

Parole, parole, parole

Non prestate troppa attenzione alla *keyword density*, cioè la densità di una parola chiave all'interno di una pagina web. Si tratta di uno dei miti più stravaganti del SEO: oltre a non portare alcun vantaggio reale per il proprio posizionamento, è spesso controproducente. Questo perché i motori di ricerca premiano innanzitutto i contenuti naturali e scritti per esseri umani, non per robot.

Capitolo 5

I valori professionali

Il parallelogramma

Unica nel suo genere come il quadrato, la quinta figura del Tangram che osserveremo è un quadrilatero con coppie di lati opposti paralleli. La conformazione inclinata suggerisce una certa flessibilità, nonché propensione all'azione e al movimento. Ecco perché, all'interno della strategia digitale, identifica i valori professionali dello stratega. È il carburante che mette in moto quanto pianificato e la sua posizione all'interno del quadrato del Tangram è di sostegno al triangolo grande del mittente: è la sua appendice più diretta, in contatto con il triangolo medio, ovvero l'ascolto delle conversazioni. Inoltre, affianca la leva di coinvolgimento emozionale ed empatico del pubblico (Figura 5.1).

In questo capitolo

- **Il parallelogramma**
- **La modalità di lavoro**
- **I professionisti intorno**

Figura 5.1 La posizione del parallelogramma.

Quella del digital strategist è una figura relativamente nuova nel panorama online, ma possiamo facilmente associarla a quella di uno stratega. E chi meglio della figura di Napoleone Bonaparte può aiutarci a capirne il ruolo e gli obiettivi? Velocità, flessibilità, semplicità, carattere e forza morale erano i suoi cavalli di battaglia. Genio militare, Napoleone sfruttava al massimo la mobilità delle proprie truppe perseguendo il suo principio chiave, cioè dimostrare più forza solo quando necessario. Vinse parecchie battaglie, nonostante l'inferiorità numerica, solo grazie alla superiorità dell'artiglieria a sua disposizione; a dimostrazione del fatto che, anche sul digitale, non è il numero di persone in squadra a fare la differenza, quanto invece il numero di strumenti online ben affilati da sfoderare al momento giusto. Inoltre, Napoleone agiva in modo prestabilito, seguendo piani strategici, con una particolarità: non era la battaglia a doversi adattare al piano ma, al contrario, il piano a doversi adattare alla battaglia. Quella del 1806 a Jena contro l'esercito prussiano, per esempio, non fu solo uno dei più grandi trionfi della sua carriera, ma si trattò anche di una fulgida dimostrazione di come l'aver pensato a ogni possibile mossa prima di scendere in campo fosse la strada giusta. Napoleone studiò un magistrale ordine di marcia compatta, concentrando in un piccolo spazio 200.000 uomini, con i quali avrebbe potuto attaccare il nemico ovunque avesse deciso di resistere, avvalendosi di una grande flessibilità operativa. Il suo scopo era far fronte alle eventuali sorprese da parte del nemico durante la difficile infiltrazione in un territorio irregolare e fitto di vegetazione, ma l'eccezionalità di uno stratega del suo calibro sta anche in un istinto pratico e non teorico, affiancando così alla strategia anche una buona dose di genio imprevedibile.

Ma il parallelismo non finisce qui, perché dalle strategie di Napoleone possiamo trarre numerose lezioni utili. Per esempio, le sue truppe avevano al proprio interno un sistema di comunicazione estremamente efficiente e rapido. Uno dei pericoli incombenti quando si lavora in una squadra, e il digitale non fa eccezione, è infatti quello di veder rallentato o peggio ancora penalizzato il piano strategico da una cattiva comunicazione interna.

Il Dipartimento della Funzione Pubblica del Governo Italiano ha recentemente divulgato indicazioni per aiutare la pubblica amministrazione a fornire un servizio di qualità. Uno dei passaggi più interessanti verte sulla costruzione di un sistema capace di aumentare il senso di appartenenza all'azienda, con un effetto positivo sul clima interno e sul benessere organizzativo. In comunicazione, qualunque fattore che interrompa o ostacoli il processo si chiama "rumore"; il suo rimedio è la "chiarezza". Viene inoltre sottolineato come la condivisione di un maggior numero di informazioni e dati garantisca un effetto positivo e il raggiungimento meno dispendioso possibile degli obiettivi prefissati. Ma in un passaggio successivo mette anche in guardia da un rischio:

> L'efficacia della comunicazione interna è però strettamente legata alla qualità dei messaggi diffusi. Approfittare del circuito interno per diffondere messaggi di poca importanza provoca un effetto di disaffezione verso lo strumento, col risultato finale che nessuno più presterà attenzione a ciò è divulgato attraverso i canali di comunicazione interna.

La forma del parallelogramma può essere ricreata anche giocando con la posizione dei due triangoli grandi e dei due più piccoli: i rapporti tra le coppie destinatario-mittente da una parte e leva razionale-emozionale dall'altra condividono gli stessi valori del digital strategist descritti più avanti. La Figura 5.2 ne mostra una rappresentazione con il Tangram.

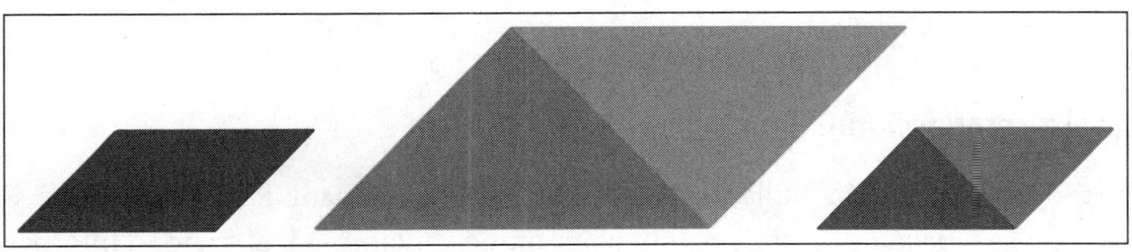

Figura 5.2 Formazione dei parallelogrammi con i pezzi del Tangram.

Ma quali sono i valori che un digital strategist deve fare propri? Per spiegarlo, da Napoleone ci spostiamo in Oriente e facciamo un salto temporale fino al periodo Edo, iniziato nel 1600. Il *bushidō*, letteralmente "via del guerriero", è un codice di condotta e uno stile di vita adottato dai samurai giapponesi, simile al concetto più occidentale di cavalleria, grandemente influenzato dalle dottrine del buddhismo e del confucianesimo. A differenza di tanti altri insegnamenti militari, la dottrina nipponica del bushidō non regolava solo il comportamento sul campo di battaglia, ma anche il modo di rapportarsi all'interno di un gruppo e nei confronti del capo. Agire con responsabilità, far coincidere le parole ai fatti, dimostrare rispetto verso il pubblico e lavorare per la riuscita della strategia sono solo alcuni degli stimoli offerti dalle sette virtù su cui si basa il bushidō. Virtù condivisibili al giorno d'oggi anche da chi lavora nel digitale, dove troppo spesso, purtroppo, si finisce per dimenticare la connessione e la specularità con la vita reale.

Gi: L'onestà e la giustizia

Essere scrupolosamente onesti nei rapporti con gli altri elimina ogni possibilità di malintesi: una condizione ideale per iniziare e portare avanti un lavoro. Riconoscendo ciò che è giusto e ciò che è sbagliato nel proprio lavoro, così come in quello dei propri collaboratori, instaureremo una relazione più onesta e giusta. Altrettanto importante è dire sempre ciò che si pensa davvero in modo cristallino, per il bene del progetto che si ha in comune, e non scendere mai a compromessi con la qualità del lavoro da svolgere.

Yu: L'eroico coraggio

Così come un buon samurai affronta i rischi con intelligenza e fermezza, senza nascondersi come una tartaruga nel guscio, allo stesso modo un digital strategist deve avere in sé una buona dose di coraggio per sfidare a testa alta eventuali criticità che potranno sorgere nel corso del tempo. A volte, questa virtù potrebbe significare intraprendere strade mai percorse prima e avventurarsi per sentieri più difficili di altri, ma che a lungo andare si riveleranno con tutta probabilità più efficaci e appaganti.

Jin: La compassione

Il termine qui non ha nulla a che fare con i valori cristiani. Per compassione si intende la capacità di agire per il bene comune, aiutando gli altri non tanto per mero altruismo, ma perché spinti a lavorare per qualcosa che riguarda tutto il gruppo. Con questa visione, ogni opportunità di essere di sostegno ad attività parallele alla nostra è buona, anche solo se si trattasse di dare un consiglio oppure un punto di vista in più. L'errore in cui non bisognerebbe mai incappare è quello di essere gelosi delle proprie idee.

Rei: La gentile cortesia

Quello che non tutti sanno è che il vero samurai è gentile anche con i propri nemici, perché in fondo senza una simile dimostrazione di rispetto un uomo sarebbe poco più di un animale. Un professionista è rispettato non solo per la capacità che dimostra quando scende in campo, ma anche per come interagisce con gli altri, nel modo di presentarsi, durante le riunioni o in un banale scambio via email. Si può essere il digital strategist più bravo del mondo, ma senza la gentilezza e i modi cortesi non si va davvero da nessuna parte.

Makoto: La completa sincerità

Il digitale ha il grande pregio di portare tutto a galla, soprattutto le eventuali bugie, che difficilmente possono nascondersi nella Rete. Ecco che il digital strategist deve essere quanto più possibile trasparente, e far sì che ciò che dice e promette di ottenere sia poi coerente con quello che andrà a svolgere. Prima di buttarsi anima e corpo in una nuova impresa, cerchiamo di capire se abbiamo davvero le competenze necessarie: si tratta di un atto di sincerità nei nostri confronti, ancora prima che in quelli del cliente.

Meiyo: L'onore

Quando si pensa a un samurai, è inevitabile associarlo a questo valore. in questo caso la filosofia bushidō ci ricorda come le decisioni che prendiamo e le azioni che ne conseguono siano un riflesso di ciò che siamo in realtà. Internet accorcia le distanze e mette a nudo la nostra reputazione come professionisti: non possiamo nasconderci dietro un dito, insomma. Il passaparola è uno dei capisaldi del meccanismo delle reti di fiducia, ed è anche ciò che favorisce sempre nuove opportunità lavorative.

Chugi: Il dovere e la lealtà

Ultimo pilastro, ma non meno importante: il samurai si assume piena responsabilità delle azioni che compie. Lo scaricabarile, qui, non è contemplato. Il digital strategist deve rispondere delle proprie scelte, e riconoscere gli eventuali errori di valutazione, accettando le possibili conseguenze negative. È innanzitutto un atto di lealtà verso chi ha deciso di affidarci un incarico e si è a sua volta fidato di noi. Il senso del dovere deve vincere ogni pigrizia, superficialità e tendenza al procrastinare gli impegni presi.

Il samurai è uno dei soggetti più rappresentati nei libri dedicati al gioco del Tangram. Il fatto curioso è che tutte le sagome hanno due aspetti in comune: il quadrato (i contenuti della strategia digitale) come testa, e i due triangoli grandi (mittente e destinatario) come corpo centrale (Figura 5.3). Un'ulteriore metafora utile da evidenziare.

Figura 5.3 Due figure di samurai in movimento.

Ciò che un digital strategist non deve mai perdere di vista sono proprio i contenuti che ha a disposizione, e al tempo stesso non può prescindere dall'essere il più importante collante tra chi invia e chi riceve i messaggi. Nelle prossime pagine, osserveremo in che modo affilare i nostri cinque sensi per svolgere al meglio tale ruolo, quali modalità di lavoro possiamo integrare e chi sono i nostri potenziali collaboratori.

A proposito di saggezza orientale

"Con ogni pensiero, tentare di conoscere i propri difetti e correggersi per tutta la vita: questa è la Via." La saggia citazione è tratta da *Hagakure*, una delle opere letterarie più significative arrivate ai giorni nostri dal Giappone, pubblicata nel 1906 ma composta due secoli prima dal samurai e filosofo Yamamoto Tsunetomo. Originariamente, il titolo completo era *Hagakure kikigaki*, ovvero "annotazioni su cose udite all'ombra delle foglie". L'opera trasmette l'antica saggezza dei samurai con una raccolta di principi morali ma anche di consigli pratici, alcuni di natura spicciola (per esempio, come reprimere uno sbadiglio), altri invece più profondi, dai quali emerge l'autentico spirito del bushidō.

Gli stratagemmi del mestiere

Nel Capitolo 2 abbiamo affrontato la differenza tra strategia e tattica: introduciamo adesso il concetto dello "stratagemma". In guerra, viene definita così un'astuzia studiata per trarre in inganno e sorprendere il nemico, come per esempio il cavallo di Troia usato dagli Achei per penetrare le difese dei Troiani ed espugnare l'omonima città. Allo stesso modo, per estensione nella strategia digitale, possiamo definire come stratagemma tutti quegli espedienti particolarmente brillanti e ben congegnati per raggiungere determinati obiettivi. In realtà, lo stesso utilizzo del Tangram per approcciare la strategia digitale è uno stratagemma. Chi vuole intraprendere la professione del digital strategist deve imparare a mettere in pratica tutta una serie di astuzie al fine di raggiungere gli obiettivi fissati. Ancora meglio, se si può, è bene giocare in anticipo. Per realizzare quanto detto, non c'è corso di formazione migliore che un allenamento quotidiano dei nostri cinque sensi.

La vista

È il senso più importante di tutti, perché ci permette un'esperienza diretta del mondo che ci circonda. I nostri occhi possono percepire forme, colori, profondità, distanza e movimento. Letteralmente, un digital strategist è invitato a osservare quanto più possibile tutto ciò che incontra durante una giornata. I momenti di noia maggiore sono i più propizi per soffermarsi sui dettagli: durante un lungo viaggio in treno senza compagnia, in coda alle poste per ritirare una raccomandata, mentre aspettiamo che la nostra ordinazione in pizzeria arrivi al tavolo. In questo caso l'obiettivo è raccogliere input: prendiamo l'abitudine di fare piccoli ma quotidiani esercizi per allenare il nostro sguardo sul mondo. Cerchiamo, per esempio, tutte le figure tonde che abbiamo vicino, dal pomello di un calorifero allo spazio vuoto per infilare gli auricolari nel nostro cellulare. In questo modo, si rafforzerà via via la nostra capacità di mettere in relazione le cose più disparate, quella che nel Capitolo 1 abbiamo chiamato *ars combinatoria*. Le contaminazioni fanno bene. Il russo Michail Afanas'evič Bulgakov, considerato uno dei maggiori romanzieri del Novecento, si laureò in medicina con menzione d'onore, finendo per scrivere le *Memorie di un giovane medico* e scoprendo così il suo incredibile talento come scrittore e drammaturgo. Albert Einstein mise a punto la teoria della relatività ristretta, con una geniale revisione dei concetti di spazio e di tempo assoluti, mentre lavorava all'ufficio brevetti di Berna, subito dopo aver conseguito il diploma. In una lettera all'amico Carl Seelig confidò il suo segreto: "Non ho particolari talenti, sono solo appassionatamente curioso". Arrivando fino ai giorni nostri e in Italia, Giancarlo De Cataldo è un magistrato che ha iniziato a scrivere ispirato dalle vicende a lui assegnate: il suo libro più famoso, *Romanzo Criminale*, è tratto dalla vera storia della banda della Magliana, e lui stesso ha più volte dichiarato di essersi rifatto a figure di carcerati, carcerieri, coatti e traffichini incontrate in vent'anni di mestiere giudiziario. Quelli presentati sono solo alcuni dei tanti esempi che parlano di persone che iniziano a fare un lavoro per caso, interesse o necessità, e poi finiscono per creare altro grazie all'istinto e alla vocazione. Gli anglofoni indicano con il termine *serendipity* la fortuna di fare felici e impreviste scoperte per via di una casualità mentre se si stava cercando altro.

L'udito

Grazie all'ascolto dei suoni siamo in grado di orientarci in un ambiente, comunicare con un'altra persona e anche metterci in salvo in caso di pericolo. Ma ascoltare significa innanzitutto imparare nuove lezioni. Chi svolge uno dei nuovi mestieri legati al digitale deve essere costantemente aggiornato sulle novità. Partecipare a dibattiti e ascoltare interventi dei maestri del digitale aiuta anche a orientarsi in un mondo virtuale che cambia direzione a ogni battito di ciglia. Buona prassi è ritagliarsi una mezz'ora al giorno per la propria formazione. Gli interventi delle TED (Technology Entertainment Design), per esempio, sono uno strumento facile per approfondire diverse tematiche. Si tratta di una serie di conferenze che si tengono ogni anno a Vancouver e, più recentemente, ogni due anni in altre città del mondo. La missione è riassunta nella formula *ideas worth spreading*, idee che vale la pena diffondere, e, grazie a relatori di alto profilo, esse abbracciano una vasta gamma di argomenti che comprendono scienza, arte, politica, temi globali, architettura, musica e tanto altro. È un espediente alternativo e digitale per mettersi in viaggio, conoscere altre culture e soluzioni a problemi trasversali e – perché no? – dare seguito alle collisioni di cui abbiamo parlato prima. Il francese Paul Gauguin ha trovato la sua ispirazione artistica a Tahiti; il russo Vladimir Vladimirovič Nabokov ha scritto il suo best-seller, *Lolita*, negli Stati Uniti; il tedesco Georg Friedrich Händel ha composto *Il Messiah* durante il suo soggiorno in Inghilterra. Per noi che viviamo nell'era digitale è tutto più facile, avendo l'intera Terra a portata di clic.

L'olfatto

Questo senso avverte il cervello, grazie alle sue cellule nervose, della presenza nell'ambiente di molecole che costituiscono segnali in grado di indurre l'individuo ad adottare comportamenti particolari. Annusare l'aria che tira, in senso lato, vuol dire cogliere i segnali e gli input del nostro target di riferimento, prendere le misure giuste e poi decidere di agire di conseguenza. Nulla come il digitale si nutre dell'attualità: anche la miglior strategia possibile ha bisogno di essere corretta e reindirizzata ogni giorno, a seconda di cosa succede nel mondo e di ciò di cui parla la Rete. L'olfatto ci aiuta a scegliere la frutta buona e a buttare via quella cattiva; allo stesso modo, può indirizzarci verso cosa è utile per i nostri obiettivi e cosa no. Ogni giorno, prima di mettersi al lavoro, bisognerebbe concedersi un po' di tempo per sfogliare i quotidiani online, i tweet degli influencer di settore, e sì, anche le bacheche dei profili Facebook dei nostri amici. Cerchiamo di fiutare in Rete tendenze e possibili collegamenti con le tematiche relative al lavoro che stiamo seguendo, così da non rimanere mai un passo indietro.

Il gusto

Strettamente collegato all'olfatto, è il senso che ci permette di riconoscere e controllare il sapore delle sostanze introdotte nella bocca. Non solo: per estensione, la parola gusto viene usata anche per descrivere una sensibilità al buono e al bello. Il consiglio è quello di iniziare un progetto personale e prenderci gusto. Che sia un Tumblr di ricette a base di pesce, un gruppo su Facebook che parla di giurisprudenza o un sito web sulla vostra città natale, non importa. Scegliamo un argomento che ci sta particolarmente a cuore e iniziamo a metterci alla prova, e soprattutto allontaniamo la paura di sbagliare. Questa è una nostra palestra, dunque, almeno in una prima fase, meglio non parlarne con amici e conoscenti, così da testare la reale efficacia, indipendentemente dal fatto che sia associata al nostro nome. Rendere il progetto anonimo e indipendente da tutte le altre attività lavorative vere e proprie ha anche un ulteriore vantaggio pratico: non potranno infatti sorgere timori e remore nello sperimentare, senza il fiato sul collo dovuto a pressanti aspettative proprie e altrui.

Il tatto

Infine, usiamo le mani. Per davvero. Quando è possibile, spegnere il computer e dedicarsi a un'attività che preveda una buona dose di manualità può rivelarsi un toccasana. Il tatto ci permette di riconoscere forma, materiale e temperatura di tutto ciò che viene a contatto con noi. Oltre a essere uno stratagemma molto distensivo per mente, anima e occhi, creare qualcosa con le proprie mani aiuta a stimolare la creatività. In questo il Tangram ci viene in soccorso, perché possiamo avere un corrispettivo della strategia digitale da toccare. Allo stesso modo, instauriamo un rapporto equilibrato con il riposo e il movimento, così che la nostra attività ne possa risentire positivamente. Dormire è essenziale per capire, organizzare i pensieri, migliorare la memoria. E anche muoversi non è da meno: camminare dà gambe alle idee. Forse è per questo motivo che nei fumetti di Walt Disney, quando Zio Paperone pensava intensamente, camminava senza sosta, arrivando persino a incidere il pavimento.

L'intuito

In realtà, la nostra lettura dei cinque sensi non finisce qui, perché un digital strategist deve dimostrare anche uno spiccato sesto senso. Si tratta dell'intuito, un'innata abilità intuitiva che non si può imparare a scuola; il dizionario della lingua italiana Sabatini Coletti ne parla come della "facoltà di conoscere un oggetto senza la mediazione del ragionamento". È l'asso nella manica nei momenti in cui è necessario fare una valutazione fulminea, soprattutto in quelle situazioni che richiedono di improvvisare e adattarsi per raggiungere un determinato scopo. In una strategia digitale è molto utile quando si verificano criticità importanti da arginare, che sia un cliente arrabbiato che si sfoga via Twitter riguardo a un disservizio o un articolo negativo sul blog di un influencer.
Dopo essersi fatto i muscoli con questi stratagemmi, il digital strategist potrà finalmente lasciare il campo da gioco e mettersi alla scrivania.

La modalità di lavoro

Scendiamo più in profondità nell'analisi del parallelogramma e vediamo in che modo dobbiamo agire quando iniziamo a lavorare. Quali sono le metodologie che impostano il lavoro del digital strategist? Per l'occasione, rispolveriamo *Lezioni americane. Sei proposte per il prossimo millennio* di Italo Calvino, una serie di interventi preparati dallo scrittore nostrano nel 1985 in vista di un ciclo di lezioni da tenere all'Università di Harvard, nell'ambito delle prestigiose Poetry Lectures. Dopo i discorsi di Thomas Stearns Eliot, Stravinsky, Borges, Northrop Frye, Octavio Paz e tanti altri grandi, Calvino sarebbe stato il primo autore italiano a salire in cattedra; usiamo però il condizionale perché questo non è mai avvenuto, a causa della sua morte nel settembre dello stesso anno. Alla data della sua scomparsa, l'autore aveva terminato cinque delle sei lezioni; per fortuna la moglie, Esther Judith Singer, decise di farle pubblicare comunque postume. Ciascuna prende spunto da un valore della letteratura che Calvino considerava fondamentale per interpretare le trasformazioni del millennio alle porte: leggerezza, rapidità, esattezza, visibilità, molteplicità e coerenza (quest'ultima purtroppo, come accennato, solo progettata). Viene dunque spontaneo associare simili valori anche alle caratteristiche che dovrebbero essere alla base delle modalità lavorative di un digital strategist. Inoltre, l'ordine delle lezioni non è casuale; segue, infatti, una gerarchia decrescente: si comincia dalla caratteristica più importante e si procede con la trattazione di quelle via via meno essenziali. Proviamo a rivederle insieme, adattando il loro contenuto nel mondo del digitale.

La leggerezza

Chi ha dimestichezza con il pianoforte lo sa: quando si parla di leggero, si intende un'esecuzione senza pressione, dove chi suona tocca i tasti con la sola forza necessaria per produrre musica. Nulla di più. Nella musica così come in tutti gli altri campi, digitale compreso, è la modalità che consente di raggiungere un risultato impeccabile con il minimo sforzo. Saper essere leggeri, tanto nel compiere un'azione quanto nel saper comunicare, è una dote rara e da non confondere con la superficialità e la frivolezza. Il suo impiego più evidente è nella scrittura sui mezzi digitali, dove la pesantezza dei fronzoli allontana il lettore. Precisione e completa aderenza dei contenuti ai concetti che si vogliono veicolare attraverso la scelta delle parole più giuste: sono questi i capisaldi di cui anche la Rete si nutre. La struttura dei testi deve essere priva di zavorre reali e concettuali, nei paragrafi, titoli e sottotitoli, qualsiasi sia la forma, dalla newsletter ai comunicati stampa.
SOS Villaggi dei Bambini è un'organizzazione internazionale privata impegnata da tanti anni nell'accoglienza di bambini privi di cure famigliari in Italia e in altri paesi del mondo. Nonostante l'entità delle tematiche, lo stile scelto per comunicare è molto leggero, sia nei testi sia nelle immagini, che ritraggono i più piccoli sorridenti, circondati dall'affetto delle case famiglia che li accolgono. A differenza di molte altre associazioni simili, ogni parola qui ha un peso specifico pari a una piuma: sono bandite formule e termini negativi; nei testi, brevi ed essenziali, le parole più ricorrenti sono solo amore, sostegno e protezione. Senza ulteriore pressione.

La rapidità

Scriveva Italo Calvino:

> La rapidità dello stile e del pensiero vuol dire soprattutto agilità, mobilità, disinvoltura; tutte qualità che s'accordano con una scrittura pronta alle divagazioni, a saltare da un argomento all'altro, a perdere il filo cento volte e a ritrovarlo dopo cento giravolte.

Inoltre, il senso etimologico collegato all'essere rapidi riporta al concetto di rapire, trascinare via. Il digital strategist è chiamato a tale velocità di esecuzione con la finalità di far propria l'attenzione del pubblico al quale si rivolge, portandolo così a scoprire i contenuti proposti. Ci sono strumenti digitali che si prestano più di altri, come per esempio Twitter che, per via del limite di 140 battute spazi inclusi di ciascun update, è per eccellenza anche il canale della brevità.
Emergency, associazione che offre assistenza medico-chirurgica gratuita in ospedali dedicati per emergenze chirurgiche e terapie specialistiche in aree che ne sono prive, ha una comunicazione tempestiva. Attraverso i social network, i sostenitori vengono informati giorno per giorno riguardo l'impiego delle

risorse raccolte e su ciò che accade nei paesi devastati da guerre, malnutrizione e malattie infettive dove opera Emergency. Il principale canale di divulgazione, in questo caso, diventa proprio Twitter, che si fa portavoce di tutte quelle che in gergo vengono chiamate *breaking news*: si tratta di notizie dirompenti e di tale rilievo da giustificare un'interruzione momentanea della normale attività, in questo caso sul digitale.

Modi di dire

Festina lente è uno dei motti che hanno accompagnato Italo Calvino fin dalla sua giovinezza. È una celebre locuzione, attribuita all'Imperatore Augusto dallo scrittore latino Svetonio, che unisce due concetti divergenti, la velocità e la lentezza, e indica dunque un modo di agire senza indugi, ma con la giusta cautela. Nel XVI secolo Cosimo I de' Medici ne fece l'emblema della sua flotta, proprio come invito alla ponderazione, perché le strategie intraprese avessero successo: qui la tartaruga, animale sinonimo di lentezza e prudenza, è abbinato a una vela gonfiata dal vento, ciò che spinge le navi sul mare, dunque sinonimo di forza d'azione. Il digital strategist, proprio come Calvino, dovrebbe farne un mantra sul proprio lavoro.

L'esattezza

"Esatto" è un aggettivo che deriva dal latino *exactus*, participio passato di *exigĕre*, cioè "portare a termine". Oggi il significato più forte è racchiuso nel fare le cose nel modo dovuto, dunque con coscienza e accuratezza. La modalità di lavoro di un digital strategist deve prevedere una scrupolosa rifinitura in ogni sua parte, che può andare dall'affidabilità delle fonti citate alla coerenza tra un testo e un link, fino alla più semplice correttezza grammaticale. In questo caso, il tipo di lavoro da fare è di continua verifica, evitando di agire per approssimazione. Per Calvino, anche le immagini devono essere nitide, incisive, memorabili, ricordando che in italiano abbiamo un aggettivo che riassume tutte queste caratteristiche e che non esiste in inglese: icastico.
La strategia digitale di SOS Villaggi dei Bambini comprende anche un blog interno, Adoblog, uno strumento attivato per raccogliere e rendere disponibili informazioni utili ed esperienze di adozioni a distanza. Inoltre, è una vetrina in cui trovano spazio le iniziative di tutte le associazioni legate a questa tematica. L'approccio si basa su una ricerca costante e sempre aggiornata delle informazioni, per esempio sulle truffe veicolate su Internet oppure sulle attuali agevolazioni fiscali di cui il donatore può usufruire. Tutto è esposto con chiarezza e precisione: dati relativi all'organizzazione, paesi in cui opera, bilancio consuntivo e sociale quando disponibile.

La visibilità

La quarta lezione di Calvino ruota tutta intorno a due concetti chiave: fantasia e immaginazione individuale. La strategia che indica è quella dell'uso delle immagini come una chiave d'accesso per la ricerca di modalità espressive. Suggerisce così di

> distinguere due tipi di processi immaginativi: quello che parte dalla parola e arriva all'immagine visiva e quello che parte dall'immagine visiva e arriva all'espressione verbale.

L'uso del Tangram, come proposto in questo manuale, segue proprio queste istruzioni e permette entrambi i processi. Il digital strategist può scegliere tra due modalità distinte, entrambe collegate alla visibilità, termine inteso proprio come la condizione in cui si trova un oggetto che può essere percepito dai nostri occhi: come già accennato in precedenza, si può scegliere di partire dallo studio e poi comporre un'immagine, oppure iniziare dalla sagoma e arrivare alle parole. Facciamo insieme un esperimento riferito a Emergency con un'immagine visiva (Figura 5.4).

Figura 5.4 La lettera E formata dai sette pezzi del Tangram.

Ecco un'occasione per provare ad attivare il processo immaginativo proposto da Calvino. L'ascolto reciproco (il triangolo medio) è l'anello di congiunzione tra il mittente e il destinatario (i due triangoli grandi), che sono rispettivamente l'associazione e i benefattori. In questo caso, i contenuti della strategia digitale (il quadrato) appoggiano sulla capacità di ascolto di entrambe le realtà che si alimentano a vicenda: dal lato del mittente ci sono le notizie dai presidi nei paesi in guerra, e dal lato del destinatario ci sono le numerose testimonianze di beneficienza e di reale sostegno alle iniziative. Il lavoro del digital strategist (il parallelogramma) appoggia su ciò che il destinatario (il triangolo grande vicino) sceglie di mettere in condivisione; mentre le leve social vengono azionate dal mittente (l'altro triangolo grande in basso), inevitabilmente prima quella emozionale e poi quella razionale. L'interpretazione proiettata sull'immagine della lettera E diventa dunque strumento di conoscenza, ma anche un contatto con il mondo, per rappresentarlo, comunicare e interagire.

La molteplicità

"La grande sfida per la letteratura è il saper tessere insieme i diversi saperi e i diversi codici in una visione plurima, sfaccettata del mondo" scriveva Calvino, inconsapevole che anche il digitale sarebbe andato da lì a poco nella stessa direzione. Aveva previsto tutto, anticipando concetti complessi come la rete, intesa come infinita trama di relazioni tra singole unità ma al tempo stesso integrate tra loro, come lo è Internet nel grande e il Tangram nel piccolo. Mettere in connessione aspetti diversi, ossia fatti, persone e oggetti, è la prerogativa di tutto ciò che si muove online: ci troviamo continuamente davanti a dei bivi e ogni singola parola si trasforma in un invito a continuare l'esplorazione.

Stream è un magazine digitale italiano che propone articoli e approfondimenti trasversali su cultura pop, arte, tecnologia, innovazione sociale, politica, media (vecchi e nuovi), moda, design, viaggi, letteratura e cibo. Ma anche focus e riflessioni sul tema dell'emancipazione di genere (femminile, ma non solo) e sull'integrazione. Dunque, la strategia digitale è improntata completamente su una molteplicità di argomenti trattati da voci univoche, grazie a una redazione eterogenea composta da ragazzi con professionalità molto differenti tra loro, e infine di format narrativi, che vanno dall'ebook tematico come quello sulla gamification alla rubrica di phototelling, un diario visivo che raccoglie fotografie per raccontare ogni volta un tema che caratterizza i luoghi e gli spazi che chiamiamo "casa" o in cui viaggiamo per la prima volta.

La coerenza

In origine, il titolo della sesta lezione doveva essere *Openness*, termine inglese inteso non come franchezza, bensì nel senso di apertura tra l'essere umano e il mondo. Successivamente, venne rinominata *Consistency*, da non tradurre in italiano con consistenza, bensì come coerenza, un'unione ben salda senza contraddizioni. Purtroppo ci è arrivato ben poco di quello che Calvino avrebbe presentato alla platea dell'Università di Harvard; per anni i critici si sono interrogati su quale potesse essere l'intenzione dello scrittore. Nella nota introduttiva alla pubblicazione postuma, la moglie Esther dichiara che con tutta probabilità suo marito avrebbe fatto un cenno alla *consistency* dello scrivano Bartleby, il personaggio di Herman Melville che lavora come copista in uno studio legale e che si rifiuta di svolgere altri compiti, opponendosi alle richieste del suo capo con la celebre frase "Preferirei di no". Con estrema e lucida coesione di intenti, l'uomo porta avanti la decisione fino in fondo: una lezione importante anche per un digital strategist.

> **Un'anima da precursore**
>
> Calvino accenna addirittura all'informatica, in un passaggio profetico che vi proponiamo per intero: "È vero che il software non potrebbe esercitare i poteri della sua leggerezza se non mediante la pesantezza del hardware; ma è il software che comanda, che agisce sul mondo esterno e sulle macchine, le quali esistono solo in funzione del software, si evolvono in modo d'elaborare programmi sempre più complessi".

È altrettanto verosimile che Calvino prese in prestito la nozione di coerenza dal saggio *Eureka*, scritto nel 1848 da Edgar Allan Poe, dove fa capolino l'intuizione che vede l'universo strettamente connesso all'individualità di ciascuno di noi. Qui il tema della lezione precedente, la molteplicità, è legato a doppia mandata con quello dell'unicità e introduce un concetto molto importante riconducibile anche al digitale: l'identità. Se da un lato Internet ha dato a tutti la possibilità di emergere come singolo individuo, dall'altro ha favorito la creazione e la coesione di pianeti virtuali che si basano su interessi specifici.

I professionisti intorno

Quando si lavora nel mondo digitale, la parola d'ordine è versatilità. Nello specifico, si tratta di quella capacità di impegnarsi con successo in attività e campi d'interesse molto differenti tra loro, adattandosi a situazioni difficili da prevedere. È prerogativa tipica di chi si occupa di strategia a tutto tondo, e non per niente è anche una delle caratteristiche più lampanti dell'indole di Napoleone. Ad

Ajaccio, in Corsica, i suoi compagni lo avevano soprannominato "rabulione", cioè colui che si immischia di tutto. Alcune fonti storiche riportano che, fin dai tempi dalla Campagna d'Italia, Napoleone impartiva precise istruzioni perfino agli acquarellisti circa il numero di centimetri da riservare, nelle loro opere, a ciascun personaggio. Senza arrivare a tanta attenzione per i dettagli, conoscere le professionalità che ci circondano, le loro modalità e gli strumenti che hanno a disposizione ci aiuta a essere buoni condottieri, in grado sia di fornire istruzioni accurate riguardo la strategia digitale da attuare, sia di interpretare lo svolgimento del lavoro del team e i risultati ottenuti unendo le forze. Con tale consapevolezza, sarà possibile comprendere anche in che modo distribuire il carico di impegni e fin dove spingersi con le richieste.
Qualche anno fa l'associazione dei professionisti del Web IWA Italy ha preso la decisione di dare il suo contributo concreto alla crescita del nostro paese definendo i profili e le relative competenze di chi lavora nel digitale, in un modo condiviso, aperto e trasparente. Il documento, con tanto di valore normativo, è stato elaborato da una task force di oltre duecento rappresentanti di aziende, enti e associazioni che si muovono nel digitale. Secondo questa classificazione, quello che noi abbiamo identificato come digital strategist è chiamato in modo più esteso Digital Strategic Planner e corrisponde alla figura professionale che, citiamo testualmente:

> comprende i veri bisogni e le vere necessità relative alla presenza e alle attività sulla rete Internet e sul Web di un'organizzazione; è di supporto alle scelte strategiche indicate dal top management; fornisce input operativi alle altre figure professionali coinvolte nel processo.

In parole più semplici, si tratta di un ruolo di esperto navigatore, che studia il percorso più efficace da intraprendere e decide strategicamente quali strade evidenziare su una mappa al fine di raggiungere la meta condivisa con le altre persone coinvolte. In questo capitolo, che conclude la panoramica sulla figura del digital strategist, abbiamo scelto di approfondire solo cinque delle ventiquattro professionalità individuate da IWA Italy e le possibili relazioni tra loro. Insomma, ecco quali sono le figure principali con cui potreste ritrovarvi a collaborare. Il condizionale è qui quanto mai d'obbligo perché purtroppo non sempre il digital strategist ha la fortuna e il privilegio di avvalersi di collaboratori specializzati, ancor meno quando gli incarichi riguardano piccole aziende o pubbliche amministrazioni.

Web Account Manager

La responsabilità di gestire il rapporto con il cliente, nella buona e nella cattiva sorte, è tutta sua. A noi digital strategist toglierà l'incombenza della gestione di riunioni noiosissime, contrattazioni sul budget e interminabili telefonate a orari improbabili, e soprattutto sarà il nostro cuscinetto paraurti in caso di problemi. In cambio, dovremo avere tanta pazienza, perché è una figura molto più attenta a rispettare saldi obiettivi di marketing: il suo è un animo logico e razionale, meno portato alla creatività e all'immaginazione. Tra i tanti pregi, ha un talento naturale: comprende bisogni ed esigenze dei clienti, per poi trasferirli a noi digital strategist, che inizieremo così a rimboccarci le maniche. Le conoscenze di gestione finanziaria e marketing fanno del Web Account Manager il punto di riferimento naturale per quanto riguarda il preventivo dei costi e dei tempi dettati dal mittente. Valido per tutte le professioni che vedremo, la nostra compresa, si fa riferimento sempre a due gradi di esperienza: junior e senior. Nel primo caso, si tratta di una persona alla prime armi; nel secondo, invece, di un professionista ormai nel campo da diversi anni, dunque con un bagaglio di capacità e un valore aggiunto maggiore.

Web Community Manager

Il suo ruolo principale è quello di creare community dedicate e contribuire a potenziare le relazioni tra i singoli membri da una parte e il committente dall'altra, avvalendosi di un piano editoriale e di una comunicazione efficace all'interno del gruppo. In particolare, il Web Community Manager è una rappresentanza istituzionale: incentiva, controlla e analizza le conversazioni che si svolgono online riguardo l'oggetto al centro della strategia, che sia un evento, un brand o una linea di prodotti. Per farlo, svolge regolarmente ricerche sui siti web, blog, forum e social network, così da rintracciare tutti quegli spunti che potrebbero tornare utili per le pubblicazioni sui propri canali, oppure per intavolare e favorire discussioni tra gli utenti stakeholder, cioè quelli più interessanti e influenti nel settore. Usa sempre un unico tono di voce e un linguaggio appropriato, che varia di stile solo in base allo strumento scelto: una risposta su Twitter presenterà certamente testi più asciutti e schematici di una su un forum dedicato all'assistenza del cliente, a prescindere dal mittente della comunicazione. Infine, è la persona che si occupa di realizzare report periodici dove vengono analizzati i componenti della comunità virtuale e i dati statistici riguardo la loro composizione demografica.

Web Content Specialist

Figura piuttosto rara, perché spesso si confonde con quella precedente, è in realtà una delle più strategiche all'interno del processo di una comunicazione sul digitale, e lo sarà sempre di più, come visto nel Capitolo 4. In un momento storico dove non è più il medium ma ciò che veicoliamo a fare la differenza, il Web Content Specialist si occupa di produrre contenuti che siano efficaci per un dato strumento online, sia testuali sia multimediali, come video, presentazioni e infografiche, chiaramente a seconda delle sue *creative skills*. Egli cura il contenuto soprattutto in riferimento alla piattaforma che lo dovrà ospitare e dunque anche del suo pubblico principale, con un occhio di riguardo alla *user experience* e *satisfaction*. Ecco perché conosce a menadito la maggior parte degli strumenti online, e ne sa sfruttare ogni singola specificità. Le sue aree di azione vanno dal sito web ai canali social fino ad arrivare a supporti speciali come ebook e guide: è uno specialista della produzione di contenuti, ma sarà poi il Web Community Manager a divulgarli online e usarli come espediente per intrattenere la community.

Web Advertising Manager

La pianificazione e il coordinamento dell'intero processo di promozione di campagne pubblicitarie sul digitale è tutto a suo carico, dall'ideazione alla predisposizione, fino alla pianificazione strategica di scelta di spazi, date e orari. Il suo obiettivo principale è quello di ottimizzare l'investimento economico, valutando gli effettivi costi e relativi benefici dell'azione promozionale attraverso metriche concordate preventivamente. Il SEM è il pane quotidiano di un Web Advertising Manager e il suo block-notes è pieno di termini complicati come *key performance indicator* e *return on investment*. È una professionalità chiave per un digital strategist, in grado di fare da cassa di risonanza per ogni attività pianificata. Quella che metterà in atto è una strategia nella strategia, spesso avvalendosi di una rete di advertising multicanale, dall'acquisto di banner su testate online importanti alle sponsored stories sulla propria pagina Facebook, fino a operazioni di co-marketing promozionali con altre realtà. Noi digital strategist potremmo indicare il target di destinatari da raggiungere, ma starà a lui trovare il giusto equilibrio tra gli strumenti da attivare per ottenere il maggior beneficio possibile.

Reputation Manager

Il Capitolo 7 di questo manuale sviscererà ogni aspetto della reputazione sul digitale, ma intanto è importante sapere che esiste una figura professionale dedicata ad analizzare, gestire e a volte anche influenzare ciò che gli utenti pensano ed esprimono online. Le sue specifiche competenze comprendono l'utilizzo di software di *network analysis* e *data visualization*, nozioni di statistica e antropologia, attitudine a orientarsi nella ricerca avanzata sui social network, oltre a una spiccata capacità di analisi degli usi linguistici e semantici del Web. Il Reputation Manager, attraverso il continuo ascolto, contribuisce a creare il contesto migliore per lo sviluppo di una strategia digitale, intervenendo nel modo più efficace possibile nelle conversazioni negative che possono risultare dannose per l'immagine di un'azienda, un evento, un servizio, un prodotto o una personalità. Una delle armi, che chiederà a noi digital strategist di includere nella pianificazione è l'attività di PR digitale, con la quale si individuano e ingaggiano influencer per fare sì che la loro esperienza positiva possa avere un buon impatto sull'opinione del pubblico.

Nuovi mestieri

SEO, Digital PR, Transmedia Web Editor, Web Analyst: il portale professionidelweb.it, legato all'omonima pubblicazione dell'esperto digitale Giulio Xhaet, presenta un inventario completo e aggiornato delle nuove professionalità che Internet ha creato nel mondo, molto utile per chi vuole iniziare a muovere i primi passi nel mondo del Web e non sa da dove iniziare. Inoltre, qui viene introdotto un concetto molto interessante legato ai nuovi mestieri, cioè l'attitudine trasversale *all-line*, un mix tra online e offline, sottolineando come il ruolo di ciascuno sia come una medaglia a due facce, una rivolta al digitale e l'altra al mondo reale.

Abbiamo già sottolineato come non sempre si possa avere una squadra al completo a disposizione, e a volte il digital strategist si ritrova a dover stabilire un proprio equilibrio e lavorare in modo trasversale, con la produzione dei contenuti, o con la pianificazione dell'advertising.
Rand Fishkin, fondatore della web agency Moz, specializzata in SEO, è stato il primo a parlare della necessità di una conoscenza T-Shaped, ovvero a forma di lettera T, dove all'interno di un team ciascuno ha una specializzazione, ma tutti quanti devono necessariamente conoscere le principali aree del mondo digitale per poter dialogare insieme e portare a termine una strategia (Figura 5.5). Questo, chiaramente, vale anche per la figura del digital strategist, sia nel caso faccia parte di un gruppo sia se costretto ad assumere altri ruoli oltre a quello del pianificatore: si diventa così un "rabulione" alla Napoleone.

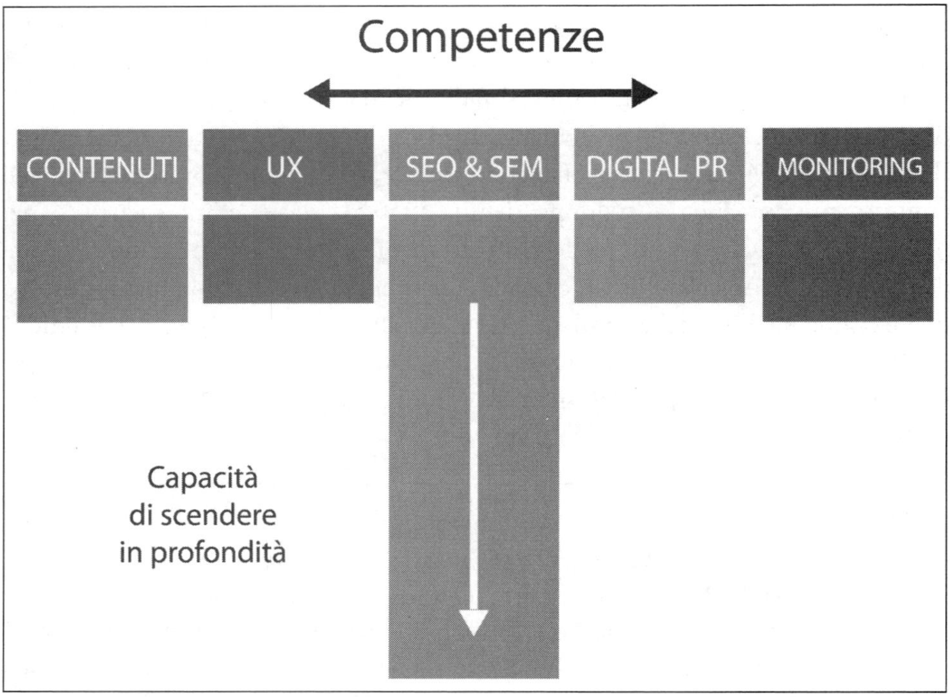

Figura 5.5 La conoscenza a forma di T.

Se al contrario la squadra c'è, le cose si complicano, poiché entrano in gioco background e sensibilità diversi tra loro. *Scrum* è un termine inglese che, se preso alla lettera, indica "un mucchio ristretto e disordinato di persone". Nel gioco del rugby, invece, lo *scrum* è quella fase di un incontro in cui l'arbitro ordina la ripresa del gioco tra due gruppi ordinati di giocatori contrapposti, che finiscono inevitabilmente per formare una mischia. Quella che a un occhio inesperto può sembrare una confusionaria calca, in realtà non è nient'altro che un insieme ben calibrato dove ciascuno ha un ruolo chiaro e definito. Su questa idea, nel 1986, i giapponesi Hirotaka Takeuchi e Ikujiro Nonaka studiarono una nuova modalità di sviluppo di prodotti che avrebbe aumentato la velocità e la flessibilità: la definirono come "approccio rugby", in quanto l'intero processo prevedeva un team interfunzionale dove su più fasi i singoli componenti si possono anche sovrapporre, e dove la squadra "cerca di raggiungere l'obiettivo come unità, passando la palla avanti e indietro".

Successivamente, la metodologia dello Scrum è stata adottata anche da un gruppo di sviluppo agile di software, che ne fece un vero e proprio manifesto open source, con tanto di principi e regole di gioco. L'uso dell'aggettivo "agile" si riferisce al tentativo di ridurre rischi, problemi e surplus di professionalità: ogni iterazione è un piccolo progetto a sé stante e deve contenere tutto ciò che è necessario per rilasciare un piccolo incremento nelle funzionalità, pianificazione e analisi dei requisiti, progettazione, implementazione, test e documentazione, in questo caso di un software.

È evidente come la metafora sportiva sia molto efficace per spiegare come un team dovrebbe lavorare insieme anche sul digitale, in modo che tutti gli attori del progetto spingano nella stessa direzione, anche prevedendo situazioni di sovrapposizione, ma sempre agendo come un'unica entità coordinata.

Capitolo 6

Le leve sociali

In questo capitolo

I due triangoli piccoli

Questa coppia formata dai pezzi più piccoli del gioco del Tangram rappresenta la plancia di comando per il coinvolgimento del destinatario, ovvero per l'engagement, parola inglese il cui significato più stretto è "fidanzamento". Nella strategia digitale, la loro unione forma la stanza dei bottoni: il primo triangolino fa leva sulla parte razionale del pubblico, e il secondo su quella emozionale. Per interessare ed entusiasmare (sì, far innamorare!) il pubblico si attivano meccaniche social che prevedono un dialogo con il mittente anziché un suo monologo esclusivo, attraverso i cosiddetti social media, l'insieme delle piattaforme che consentono la creazione e lo scambio di contenuti generati da utenti, da non confondere con i social network. I termini vanno a braccetto, come spiegato in modo magistrale dall'esperto Marco Massarotto nel manuale *Social network. Costruire e comunicare identità in Rete* (edizione Apogeo), benché esista una differenza sostanziale tra media e network: la prima parola indica il tramite sul digitale, la seconda il reticolo di persone interconnesse tra loro. Le leve social usano i media per raggiungere il network.

All'interno del Tangram, il primo triangolino, situato tra mittente, contenuto e valori del digital strategist, è la leva emozionale; il secondo, tra destinatario, contenuto e ascolto, è la leva razionale (Figura 6.1).

Figura 6.1 La posizione delle due leve social: razionale a destra, emotiva a sinistra.

Ma facciamo un passo indietro. Nel 2010 gli accademici Andreas Kaplan e Michael Haenlein pubblicarono sulla rivista economica *Business Horizons* un ormai celebre articolo riguardo le opportunità offerte dai social media, dando una volta per tutte una definizione quanto mai precisa del termine: un gruppo di applicazioni Internet basate sui presupposti ideologici e tecnologici del Web 2.0, dunque di condivisione e conversazione.

Brian Solis, digital analyst e antropologo, sul suo sito Conversationprism.com propone una classificazione molto completa, dove i social network come Google+ e Facebook compongono solo uno spicchio dei ventisei presenti. Nella mappa del Conversation Prism ci sono tutti i luoghi di riferimento per il dialogo tra community, indicazioni preziose per capire come spalmare la strategia digitale e fare leva sugli aspetti social. In questa sede analizzeremo solo i tredici al momento più popolari nel panorama italiano.

Blog & Microblog

Per esempio le piattaforme Blogger e Wordpress, che permettono agli utenti di gestire un diario online con articoli e contenuti multimediali, anche in una versione più breve e immediata come nel caso di Tumblr.

Social Marketplace

Ne fanno parte Etsy, Airbnb, Groupon, Kickstarter e tutti quei servizi che consentono l'acquisto di prodotti e servizi, e prevedono meccanismi di condivisione di recensioni e feedback su venditori, creativi e affittuari.

Social Streams

Twitter è il re d'elezione. Il principio è il flusso di condivisione e creazione di contenuti da parte degli utenti, che possono scegliere di seguire argomenti in base al tema d'interesse, in questo caso filtrato dagli hashtag.

Location

Riguardano gli strumenti che consentono il check-in, ovvero la registrazione della propria posizione tramite dispositivi che utilizzano il GPS. Permettono di descrivere posti georeferenziati e ricevere consigli di viaggio.

Wiki

Mettere in relazione le conoscenze delle persone attraverso sistemi di scrittura collaborativa. Wikipedia ne è un esempio: significa "cultura veloce", dall'hawaiano *wiki* (veloce) e l'aggiunta del suffisso *-pedia* (formazione).

Discussion & Forum

Dai gruppi di Facebook a quelli di Google: si tratta di stanze tematiche, gestite dagli utenti stessi, incentrate su un determinato argomento, passione o tipologia di prodotto, dove ci si scambia idee, suggerimenti ed esperienze dirette.

Business

L'esempio più lampante di questa categoria è LinkedIn, rete sociale gratuita impiegata principalmente per lo sviluppo di contatti professionali e pubblicazione di annunci lavorativi, con tanto di sistema di referenze.

Social Curation

La cura collettiva dei contenuti passa da piattaforme come Paper.li, Flipboard e Pinterest. In quest'ultimo, per esempio, gli utenti possono ordinare e gestire foto e video di terzi, con bacheche tematiche e collaborative.

Video

Qui il focus è strettamente legato al caricamento e divulgazione del materiale video, suddiviso in canali. Uno degli aspetti social, da Youtube a Vimeo, è che si possono integrare su altre piattaforme, grazie a un codice.

Pictures

Proprio come per i video, ci sono sistemi, quali Picasa e Flickr, nati per condividere fotografie, organizzare album da sfogliare e avere la possibilità di lasciare commenti. Anche Instagram fa parte di questa categoria.

Content & Documents

Presentazioni, documenti, slide, testi, direttive: per pubblicare e condividere con tutti gli utenti o una cerchia ristretta ci sono strumenti utili, come Prezi e SlideShare, che rendono più facile soprattutto la consultazione.

Events

Gli utenti possono organizzare online e calendarizzare eventi reali, impostando una modalità di accesso, gratuita o meno, per conteggiare i partecipanti stessi. Meetup ed Eventbrite sono le piattaforme più note.

Music

Gruppi di amici in Rete ascoltano musica, segnalano i propri gusti, condividono album e canzoni preferite. Su Spotify, per esempio, è possibile compilare playlist, renderle pubbliche oppure incorporarle su siti e blog.

Mondi virtuali

Nell'accezione più generale di realtà collaborativa nel mondo digitale possiamo inserire anche le piattaforme che nascono per ospitare contenuti prodotti dagli utenti, come le italiane Zooppa, per il social advertising, il mondo virtuale dell'online gaming di World of Warcraft, e Userfarm, network dei videomaker pro e amatoriali per la creazione di programmi televisivi e spot pubblicitari crowdsourcing. Lo stesso Linux può rientrare di diritto tra i social media, se inteso come medium che si fa portavoce di una comunità, essendo un sistema operativo nato grazie alla collaborazione volontaria di migliaia di sviluppatori nel mondo.

Così come a tavola esiste un cucchiaio per ogni portata, dalla minestra al budino, allo stesso tempo ogni strumento social ha un suo uso specifico. Certo, sarà anche possibile mangiare il gelato con il mestolo, ma perché complicarsi la vita davanti a un panorama così ampio di possibilità? Il primo passo da compiere in fase di pianificazione, dunque, è quello di comprendere ogni singolo strumento a disposizione e assegnare a ciascuno un ruolo specifico in base alle esigenze. Il metodo più comune, per esempio, è quello di utilizzare un social stream come Twitter al fine di realizzare un report in tempo reale legato a un evento. Al contrario, se non si prevede di avere o gestire alcun evento, si perde anche il senso di aprire un canale Twitter. È anche vero che i social media, con il passare del tempo, tendono ad assomigliarsi sempre più, basta dare uno sguardo agli ultimi anni di evoluzione delle principali piattaforme. Ecco perché è bene imparare, di volta in volta, innanzitutto quali sono gli aspetti che rendono diversi e unici i vari sistemi: limite di follower e fan, messaggi privati, risposte pubbliche, limiti di lunghezza di update, advertising, accesso a statistiche, visibilità e segmentazione dei contenuti, condivisione di tipologie di documenti. Tornando alla nostra metafora, è ciò che distingue i nostri cucchiai: ce ne sono di più o meno grandi, capienti, lunghi, concavi. Le braccia che li possono sollevare sono due, una più logica e ponderata, e una più creativa e spontanea: le nostre leve. Allo stesso modo, anche il contenuto all'interno del cucchiaio varia a seconda di cosa decidiamo di utilizzare nella strategia digitale.

The Venice Wedding Planner progetta matrimoni su misura a Venezia e ha scelto di raccontarsi attraverso il sito web omonimo, che ospita tra le altre cose anche una galleria fotografica e un canale Pinterest. È chiaro già a prima vista come la leva che ha deciso di spingere maggiormente sia quella emozionale, nonostante sia comunque presente una componente che fa leva su aspetti più razionali. L'esempio è una strategia digitale ipotetica, che si integra a ciò che è già presente e che ci aiuta a distinguere quattro tipologie di contenuti, due per ciascuna meccanica di coinvolgimento.

Leve emozionali

Contenuti per intrattenere: l'attuale canale Pinterest ospita decine di boards che raccontano la visione del matrimonio secondo questa realtà: dalle frasi più belle per dire di sì, agli accessori eleganti da abbinare ai vestiti bianchi, fino alle ispirazioni floreali. Qui tutto è pensato per essere di intrattenimento e ispirazione agli innamorati.

Contenuti per persuadere: la sezione *Guestbook* del sito web può essere gestita con un canale Twitter, così come le news selezionate che indicano quali eventi e mostre animano la città. La sezione *Gallery*, invece, dove sono contenute testimonianze e foto, potrebbe essere gestita con Facebook. L'area *Dove Sposarsi*, infine, presenta con Google Maps, come una sorta di guida turistica, i principali palazzi di Venezia aperti al pubblico.

Leve razionali

Contenuti per educare: è difficile sposarsi a Venezia? Perché scegliere questo servizio a differenza di altri? Quanto tempo prima si deve iniziare a pianificare? Le FAQ rispondono a ogni dubbio; ma potrebbero essere arricchite da un forum interno, o un gruppo privato su Facebook, al fine di agevolare lo scambio di esperienze dei clienti.

Contenuti per convertire: l'utente viene informato di tutti i servizi possibili, come documenti, testimoni, assistenza, biglietti d'invito, segnaposto, libretti della Messa, scelta dello stylist, parrucchiere, ricevimento, trasporti e fotografi. Ma se il modulo per il preventivo richiedesse il login con un social network a fronte di un buono? Abbiamo dunque ancora più chiaro come le leve social giochino un ruolo attivo all'interno della strategia digitale. Insieme, i due triangolini accostati possono formare a loro volta un triangolo più grosso, un quadrato e un parallelogramma. Un buon espediente per evidenziare i tre obiettivi della leva emozionale e razionale (Figura 6.2).

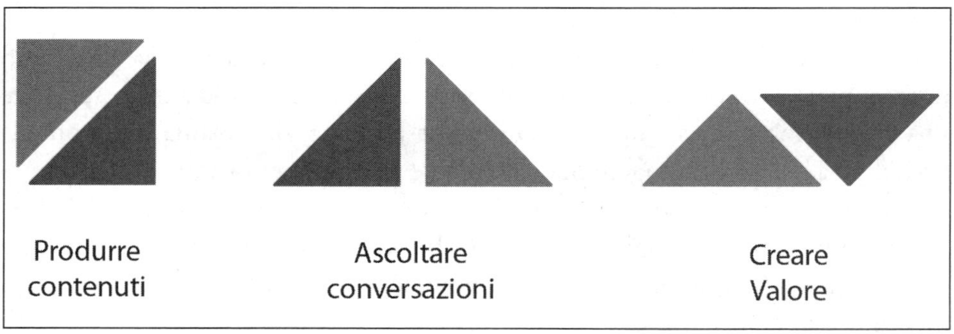

Figura 6.2 I tre obiettivi specifici delle leve social.

- *Il quadrato*: la finalità di entrambi qui è spingere a far creare contenuti a terzi; blogger, giornalisti e influencer del settore possono produrre materiale da utilizzare per nuove azioni all'interno della strategia digitale.
- *Il parallelogramma*: i due pezzi insieme creano valore intorno; è il caso, per esempio, del co-marketing, dove due realtà si uniscono per creare un reciproco vantaggio, in termini, per esempio, di popolarità.

- *Il triangolo medio*: come vedremo nel capitolo successivo, le leve social possono essere utili per l'ascolto, il monitoring quantitativo e qualitativo, l'analisi della reputazione online e il sentiment del nostro pubblico.

Adesso non ci rimane che spegnere l'emisfero destro del nostro cervello, il più creativo, e accendere quello di sinistra, più orientato verso la razionalità.

La leva razionale

La prima meccanica di coinvolgimento sui social network fa leva sul bisogno razionale del pubblico che ha necessità di reperire informazioni, avere accesso a dati chiari e ottenere risposte in modo tempestivo. Entra in gioco la sfera logico-cognitiva dell'utente su Internet: in questo frangente bisogna mettere in primo piano tutto ciò che è oggettivo e informativo, aderente alla realtà dei fatti, non influenzato da particolare enfasi o giudizi. Uno dei primi social network che si è affermato proprio con tale finalità è senza dubbio Twitter. La sua popolarità esplose con l'edizione 2007 del festival musicale e cinematografico South by Southwest: nei giorni dell'evento l'uso del social network è triplicato arrivando a oltre 60.000 tweet quotidiani. Al festival erano presenti due grandi schermi utilizzati esclusivamente per far scorrere lo stream degli aggiornamenti: il primo esempio di live tweeting al mondo, una delle applicazioni di Twitter più consuete al giorno d'oggi.

Che cos'è il live tweeting?

È la modalità di informazione che prevede aggiornamenti in tempo reale capaci di raccontare cosa succede durante un evento o una conferenza, riportando citazioni e punti salienti esposti dai partecipanti. Inoltre, paradossalmente, viene utilizzato anche per commentare fatti che accadono sui media tradizionali, come la televisione, oppure per interagire, per esempio con la radio. Come si fa? Procediamo per step: controllare sempre qual è l'hashtag ufficiale e, se non esiste, individuarne uno semplice per organizzare i propri contenuti; arrivare all'evento preparati su chi c'è come relatore, appuntandosi già anticipatamente nomi e account utili; preparare una serie di tweet di benvenuto, intermezzi, presentazioni, ovvero tutto ciò che può essere scritto prima; prendere un posto comodo per fare foto, senza disturbare ed essere disturbati; ricordarsi sempre di dare il benvenuto, quando si è gli organizzatori di un evento; provare a fare tweet interattivi, che contengano domande o spunti di riflessione; ritwittare o mettere la preferenza a chi come noi sta partecipando all'evento; infine, controllare le interazioni, anche in tempo reale, così da capire quanti stanno visualizzando i nostri contenuti.

L'uso stesso dell'hashtag nasce facendo leva sul bisogno di essere informati. Famoso è il caso del tweet di Chris Messina, un avvocato di San Francisco, che il 23 agosto 2007 propose su Twitter: "how do you feel about using # (pound) for groups. As in #barcamp [msg]?". Il cancelletto sarebbe diventato così da lì a poco il simbolo per identificare gruppi tematici di discussione, un po' come lo erano una volta le vecchie stanze dei sistemi di messaggistica come IRC. Gli hashtag divennero molto popolari anche per aiutare a districarsi nel marasma di messaggi durante eventi di interesse pubblico: è il caso, per esempio, dell'ottobre 2007, quando i tweet contrassegnati con #sandiegofire avvertivano i cittadini riguardo gli incendi che stavano colpendo la contea di San Diego. Dalle proteste politiche in Iran durante le elezioni presidenziali ai terremoti in Giappone, fino agli attacchi terroristici negli Stati Uniti: sempre di più l'informazione passa attraverso i media sociali, prima ancora di quelli tradizionali, per via del largo bacino d'utenza, l'accessibilità anche di tipo economico, la velocità di pubblicazione e la fruibilità. La leva razionale, inserita in una strategia digitale, può dare il suo meglio quando si dimostra capace di risolvere un problema dell'utente. I benefici possono andare dalla spiegazione d'utilizzo di un prodotto (per esempio con un video oppure una demo grafica) alle indicazioni per raggiungere ed esplorare una meta (con mappa interattiva e recensioni), fino a classifiche e statistiche riguardo l'utilizzo di un servizio (con infografica o presentazione).

Non è detto dunque che la comunicazione che sfrutta le dinamiche social debba per forza essere evocativa per far leva sull'interesse di un dato pubblico. Ne è un esempio Tweetting Pothole, un esperimento della città di Panama che prevedeva un device collegato a Internet all'interno delle buche stradali. Una volta sollecitato dal passaggio dell'auto, lo strumento era in grado di inviare in modo automatico un tweet di protesta alla pubblica amministrazione locale, sollecitando così una risposta e un'auspicabile soluzione al problema. Gli aspetti affrontati in questo capitolo ci sono tutti: un mezzo di condivisione (media) mette in comunicazione una rete di interesse (network) attraverso una leva (primo triangolo piccolo del Tangram) di informazione. La stessa dinamica è stata messa in atto, seppur con le dovute differenze di approccio e obiettivi finali, da Expo Milano 2015. Per tutto il periodo della manifestazione, i visitatori avevano la possibilità di rivolgersi al canale @AskExpo come se fosse un vero e proprio info-point virtuale. Gli obiettivi erano quelli di rispondere in tempo reale, intercettare le richieste di informazioni (anche quando pubblicate senza richiamare direttamente il canale), divulgare informazioni utili riguardo l'acquisto dei biglietti, gli spostamenti da e per il sito espositivo e l'esplorazione dei padiglioni. Nei documenti di strategia digitale di Expo Milano 2015, messi a disposizione del pubblico online gratuitamente e con massima trasparenza, è spiegata in quattro punti anche la modalità di lavoro nel dietro le quinte: mappatura di bisogni, argomenti di interesse e domande frequenti; formazione di una stretta collaborazione con Expo Milano 2015 e tutte le altre parti interessate per individuare le fonti per ogni genere di risposta; creazione di flussi di comunicazione interna per lo scambio di informazioni durante la gestione quotidiana e di emergenza; aggiornamento continuo del *Manuale di Risposte condiviso*.

Nel 2012, in occasione del lancio del nuovo canale televisivo Sky Arte, l'agenzia digitale Ambito5 ha ideato una modalità di conversazione in tempo reale con gli utenti Twitter, che avevano la possibilità di richiedere informazioni locali e globali sul mondo dell'arte. In coerenza con la mission di Sky Arte, hanno saputo sia valorizzare la conoscenza del patrimonio artistico italiano a livello locale sia rispondere all'obiettivo più immediato, ovvero fornire informazioni sul nuovo canale. Come raccontato dall'agenzia stessa, l'iniziativa ha prodotto a sua volta altre iniziative user generated, come quella di un follower che ha spontaneamente gestito la curation dell'evento, producendo uno Storify che è stato pubblicato sulla homepage della piattaforma stessa, nella sezione social media. Insomma, che forma potrebbe assumere tale strategia con il Tangram (Figura 6.3)?

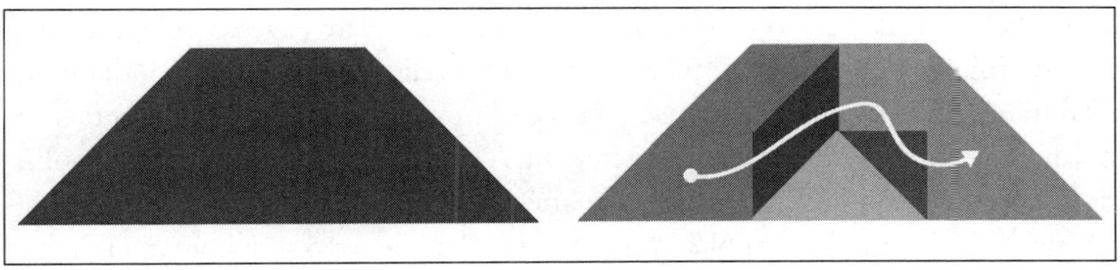

Figura 6.3 La strategia di Sky Arte e la sua leva razionale.

Prediamo la sagoma di una ziqqurat. Partendo dalle fondamenta abbiamo da una parte il mittente, Sky Arte, e dall'altra il destinatario, tutto il pubblico potenziale interessato al settore artistico. In mezzo ai triangoli grandi spunta il triangolo medio, che ascolta le conversazioni; tra quest'ultimo e il destinatario si trova la leva razionale social, ovvero tutta l'attività di dialogo e condivisione dei contenuti. Il quadrato è sostenuto dal bagaglio delle capacità di chi lo gestisce come, tornando a Calvino, velocità, brevità ed esattezza, mentre il secondo triangolo piccolo fa capolino per ulteriori attività di coinvolgimento più emozionali, come la condivisione periodica di meravigliose opere d'arte. Possiamo poi raggruppare i requisiti dell'operazione e, più in generale, della leva razionale in tre grandi categorie:

- *Tempo reale*: la velocità è determinante da un lato per conquistare la fiducia dell'utente e dall'altro lato per fidelizzarlo. Come in un botta e risposta verbale, le risposte devono essere fornite in un lasso di tempo limitato, sia pubblicamente sia privatamente, come nel caso di messaggi privati o via Whatsapp.
- *Familiarità*: quello che cerca l'utente non è solo un'informazione nuda e cruda, ma anche una certa vicinanza empatica; questo vuol dire che sono bandite le comunicazioni standard e preconfezionate. Ecco che, anche quando si divulgano fatti e dati, serve sempre mettere in conto una certa personalizzazione e umanità.
- *Capacità risolutiva*: requisito determinante è il saper soddisfare sempre l'utente. È bene evitargli perdite di tempo, rimandi dispersivi e passaggi superflui. Quando occorre una soluzione a una data problematica, che sia anche solo la soddisfazione di una curiosità, serve puntualità e chiarezza. A beneficiarne in primis è la reputazione.

In questi ultimi paragrafi abbiamo lasciato ampio spazio a Twitter, ma non cadete in inganno. Come vedremo più avanti parlando di digital storytelling, il social network può essere impiegato anche per tutt'altro uso. Basti pensare al progetto di scrittura creativa online divulgato dalla Fondazione Cesare Pavese nell'estate 2012, che tra migliaia di contributi ha raccolto i 32 migliori tweet corrispondenti agli altrettanti 32 capitoli de *La Luna e i Falò* dell'omonimo scrittore: un'operazione su digitale di tipo emozionale coi fiocchi. A conclusione del progetto, l'online si è spostato verso l'offline: è stato organizzato un incontro sulla "twitteratura", proprio nel giorno del compleanno di Pavese, al quale sono stati invitati i follower protagonisti. Lo stesso Facebook, benché sia per vocazione più adatto ad altri scopi più attinenti al racconto, è in grado di prestarsi a ruoli che facciano leva sulla necessità di informazione. Un chiaro esempio sono i gruppi di redazione, come nel caso di magazine o progetti specifici, oppure di scuola, tra mamme o tra studenti: grazie a questo sistema, i componenti possono essere tempestivamente informati, per esempio dalla scuola, in caso di cancellazione di lezioni e di variazioni di orari. Anche i social media dedicati al visual storytelling possono giocare con la leva razionale. Uno dei dipartimenti di polizia di Kansas City, per esempio, utilizza Pinterest per informare i cittadini sulle refurtive ritrovate; negli Stati Uniti il pubblico di questa rete sociale è prettamente femminile, così come lo sono gli oggetti ritrovati, dalle borsette ai gioielli.
Diametralmente opposto è l'approccio della polizia della città di Reykjavik, che documenta le interazioni con i cittadini locali via Instagram, creando così vicinanza con gli abitanti, soprattutto con la fascia più giovane, e incrementando la popolarità delle forze dell'ordine. E questo caso ci porta al secondo triangolo piccolo, la leva emozionale.

NOTA

Possiamo visualizzare le leve anche come remi di un'imbarcazione. Al di là dello strumento in sé, solo con la nostra forza di digital strategist, possiamo metterci in navigazione. Diceva Archimede: "Datemi una leva e un punto di applicazione e solleverò il mondo".

La leva emozionale

Lo sappiamo: quando si parla di emozioni è tutta un'altra storia. L'obiettivo dell'azionamento della seconda leva diventa prioritariamente quello di far sognare l'utente attraverso uno stimolo emotivo. Un po' di storia: la teoria del marketing emozionale, anche definito esperienziale, viene formulata da Bernd Herbert Schmitt, docente della Columbia University. Si tratta di un'esperienza memorabile che il cliente (o l'utente, in questo caso rivolto prettamente al digitale) si ritrova a sperimentare, in grado di superare addirittura le sue stesse aspettative.

Gli obiettivi di una strategia che pende più sul lato emozionale sono anticipare e soddisfare i desideri e fare in modo che l'esperienza consolidi il legame tra mittente e destinatario. Per realizzare ciò, anche in questo caso occorre una pianificazione in grado di individuare quale tipologia di esperienza valorizzerà al meglio il contenuto che dobbiamo veicolare. Nonostante con il digitale non sia possibile risvegliare tutti e cinque i sensi, se non metaforicamente parlando, di certo noi digital strategist abbiamo la possibilità di ottenere risultati simili con le uniche armi a nostra disposizione: testi, foto, grafiche e video.

La catena di supermercati e ipermercati Carrefour ha scelto di coinvolgere gli utenti attraverso una decina di pillole umoristiche distribuite su YouTube ambientate proprio nei loro punti vendita, tra gli scaffali. Il testimonial scelto è stato Frank Matano, comico e personaggio televisivo che in passato ha conquistato il pubblico della Rete condividendo i suoi video di scherzi telefonici, ottenendo milioni di visualizzazioni. Catapultato nell'olimpo delle web star, in una manciata di anni Matano è diventato un vero e proprio fenomeno, aspetto che non è passato inosservato alla direzione di Carrefour, che ha deciso così di renderlo protagonista della web series *Vita tra coinquilini*. La strategia digitale era chiarissima: diffondere video divertenti rivolti ai giovani, usando lo stesso canale che ha fatto diventare celebre il testimonial e facendo leva sul coinvolgimento emozionale attraverso l'immedesimazione nella quotidianità di chi deve condividere una casa e anche il carrello della spesa. Ecco una forma del nostro rompicapo cinese che può spiegarci il ruolo di timone del triangolino che stiamo analizzando (Figura 6.4).

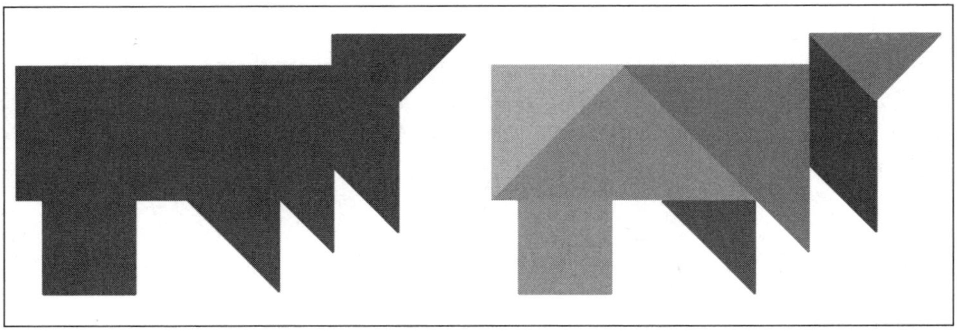

Figura 6.4 La posizione della leva emozionale nell'iniziativa Carrefour.

Schmitt identificava cinque tipologie diverse di esperienza, che chiama anche SEMs o *Strategic Experiential Modules*. La nostra leva emozionale, con le dovute differenze per via del fatto che siamo nel campo virtuale, può fare dunque riferimento a queste tipologie di approccio. Vediamole da vicino con alcuni esempi reali.

Sense Experience

Nel mondo offline, si tratta di esperienze che coinvolgono la percezione sensoriale, stimolando i cinque sensi del cliente. Molti negozi per ragazzi, come quelli del brand americano Abercrombie & Fitch, propongono un tipo di esperienza immersiva che stimola l'olfatto, l'udito e la vista: per esempio, viene diffuso ovunque il profumo del marchio, i locali vengono lasciati in penombra, e di tanto in tanto alcuni maxischermi propongono video di onde marine con tanto di suono della risacca. La sensazione è quella di essere stati catapultati in un ritrovo di surfisti californiani che si incontrano in spiaggia dopo una giornata passata sulla tavola, complice anche la presenza di commessi in bermuda e bikini. L'esperienza sensoriale più affine che possiamo proporre in una strategia digitale è la realtà aumentata. La percezione sensoriale, attraverso la webcam del proprio computer o del proprio smartphone, si arricchisce attraverso la proiezione virtuale di informazioni, immagini e suoni. La comunicazione aumentata è esplosa nel 2009 attraverso numerosi marchi, da Lego a General Electrics, e qualche anno dopo in Italia è nata addirittura la prima rivista gratuita totalmente in realtà aumentata, sia per quanto riguarda i contenuti editoriali sia per quelli commerciali: *Spam Magazine*. La lettura, in questo caso, è tridimensionale e coinvolge tutti i sensi dell'utente attraverso video, immagini, testi e animazioni.

Feel Experience

La seconda metodologia prevede il coinvolgimento dei sentimenti e delle emozioni degli utenti: è in assoluto la più utilizzata sul digitale. Molte strategie digitali concentrano gli sforzi nel far leva su cosa provano gli utenti in date situazioni, come nel caso precedentemente analizzato di Carrefour e Matano, oppure sull'infanzia di ciascuno di noi, come ha scelto di fare recentemente Coppa del Nonno. Quest'ultima ha deciso di orientare la comunicazione verso un mondo fatto di ricordi ed emozioni legate al passato, in linea con la filosofia dietro il prodotto: con l'hashtag #Tiricordi rivolge domande agli utenti e invita a partecipare a una sorta di costruzione di memoria collettiva, dalle partite a flipper con gli amici dopo i compiti alla tombola in famiglia sotto Natale. Anche l'operazione di Mulino Bianco, *Nel mulino che vorrei*, ha usato uno stratagemma simile, chiedendo per esempio agli utenti online quale merendina avrebbero voluto rivedere in produzione e dunque sugli scaffali. Le emozioni sono le fondamenta delle esperienze, ciò che ci rimane a distanza di anni. Essere memorabili è l'obiettivo ultimo di ogni strategia di comunicazione digitale: Internet porta a una sovraesposizione continua di messaggi, rimanere impressi nella memoria di un utente è una vittoria reale, perché poi facilmente questo interesse verrà convertito in un acquisto o in una partecipazione.

Think Experience

Il marketing creativo e cognitivo attira le persone attraverso la richiesta di trovare soluzione a un quesito, con una meccanica ad alto potenziale collaborativo. Fa leva sulla sorpresa, sull'intrigo, a volte anche sulla provocazione di un dibattito: è un tipo di comunicazione che fa pensare, senza però fare a meno dell'aspetto ludico. Modalità come quiz, sondaggi e domande dirette sono le preferite sul digitale, soprattutto sui social network. *La Lingua Batte* è un programma di Radio3, un divertente osservatorio sullo stato e sull'evoluzione della lingua italiana. La strategia digitale collegata prevede un'esperienza coinvolgente e allo stesso tempo votata alla riflessione, attraverso un gruppo pubblico omonimo su Facebook che raccoglie segnalazioni di errori relativi a dialetti, lessico e grammatica. Il tono è molto leggero: gli utenti hanno la possibilità di segnalare gli strafalcioni più clamorosi che leggono o sentono tramite la rubrica *Il Museo degli Errori*, indicare quella che secondo loro è la parola della settimana, presentare i loro dubbi linguistici, che vengono poi sottoposti all'ospite della puntata. Sul canale Twitter, invece, vengono divulgati approfondimenti in tempo reale riguardo cosa viene raccontato in televisione, come fosse una sorta di fact checking sugli argomenti di discussione: ecco che appare anche la leva razionale nella strategia, seppur in misura ridotta rispetto a quella emozionale appena presentata.

Act Experience

La strategia, in questo penultimo caso, mira essenzialmente a influenzare abitudini ed esperienze nel mondo reale, dunque gli stili di vita e le interazioni. Il celebre "Just do it" di Nike seguiva questa ispirazione. Gli utenti, per esempio, vengono coinvolti in attività digitali in grado di cambiare in meglio la quotidianità.
È chiaro che ci sono realtà, come quelle legate alla nutrizione o al movimento, che si prestano meglio di altre.
L'azienda italiana produttrice di attrezzi per lo sport e il tempo libero Technogym ha messo a punto una strategia molto complessa per coinvolgere il suo pubblico online, che ha come fil rouge proprio l'act experience. Tra i suoi presidi principali, oltre ai canali social dedicati, ha reso disponibile un'app mobile per vivere un'esperienza di *wellness on the go*, con la possibilità di accedere al proprio programma di esercizio e movimento in ogni luogo e in ogni momento. Inoltre, ha creato la piattaforma online WeKinesis, luogo di incontro del benessere fisico in Rete della community virtuale legata all'attività fisica. Le sezioni *Meet*, *Learn* e *Ask* sono le tre linee di dialogo tramite le quali personal trainer, gestori di club e palestre, sportivi e ammiratori del mondo Technogym interagiscono. Lo sforzo comunicativo di Technogym, con l'insieme dei media predisposti, allontana quanto più possibile l'utente dalla sedentarietà e lo spinge a compiere azioni che richiedano il dispendio di energie fisiche.

Relate Experience

Infine, è possibile classificare tutte quelle esperienze che mettono un utente in relazione a una specifica community. La sua particolarità sta nel fatto che, più di tutte, questa quinta categoria si nutre di tutte le altre, dunque di *Sense*, *Feel*, *Think* e *Act*. Viene fatta leva sul senso di appartenenza a un gruppo, con interessi e background simili. Basti pensare alla capacità di coinvolgimento che hanno i club di calcio con i proprio tifosi o alcuni personaggi dello spettacolo. Un esempio su tutti, Francesco Facchinetti, che per portare avanti il lancio della sua linea di smartphone italiani Stonex One ha condotto una comunicazione capace di unire sia le persone che lo circondano e lo stimano sia quelli interessati allo sviluppo di una nuova tecnologia nel nostro paese.
Alla base di questo genere di esperienza c'è un profondo desiderio collettivo di progresso, personale e sociale. A Facchinetti, in fondo, è bastato un solo video di presentazione associato all'hashtag #breaktherules per dare il via a un passaparola dalla portata di ben due milioni di visualizzazioni in una sola settimana. La carta delle emozioni qui è stata giocata anche con la scelta del colore dei nuovi dispositivi:

> [...] abbiamo deciso di usare il Blu Klein in omaggio a Yves Klein, grazie al quale l'arte si identifica con l'artista e dove la tela diventa il colore e il colore Blu Klein diventa il colore dell'infinito.

Creando un forte impatto emotivo e suggerendo una vicinanza con il destinatario, questo secondo triangolino è centrale soprattutto all'interno delle strategie di personal branding. Il Presidente del Consiglio Matteo Renzi lo usa spesso nei tweet, come quando, per esempio, mostra la firma di un documento importante, e nelle newsletter che invia periodicamente alla sua base di elettori. Il cantante Gianni Morandi aziona questa leva quotidianamente con gli aggiornamenti della sua pagina Facebook, che lo seguono nelle attività più banali di tutti i giorni, dal pulire i fagiolini in veranda con la moglie allo stretching dopo una corsa nel parco. Lo stesso fotografo ufficiale di Barack Obama, Pete Souza, coinvolge il suo pubblico con un racconto visivo, ospitato da Instagram, sul dietro le quinte di uno degli uomini più potenti al mondo. Tale modalità di narrazione in gergo viene definita con una parola molto di moda negli ultimi tempi: *storytelling*.

Che cos'è lo storytelling?

La lingua inglese non ha dubbi: storytelling equivale a narrazione. In italiano, la narrazione è un'esposizione organizzata di una storia, che ha un principio e una fine. A sua volta, il latino ci indica la modalità: il termine "narrare" è affine a *gnarus*, colui che conosce, che è esperto e consapevole. Sgombrando il campo da ogni possibile equivoco, possiamo innanzitutto dare una definizione: lo storytelling è l'atto di raccontare una storia con cognizione di causa. Durante un recente incontro esclusivo con una classe del Liceo Massimo D Azeglio di Torino, anche lo scrittore Alessandro Baricco ha parlato ai ragazzi di storytelling in questi termini: "È un gesto che facciamo collettivamente molto spesso, che non abbiamo mai smesso di fare; per semplificare potrei dirvi: è il gesto di raccontare". Se poi quanto dedotto viene applicato alla strategia digitale, ecco che possiamo in un colpo solo abbracciare tutti quei format narrativi che, con capo e coda, raccontano l'identità del mittente. È il grado zero della narrazione, a differenza di romanzi e sceneggiature, che sono invece esempi di evoluzioni più complesse. Con una metafora, si può considerare lo storytelling una pagnotta di pane all'acqua, mentre un dramma teatrale è una focaccia alle olive farcita con la mortadella. Ci sono due variabili a determinare la complessità di un racconto: le regole e gli strumenti impiegati, ovvero le tecniche della narrazione che fanno riconoscere la differenza tra un fumetto e un serial televisivo, e la quantità di ingredienti extra, più ce ne sono e più si arricchisce l'intreccio.

All'interno del nostro Tangram, lo storytelling riguarda entrambi i triangoli piccoli, le due leve social: è ciò che determina il loro rapporto e il loro equilibrio. L'atto narrativo, sia per testi sia per immagini oppure per suoni, ci permette di raggiungere in modo efficace chi sta dall'altra parte dello schermo. Apple è un esempio di come lo storytelling sia fondamentale per far acquisire un valore aggiunto ai suoi prodotti: gli elementi fondanti su cui si basa la comunicazione sono vari e vanno dall'uso del minimalismo grafico alle storie di vita quotidiana con i suoi prodotti, dal bianco predominante agli slogan entrati nella storia come "Think Different". Comprare un iPhone non significa solo avere un buon smartphone, ma sposare una filosofia. Allargando ulteriormente il campo, aggiungiamo un ulteriore pezzo alla nostra definizione: si tratta dell'atto di raccontare una storia con cognizione di causa al fine di creare un valore intorno a un soggetto. Nel Capitolo 8, lo anticipiamo, vedremo come questo si possa tradurre nella creazione di un mondo di riferimento vero e proprio.

Negli ultimi anni si è iniziato a parlare anche molto di *corporate storytelling*, cioè la narrazione applicata alla realtà aziendale. Ci si riferisce alla capacità di costruire l'identità aziendale attraverso un racconto allineato alla strategia digitale che lo contiene e che lo diffonde con le due leve social presentate in questo capitolo. Mentre la comunicazione aziendale ha sempre puntato al farsi riconoscere online e offline, dai manifesti per strada ai punti di riferimento su Internet, pian piano l'obiettivo si sta spostando al farsi conoscere. Risponde a questa esigenza proprio lo storytelling, che rende emotivamente partecipi i destinatari, facendoli sentire più vicini all'azienda e ai suoi prodotti. Inoltre, è proprio il digitale a metterci alle strette: un mittente che non si sa raccontare online a un destinatario ha meno possibilità di essere valutato e scelto.

In via del tutto eccezionale, e solo per queste pagine, facciamo uno strappo alla regola provando a prendere i pezzi del Tangram e assegnando loro sette significati specifici. Per storytelling sul digitale non si intende il singolo tweet o testo per la newsletter, ma un insieme di contenuti che, se coordinati tra loro e tenuti insieme da un comune fil rouge, possono raccontare una determinata realtà. Ancora una volta, si tratta solo di un espediente ludico per memorizzare e visualizzare i singoli componenti. Come accade in tutte le storie che si rispettino, anche quelle che iniziano con "c'era una volta", ci sono un protagonista e il suo obiettivo, una trama che li mette in relazione, un valore aggiunto che rende unica la storia, lo spazio e il tempo e infine il genere (Figura 6.5).

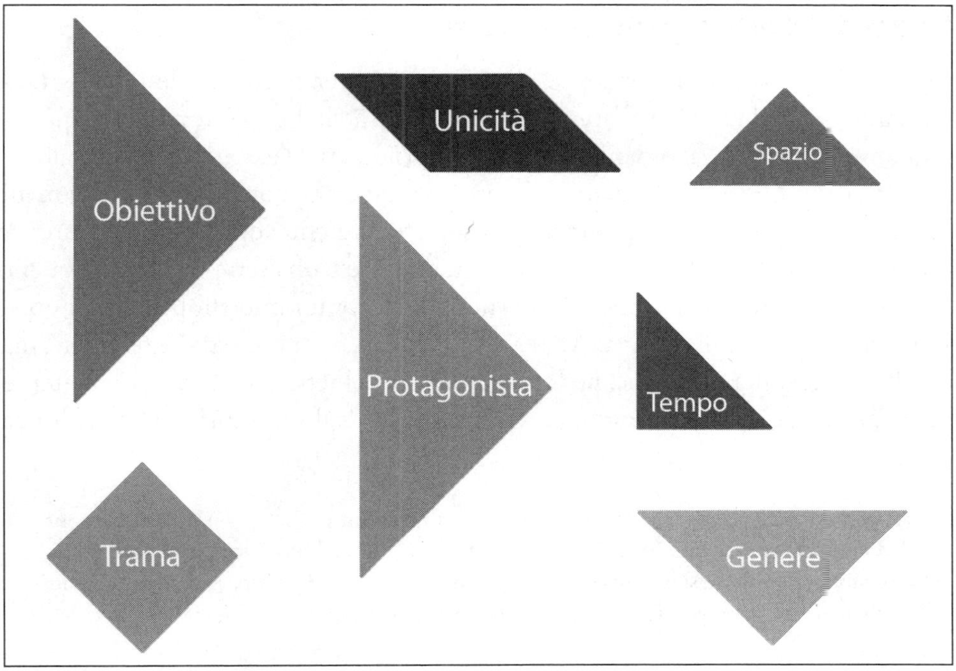

Figura 6.5 Una rilettura del Tangram per costruire un digital storytelling.

Il primo triangolo grande: il protagonista

In un sistema narrativo è il personaggio centrale del racconto, quello attorno al quale ruota tutta l'attenzione. Nel digital storytelling il protagonista può essere tante cose: un'azienda, una linea di prodotti, un evento, un servizio. Per festeggiare i suoi ottant'anni di attività, la società danese Lego ha prodotto un cortometraggio in computer grafica dedicato alla propria storia. Il video d'animazione si apre con la voce del narratore che si rivolge al pubblico: "Probabilmente avrete visto uno di questi, un mattoncino Lego. Ma vi siete mai chiesti come tutto è cominciato, e perché si chiama Lego?". Ecco che il protagonista dello storytelling aziendale è esplicitato dal primo secondo, e il rapporto empatico viene consolidato via via mostrando ciò che generazioni intere hanno amato. L'approccio epico di questo racconto fa sì che il mito si rinnovi e si consolidi nel cuore delle persone; in tre settimane il corto ha ottenuto più di due milioni di visualizzazioni. Se il mattoncino Lego e il suo ottantesimo compleanno fossero stati presentati con un comunicato stampa pieno di date riguardo la sua storia non sarebbe stato lo stesso. Questo ci insegna che la descrizione del protagonista deve essere inserita in una struttura narrativa vera e propria: la pubblicità di una volta metteva in primo piano il soggetto della comunicazione con un "eccomi qui"; oggi invece lo storytelling gli fa esclamare "ecco la mia storia".

Il secondo triangolo grande: l'obiettivo

Una storia ha senso di esistere se c'è un motivo per il quale vale la pena raccontarla. La finalità dell'esempio legato al video della Lego è festeggiare gli ottant'anni di attività, ricordando la grande storia dietro l'azienda, dai suoi albori fino ai giorni nostri. La domanda da porci con questo secondo pezzo tra le mani è: quale obiettivo vuole raggiungere lo storytelling che vogliamo impostare? A volte è sufficiente anche solo un testo narrativo. Ne è un esempio Camilla Fucili, interior designer italiana, che all'interno del suo omonimo shop online non si limita a presentare gli oggetti che realizza con dati e caratteristiche tecniche, ma va oltre e racconta una storia per ciascuno. Il suo obiettivo è convincere l'utente ad acquistare, e cerca di raggiungerlo creando un valore intorno. Di una lunga posata in acciaio inox scrive:

> A questa forchetta si è allungato lo stelo, è spuntato un pollice e i suoi dentini sono diventati a forma di una mano. Funziona da estensione del tuo corpo e va usata spontaneamente come se stessi usando le tue mani. Puoi usarla per rubare il cibo dai piatti degli altri, per combattere, per punzecchiare, o per imboccarsi a vicenda.

È un testo evocativo capace di soddisfare la leva emozionale, dando all'utente un'idea sull'utilizzo, così come la leva razionale, trasformando il dato oggettivo, ovvero la forma e la struttura, in un racconto coinvolgente. Senza il suo contesto, non è altro che una buona didascalia; inserita all'interno di uno shop di "oggetti con un'anima", imbastisce lo storytelling intorno all'attività della designer.

Il quadrato: la trama della storia

Proprio come per un tessuto, è l'intreccio dei fili, la linea essenziale di svolgimento dei fatti più importanti, che costituisce il nostro storytelling. Così come nella strategia digitale il quadrato è il contenuto, allo stesso modo nello storytelling esso è il fulcro contenente tutti i fili delle vicende del racconto. Tra questi, possiamo anche individuare il fil rouge, ovvero il filo conduttore che tiene insieme tutti gli altri. *Nati per proteggere* è il progetto della società assicurativa AXA sul digitale che vuole dar voce alle storie di protezione e ai loro protagonisti, attraverso le testimonianze dirette condivise dalle persone sul sito. È uno storytelling che nasce dagli utenti e che racconta in un colpo solo sia il mittente sia il destinatario, unendoli indissolubilmente. Il portale raccoglie tantissime storie sul tema della protezione – delle persone, dell'ambiente, del patrimonio culturale o la protezione di mestieri/creazione d'impresa – e grazie a una meccanica di concorso premia un progetto di utilità sociale con un contributo concreto. Riassumendo quanto visto finora: il protagonista è ciò che sta a cuore all'azienda, la protezione; il suo obiettivo narrativo è trasmettere la possibilità di proteggersi con i suoi prodotti assicurativi; la sua trama è l'intreccio delle storie degli utenti.

Il parallelogramma: ciò che rende la storia unica

Qual è la condizione o la caratteristica che rende unica la nostra storia? È l'elemento che fa la differenza. Ci sono tante creme spalmabili al cioccolato e nocciole simili alla Nutella, ma a distinguerla significativamente dalle altre, al di là del gusto più o meno simile, è lo storytelling creato negli anni e basato sullo slogan "Che mondo sarebbe senza Nutella?", che ne ha fatto un vero e proprio fenomeno di costume. La sua unicità sta nel fatto che non ci sono rivali. Un altro esempio: Amaro Montenegro basa da sempre il suo essere unico sullo storico pay-off "Sapore vero" con il quale ha reso protagonisti delle sue campagne, soprattutto in TV, eroi senza tempo. Con la campagna #130secondi, il Gruppo Armando Testa ha saputo rinnovare i suoi valori storici in chiave innovativa e digitale, raccontando sul sito azioni di coraggio e altruismo di donne e uomini di tutti i giorni, attivi in associazioni no-profit che dedicano il proprio tempo alla difesa di persone, animali e ambiente attraverso l'hashtag #eroiveri. Il parallelogramma è ciò che nel linguaggio pubblicitario si chiama *unique selling proposition*, l'argomentazione esclusiva di vendita, nel nostro caso di narrazione.

> **Scriveva Calvino**
>
> "Io parlo, parlo [...], ma chi m'ascolta ritiene solo le parole che aspetta. Altra è la descrizione del mondo cui tu presti benigno orecchio, altra quella che farà il giro dei capannelli di scaricatori e gondolieri sulle fondamenta di casa mia il giorno del mio ritorno, altra ancora quella che potrei dettare in tarda età, se venissi fatto prigioniero da pirati genovesi e messo in ceppi nella stessa cella di uno scrivano di romanzi d'avventura. Chi comanda al racconto non è la voce: è l'orecchio." (Italo Calvino, *Le città invisibili*, 1972)

Il primo triangolo piccolo: la variabile dello spazio

È il luogo dove si svolge la narrazione, e si rapporta in modo diretto al tempo in cui accadono le vicende: il secondo triangolo piccolo. Gli spazi hanno il ruolo di fare da sfondo al protagonista e al suo obiettivo: possono essere solo evocati con pochi tratti, delineati in modo stereotipato o minutamente descritti. Possono essere determinanti, per esempio, in un reportage fotografico che mostra la linea di assemblaggio industriale di un prodotto, oppure essere solo una parte scenografica, come in un documentario sull'arte del sushi di un ristorante giapponese storico. È un pezzo che non può mancare perché accompagna l'utente all'interno di un microcosmo e lo fa sentire a casa, partecipe di un'avventura condivisibile e pensata proprio per lui.

Il secondo triangolo piccolo: la variabile del tempo

Come anticipato, strettamente collegato e capace di influenzare il contenuto del pezzo quadrato della trama è l'arco temporale in cui viene sviluppata la storia. Raccontiamo solo l'ultimo anno di attività dell'azienda, il momento presente, oppure la sua storia fin dalla fondazione, come ha fatto Lego? Ciò che rende tale lo storytelling è la successione di un prima e un dopo, il susseguirsi di una causa e un effetto. Senza questo aspetto legato al tempo, semplicemente non è possibile creare una storia. Può essere un video in time-lapse sullo scavo in corso di un sito archeologico oppure un testo a puntate. Se il nostro progetto prevede il racconto di una situazione iniziale e la sua trasformazione successiva, ecco che abbiamo ottime possibilità di successo.

Il triangolo medio: il genere narrativo

Qui finalmente si entra nel vivo della stesura dello storytelling. In che modo vogliamo raccontare la storia? Ffion Lindsay, copywriter della startup Sparkol, in un interessantissimo articolo spiega in modo dettagliato le *8 Classic storytelling techniques for engaging presentations*, ovvero otto tecniche di storytelling per fare presentazioni coinvolgenti. Eccole rappresentate nella Figura 6.6.

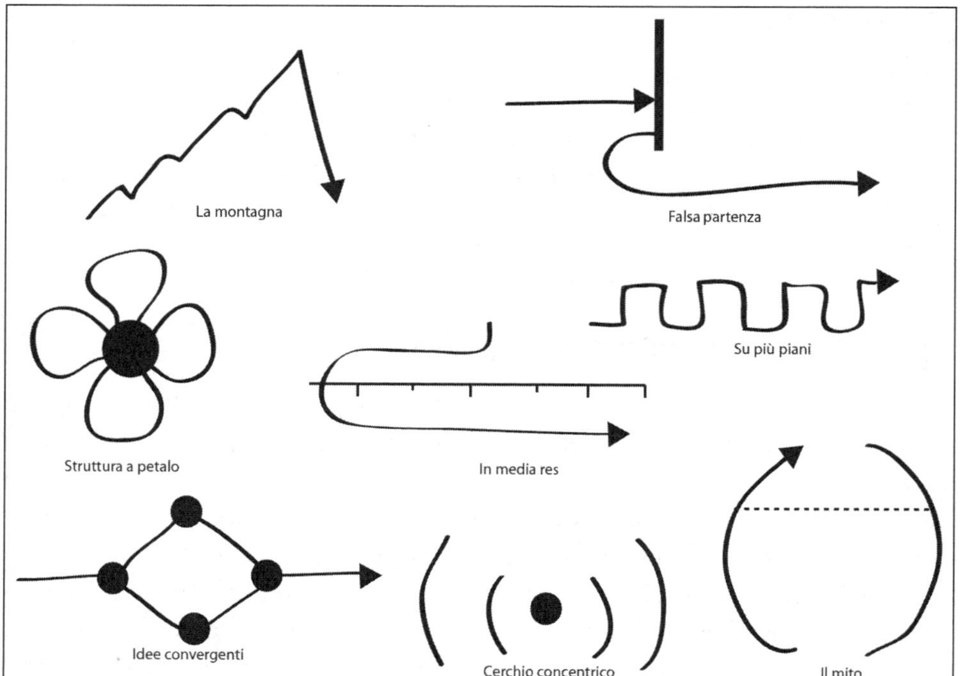

Figura 6.6 Rappresentazione ispirata a quella nell'articolo pubblicato su Sparkol.

- *Il mito*: si tratta di uno schema classico, incentrato sulla figura dell'eroe che racconta il suo viaggio verso luoghi sconosciuti e la sua trasformazione come personaggio; è la struttura dell'epica.
- *La montagna*: la tensione narrativa viene distribuita da un grado zero a un grado mille, dunque fino a un picco emotivo, seguito dalla relativa discesa, proprio come nei film.
- *Cerchio concentrico*: in questo caso diverse strutture narrative si intrecciano facendone nascere a loro volta altre. C'è un messaggio centrale che si collega ad altri; è uno schema complesso, ma realizzabile sul digitale attraverso l'uso di più strumenti, dal testo ai contenuti multimediali.
- *Su più piani*: due piani contrapposti vengono in contatto più volte tra loro; una tecnica narrativa possibile quando ci sono per esempio due o più personaggi che si alternano, passandosi il testimone.
- *In medias res*: il racconto inizia dal centro, per esempio da un tempo presente, per spostarsi verso il passato e poi verso il futuro.
- *Idee convergenti*: è un atto creativo; due concetti diversi convergono per formarne uno nuovo. Può essere utilizzato, per esempio, per iniziative narrative che prevedano l'intervento collaborativo del pubblico.
- *Falsa partenza*: inizialmente la storia sembra prevedibile, ma si interrompe per aprire una parentesi più lunga che porta su tutt'altra strada; molte TED usano questo espediente.
- *Struttura a petalo*: è il caso di più racconti affini che ruotano intorno a un'unica idea centrale.

A seconda della loro posizione all'interno della figura finale, i sette pezzi si influenzeranno reciprocamente. Se il parallelogramma è unito al secondo triangolo piccolo, l'eccezionalità dello storytelling sarà proprio nello spazio in cui si svolge il racconto. Raccolti questi elementi, si passa alla stesura.

Il percorso delle parole

Fare storytelling sul digitale, come abbiamo visto, richiede una grande conoscenza degli strumenti narrativi. Tutto ciò che passa per la forma scritta viene controllato dal nostro cervello, molto più di quanto avvenga con il parlato, che vive dell'immediatezza del momento espressivo. Ciò che viene messo per iscritto, al contrario, deve resistere nel tempo. Proprio come per la strategia digitale, anche la scrittura prevede un percorso di pianificazione, una sorta di processo che pian piano ci conduce allo storytelling. Che il nostro obiettivo sia strutturare un testo per un blog aziendale, per una campagna su Facebook oppure per una serie di podcast tematici, il procedimento prende sempre il via dalle coordinate testuali, ossia la tipologia, la lunghezza, lo scopo e il tono di voce con cui rivolgersi al destinatario, e da un'idea iniziale, il nocciolo del nostro contenuto (Figura 6.7). Il triangolo grande del destinatario è fondamentale per definire la tipologia di testo che stiamo per scrivere e di conseguenza così tutte le altre variabili citate poco fa. Ecco le domande da porci davanti al foglio bianco.

1. *Di quale argomento devo scrivere?* Il proprio bagaglio culturale deve essere di sostanza: mai limitarsi alla sola conoscenza del settore inerente al tema. Parola d'ordine: leggere, leggere, leggere.
2. *Che tipologia di testo intendo scrivere?* Descrittivo, espositivo e argomentativo se devo attivare la leva social razionale; un modello narrativo, o addirittura poetico, se invece la leva è quella emozionale.
3. *Quali dimensioni deve avere il testo?* Il processo di scrittura e le priorità dei concetti da includere cambiano decisamente in base alla lunghezza prevista. Le parole hanno il loro peso: non usiamone mai più del dovuto.

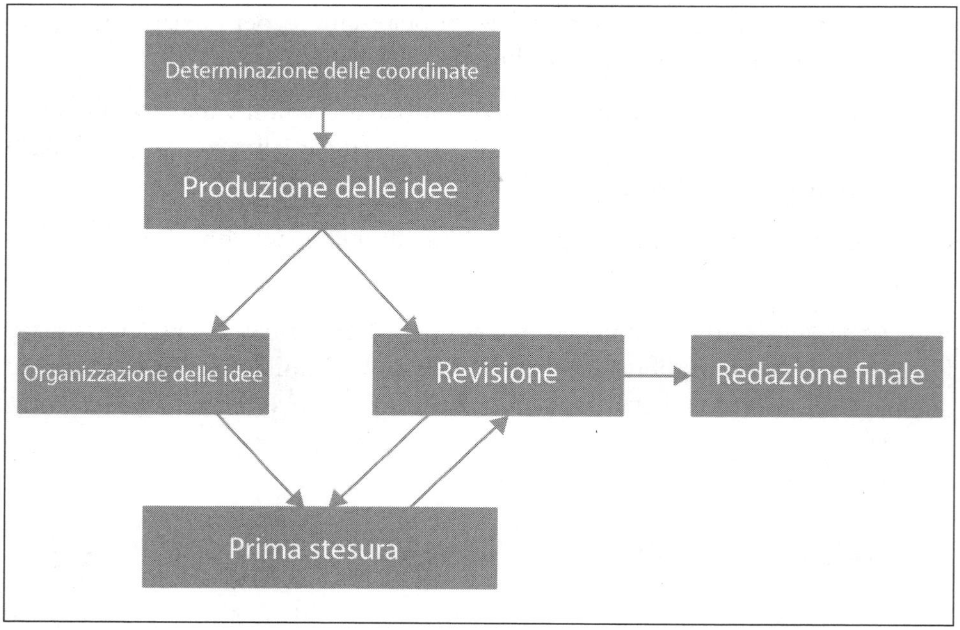

Figura 6.7 Il processo di scrittura di un testo.

4. *Chi è il destinatario?* Torna il secondo triangolo grande, e questa volta occorre la lente di ingrandimento. Non è quello generico della strategia digitale, bensì il pubblico del singolo testo in particolare.

5. *Che intenzioni ha il mio testo?* Si parla di obiettivi: deve avere la funzione di informare riguardo un nuovo medicinale? Suscitare emozioni? Persuadere? Creare un'aurea di mito intorno a una linea di pelletteria?

6. *Quale registro linguistico devo usare?* In base alla risposte precedenti, verrà fatta luce sul linguaggio e il tono di voce da adottare, per esempio se formale, informale, burocratico, confidenziale o familiare.

7. *Da quale posizione tratto le tematiche?* Altrettanto importante è capire il ruolo dello storyteller nei confronti del lettore (parliamo in prima persona singolare o plurale?) e il punto di vista, oggettivo o soggettivo.

Le 5 W

Una tecnica alternativa per sviluppare un testo, anche per il digitale, potrebbe rivelarsi la tipica formula del giornalismo anglosassone, che risponde al nome delle 5 W: *who* (chi), *what* (che cosa), *when* (quando), *where* (dove) e *why* (perché). Considerate dei punti irrinunciabili, devono essere sempre presenti nella prima frase di ogni articolo, in risposta alle potenziali domande che il lettore potrebbe porsi prima e durante la lettura del nostro pezzo. Nel nostro caso, è possibile utilizzare questa formula come griglia di domande per ricercare e sviluppare idee. E ancora, un'ultima curiosità: benche si riferisse a concetti prettamente filosofici e non alla narrazione, San Tommaso d'Aquino, nel suo *Summa Theologiae*, aveva individuato altre tre domande che è possibile porsi: quanto, in che modo e con quali mezzi.

Immaginiamo di dover scrivere i testi per un'applicazione mobile sulla città di New York che racconta luoghi ed eventi: la linea editoriale prevede una scrittura informativa e allo stesso tempo leggera, e una narrazione in prima persona plurale. Di seguito, alcune indicazioni da sviluppare che potremmo ricevere come brief. Se visitiamo un luogo per la prima volta e ne restiamo impressionati, non va bene scrivere: "Era la prima volta che salivo sull'Empire e sono stato colto da questa incredibile emozione: ho sempre sognato di vedere New York dall'alto, fin da bambino...".
È possibile adottare altri modi, più neutri, per comunicare le nostre sensazioni e soprattutto rispondere agli obiettivi del progetto editoriale, passando dal soggettivo al collettivo: "Salire per la prima volta sull'Empire è senza dubbio un'emozione molto forte".

Questa versione va già meglio: è decisamente più neutra. Diamo informazioni, non raccontiamo le nostre emozioni personali. Ai nostri lettori non interessa sapere quali sono i nostri sogni, ma in quale posto possono trovare il burger più buono e le magliette più cool ed economiche. Come nella redazione di un qualunque giornale, proviamo a trovare il giusto equilibrio fra obiettivo e soggettivo: raccontiamo la città e chi la vive, non il nostro io inserito nel contesto urbano, perché per quello ci sono i blog personali e le pagine di diario. Se volete comunicare le vostre emozioni, va bene farlo solo se potete collegarle a informazioni oggettive: "Salire per la prima volta sull'Empire è senza dubbio un'emozione molto forte. Dalla sua costruzione nel 1931 all'inaugurazione delle Torri Gemelle del 1967, è stato il grattacielo più alto del mondo".

Questa versione, oltre a eliminare la prima persona, ci restituisce dei fatti. Per un periodo, l'Empire è stato il grattacielo più alto della città; è per questo che è emozionante salirci: per tutti, anche per chi non sognava di vedere New York dall'alto fin da quando era bambino. È bene cercare di essere esaustivi: approfondiamo quanto possibile l'oggetto del nostro contenuto digitale. Allo stesso modo, nella descrizione di un ristorante, per esempio, evitiamo di usare termini come "primi e secondi buonissimi" e portiamo oltre il nostro lettore: descriviamogli il piatto, gli ingredienti, la cura, la storia e lo studio che c'è dietro. Analizziamo i particolari che nessuno nota ma che sono importanti. Non limitiamoci alle informazioni che possono trovare in qualsiasi altra app, sito o guida turistica, o peggio ancora su Wikipedia.

Dopo aver prodotto le idee, averle organizzate e fatto una prima stesura del testo (se lungo, anche con l'aiuto di una scaletta), si passa alla fase di revisione. Si tratta della lettura complessiva della composizione: si controllano e si correggono le parole sia dal punto di vista espressivo sia del lessico, così come la correttezza ortografica e sintattica. Il digitale non è meno importante della carta stampata: dopo questi passaggi, da non sottovalutare nemmeno se si tratta di poche frasi, si procede alla stesura della versione finale. Viene rivista anche la forma, non solo la sostanza. Se quanto visto finora poteva valere anche per i media tradizionali, c'è da sottolineare come la lettura cambi radicalmente sui dispositivi digitali. La presentazione del contenuto testuale, su computer, smartphone e tablet, valorizza o penalizza il contenuto stesso. Cambiano soprattutto le modalità di lettura. L'informatico danese Jakob Nielsen, considerato uno dei maggiori guru dell'usabilità, nel 2006 ha teorizzato che l'utente su Internet segue una lettura a forma di F (Figura 6.8).

Una pagina contenente del testo viene letta innanzitutto in orizzontale: gli occhi cadono prima sulla parte superiore, per poi scendere e leggere un tratto più breve del precedente, e così via, fino a dare forma alla lettera F. È consigliabile, dunque, concentrare le informazioni più importanti nelle prime righe, per non disperdere l'attenzione del destinatario.

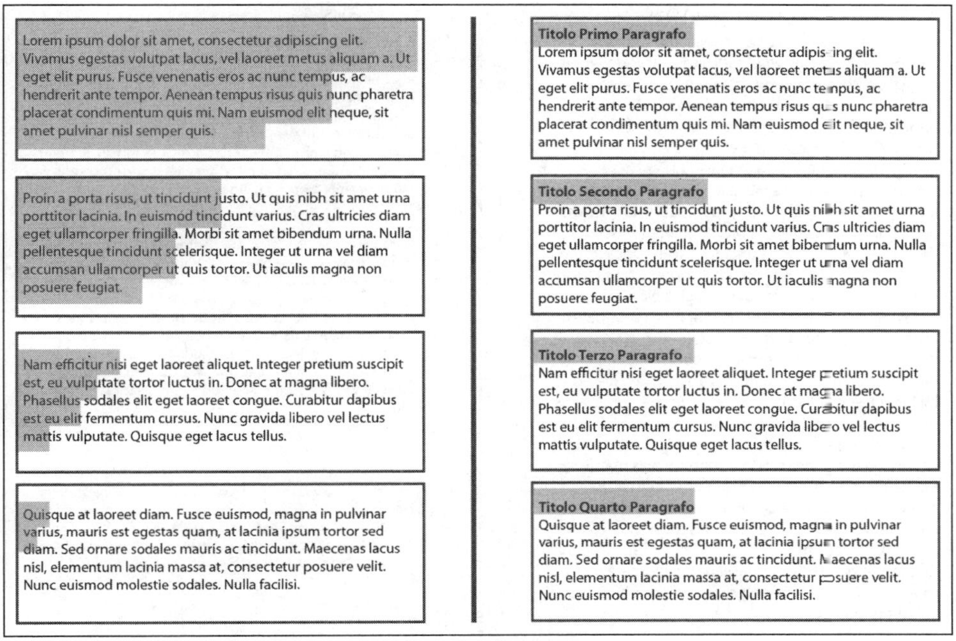

Figura 6.8 Due modalità di lettura di un testo su dispositivi digitali.

Quanto visto ci dà anche una seconda lezione: il nostro testo deve essere organizzato in singoli paragrafi, ciascuno provvisto di un titolo esplicativo, capace di dare un'indicazione sul suo contenuto. Meglio ancora se si tratta di paragrafi piccoli, compatti e unitari, con il giusto equilibrio tra spazi e caratteri: generalmente lo schermo è uno spazio piccolo, che permette di visualizzare solo una porzione di testo per volta (Figura 6.9).

Un testo pensato per la carta stampata non potrà mai calzare a pennello anche sul digitale: sarebbe come infilarsi ai piedi un paio di scarpe da ginnastica più grandi di quattro taglie e provare a correre. Gli utenti, e noi stessi lo siamo quando consultiamo testi online, hanno una soglia dell'attenzione bassa e distrarsi è un attimo. Ci si sposta da una parte all'altra del mondo virtuale con l'estrema facilità di un clic o di un tocco del dito sullo schermo: mai come in questo caso conta la prima impressione.

Infine, ci sono alcuni espedienti che possono facilitare la vita ai nostri lettori, a seconda della piattaforma usata per la pubblicazione: colori, alternanza di dimensioni, tipo di font, riferimento a immagini. In alcuni casi, i grassetti su parole e frasi chiave aiutano a scorrere velocemente un testo per capire la posizione dei concetti che sono ritenuti più rilevanti.

Lorem ipsum dolor sit amet, consectetur adipiscing elit. Vivamus egestas volutpat lacus, vel laoreet metus aliquam a. Ut eget elit purus. Fusce venenatis eros ac nunc tempus, ac hendrerit ante tempor. Aenean tempus risus quis nunc pharetra placerat condimentum quis mi. Nam euismod elit neque, sit amet pulvinar nisl semper quis. Proin a porta risus, ut tincidunt justo. Ut quis nibh sit amet urna porttitor lacinia. In euismod tincidunt varius. Cras ultricies diam eget ullamcorper fringilla. Morbi sit amet bibendum urna. Nulla pellentesque tincidunt scelerisque. Integer ut urna vel diam accumsan ullamcorper ut quis tortor. Ut iaculis magna non posuere feugiat. Nam efficitur nisi eget laoreet aliquet. Integer pretium suscipit est, eu vulputate tortor luctus in. Donec at magna libero. Phasellus sodales elit eget laoreet congue. Curabitur dapibus est eu elit fermentum cursus. Nunc gravida libero vel lectus mattis vulputate. Quisque eget lacus tellus. Quisque at laoreet diam. Fusce euismod, magna in pulvinar varius, mauris est egestas quam, at lacinia ipsum tortor sed diam. Sed ornare sodales mauris ac tincidunt. Maecenas lacus nisl, elementum lacinia massa at, consectetur posuere velit. Nunc euismod molestie sodales. Nulla facilisi. Ut sed congue erat. Curabitur finibus nisl in tempus blandit. Cras faucibus dictum est non laoreet. Phasellus vitae ornare enim, a rhoncus enim. Donec dolor sapien, elementum sed condimentum ac, blandit a nisl.

Lorem ipsum dolor sit amet, consectetur adipiscing elit. Vivamus egestas volutpat lacus, vel laoreet metus aliquam a. Ut eget elit purus. Fusce venenatis eros ac nunc tempus, ac hendrerit ante tempor. Aenean tempus risus quis nunc pharetra placerat condimentum quis mi. Nam euismod elit neque, sit amet pulvinar nisl semper quis. Proin a porta risus, ut tincidunt justo. Ut quis nibh sit amet urna porttitor lacinia. In euismod tincidunt varius. Cras ultricies diam eget ullamcorper fringilla. Morbi sit amet bibendum urna.

Nulla pellentesque tincidunt scelerisque. Integer ut urna vel diam accumsan ullamcorper ut quis tortor. Ut iaculis magna non posuere feugiat. Nam efficitur nisi eget laoreet aliquet. Integer pretium suscipit est, eu vulputate tortor luctus in. Donec at magna libero. Phasellus sodales elit eget laoreet congue. Curabitur dapibus est eu elit fermentum cursus. Nunc gravida libero vel lectus mattis vulputate. Quisque eget lacus tellus. Quisque at laoreet diam. Fusce euismod, magna in pulvinar varius, mauris est egestas quam, at lacinia ipsum tortor sed diam.

Sed ornare sodales mauris ac tincidunt. Maecenas lacus nisl, elementum lacinia massa at, consectetur posuere velit. Nunc euismod molestie sodales. Nulla facilisi. Ut sed congue erat. Curabitur finibus nisl in tempus blandit. Cras faucibus dictum est non laoreet. Phasellus vitae ornare enim, a rhoncus enim. Donec dolor sapien, elementum sed condimentum ac, blandit a nisl.

Figura 6.9 Confronto tra un paragrafo-muro e un paragrafo-mattoncino.

In altri casi, invece, bastano gli hashtag che, al di là della loro utilità di ricerca e ordine all'interno del canale social, una volta trasformati in link possono attirare lo sguardo per via del loro diverso colore. Sarà poi il lavoro di ascolto, che affronteremo nel prossimo capitolo, a confermarci se abbiamo operato al meglio.

Capitolo 7

L'ascolto

In questo capitolo

- Il triangolo medio
- La reputazione e il sentiment
- Moderazione delle criticità
- Tre, due, uno: azione!

Il triangolo medio

Siamo arrivati all'ultimo pezzo del Tangram: il triangolo che ha dimensioni medie e che all'interno del nostro quadrato di gioco si trova dalla parte opposta dei due triangoli più grandi, il destinatario e il mittente. La sua posizione suggerisce simbolicamente l'apertura all'ascolto di tutto quello che succede davanti a sé. È un pezzo sempre attivo, dalla fase di stesura della strategia fino al suo svolgimento. Possiamo visualizzarlo come una grande mongolfiera che osserva dall'alto un'intera città nel suo complesso e la monitora (Figura 7.1).

Intanto, è bene specificare che ci sono due tipologie di ascolto: uno diretto e uno indiretto. Il primo crea la possibilità di contatto tra mittente e destinatario e l'esempio più semplice sono i sondaggi e i focus group. L'ascolto indiretto, invece, ha assenza di punti di contatto. È il caso, per esempio, dell'ascolto degli influencer e degli opinion leader in Rete. Il termine "monitoraggio" è un derivato latino di *monere* e assume il significato di avvisare, informare, consigliare. In tempi più recenti, è stato innanzitutto impiegato in ambiente industriale, per indicare la vigilanza continua di una macchina in funzione grazie ad appositi strumenti che ne misurano metriche precedentemente impostate, come la velocità e il consumo. Con il passare del tempo, il significato originario si è ulteriormente ampliato, abbracciando con il monitoraggio tutta l'intera struttura operativa, risorse umane comprese. Inevitabilmente, quindi, l'uso del termine è stato preso in prestito da tutte le altre discipline, conservando però il significato generale, ovvero di rilevazione di dati significativi per il contesto. Nel campo del digitale, viene usata soprattutto la versione inglese: *monitoring*. Si tratta di un ascolto continuativo che prevede orecchie ben tese per captare e fiutare cosa sta succedendo intorno: con il Tangram, esso trova la sua diretta applicazione se messo in relazione alle leve social di coinvolgimento; è altrettanto curioso osservare come sia possibile formare un triangolo uguale a quello dell'ascolto accostando i due triangoli più piccoli.

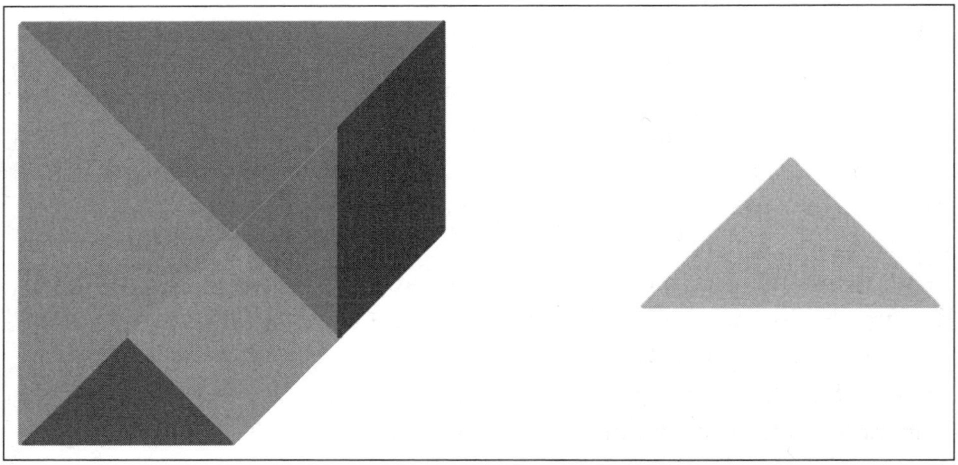

Figura 7.1 Posizione del triangolo medio.

La tecnica del focus group

Nata negli Stati Uniti grazie agli studi di K. Levin e R. Merton, due sociologi degli anni '40, prevede un ascolto qualitativo dei giudizi su un prodotto, progetto, pubblicità o personaggio famoso: in queste situazioni un gruppo di persone è invitato a parlare, discutere e confrontarsi riguardo a ciò che pensa e prova nei confronti del tema. Tutti i partecipanti sono liberi di comunicare con gli altri e sono seguiti dalla supervisione di un assistente. Nella serie televisiva *Mad Men*, che racconta il mondo pubblicitario della New York dei mitici anni '60, i focus group vengono spesso rappresentati come una delle attività all'ordine del giorno. La verità è che con l'avvento del digitale sono stati sostituiti da un dirompente boom di portali che, in cambio di pochi euro, chiedono di partecipare a indagini di mercato anonime, tramite interviste o diari, su temi e argomenti selezionati in base all'interesse segnalato precedentemente con un form conoscitivo.

Ipotizziamo di lavorare come digital strategist per il lancio di un portale dedicato interamente ai genitori single in Italia che vogliono incontrarsi e condividere esperienze riguardo la condizione di famiglia monoparentale: principalmente dunque padri e madri separati, divorziati, vedovi e ragazze madri. Ecco sei azioni concrete, senza alcun investimento economico extra, che ci aiuteranno in questo compito.

Ascolto del primo triangolo grande: il mittente

a. Il primo posto dove cercare informazioni sul mittente sono senza dubbio i motori di ricerca. Basterà digitare il nome per capire quali sono i risultati che appaiono e soprattutto per verificare se esistono casi di omonimia. Chi sta parlando del portale? Chi lo sta linkando al proprio blog? Cosa si sta dicendo sui gruppi di discussione e sui social? Questa è un'operazione molto semplice e veloce, spesso sottovalutata, facilitata anche dalla possibilità di impostare degli alert, per esempio tramite Google: in questo modo, si potrà scegliere di ricevere una notifica via email o Feed RSS ogni volta che il nome viene citato. Si può selezionare la frequenza degli avvisi, impostare la ricerca tra tutte le fonti oppure, per esempio, solo tra video, blog e libri, impostare la lingua e l'area geografica e scegliere se visionare tutti i risultati oppure solo quelli più importanti.

b. Il monitoring relativo al mittente deve essere rivolto anche alle statistiche interne del portale, del blog correlato e dei canali social attivati, poiché vitali per conoscere lo stato di salute del progetto di comunicazione. Google Analytics è la miglior piattaforma di reportistica gratuita in grado di aiutarci a capire quali parti del portale funzionano bene e quali sono le pagine più apprezzate dagli utenti; inoltre, ci dice quali sono le loro abitudini, i loro interessi, da che parte del mondo si collegano e le parole chiave che li hanno condotti sul sito web. Le possibilità non finiscono qui: si può far tesoro anche della più recente integrazione di dati web e dati social, così da avere una panoramica completa di tutta la community virtuale raggiunta. Infine, con pochi clic si possono creare rapporti personalizzati da condividere con il team.

Ascolto del secondo triangolo grande: il destinatario

a. Facciamo un primo giro di ricognizione. In questa fase sono benvenute le formule tra virgolette come: "sono una mamma single", "sono un giovane papà separato", "siamo un gruppo di padri single", "sono una ragazza madre" e così via tutte le possibili combinazioni. In questo modo ci imbatteremo facilmente anche in realtà online meno note e importanti, ma almeno avremo un punto di riferimento su dove iniziare a scavare. Spesso le sidebar dei blogger mostrano banner verso associazioni e gruppi in target; altre volte ci possono essere riferimenti a partecipazioni di eventi e blog tour. Un altro spunto potrebbe essere prendere in esame un blogger specifico e cercare in Rete dove hanno parlato di lui o di lei: è possibile che siano a loro volta altri magazine e portali interessanti e in tema. Annotiamoci anche questo.

b. La posizione dei potenziali destinatari da raggiungere può essere monitorata anche tra i follower dei nostri competitor. Ne avevamo già parlato: il benchmark, proprio come un radar sottomarino, ci aiuta a capire dove si muovono le realtà simili alla nostra, come sono posizionate rispetto a noi e in che modo attraggono i propri destinatari. Cercando "community di genitori single" vedremo ciò che il pubblico potrebbe trovare, come Oneparent e Gengle. Prevediamo dunque un monitoring anche su questi portali e i loro canali collegati, scopriamo quali quotidiani hanno parlato di loro, che servizi offrono e se ci sono testimonial famosi che sostengono la loro causa. Ogni indizio non potrà che migliorarci. Infine, cerchiamo sui canali social chi sono i loro follower più influenti: chi segue loro potrebbe potenzialmente essere interessato a seguire anche noi.

Ascolto dei triangoli piccoli: le leve sociali

a. Social Mention, Google Blog Search, Facebook Search, Twitter Advanced Search: ecco alcuni dei servizi che attiviamo come leva razionale, con un monitoring quanto più obiettivo. Le liste pubbliche compilate su Twitter da riviste per genitori e blogger sono un valido espediente per velocizzare la ricerca di influencer. Cerchiamo di analizzare chi sono i membri e, a loro volta, in che altre liste sono stati collocati. Ci sono poi servizi gratuiti come Klout che ci aiutano a fare una stima dell'influenza degli utenti individuati attraverso il cosiddetto "klout score" da 0 a 100, ottenuto dal grado di interazione nei profili utente di canali social, tra cui Twitter, Facebook, Google+ e LinkedIn. Questo risultato è ottenuto a partire dall'ampiezza del network dell'utente, il contenuto che genera e soprattutto il livello di feedback ricavato dalla sua rete di riferimento. Più in dettaglio, le metriche quantitative da monitorare sono divise in cinque aree, qui in ordine di importanza:

- *le interazioni*: tra queste i commenti, le condivisioni del contenuto, le menzioni, i preferiti, i "mi piace", i clic sui link;
- *le attività*: la frequenza delle pubblicazioni, il numero dei retweet, la percentuale delle interazioni, le conversazioni PR;
- *la community*: gli abbonati alla newsletter, gli iscritti ai Feed RSS, i follower, i fan, gli iscritti al canale YouTube o alla pagina LinkedIn, i gruppi dei supporter;

- *la visibilità*: le menzioni del blog, le liste di Twitter di cui si è membri, la presenza su forum e su altre pagine social;
- *la diffusione*: l'impatto di utenti unici, la portata delle visualizzazioni di pagina, i link in entrata.

b. Infine, approcciamo il monitoring con la leva emozionale, abbandonando le mere metriche e dando uno sguardo più da vicino alle conversazioni che si svolgono sui social network. Fa parte di quella metodologia che nel Capitolo 3 abbiamo chiamato "netnografia". L'obiettivo è quello di facilitare la ricerca di parole chiave legate alla tematica del portale e di capire quali sono gli hashtag più utilizzati. È un tipo di monitoring con doppia valenza: un domani, infatti, sapere quali termini usano più spesso gli utenti in cerca di informazioni riguardo le famiglie monoparentali potrebbe rivelarsi un'ottima materia prima per la compilazione di un blog correlato.
Il ruolo del digital strategist assomiglia molto a quello del medico che, con lo stetoscopio alle orecchie, va ad ascoltare i suoni dell'organismo attraverso canali contenenti aria per la diagnosi di possibili complicanze e malattie. Prima della sua invenzione, i medici erano soliti appoggiare l'orecchio al petto del paziente, nella speranza di sentire qualcosa: ancora una volta la tecnologia ha reso decisamente più semplice il monitoring, nel campo medico così come in quello di Internet. Oltre ai triangoli, è possibile anche tendere l'orecchio sul quadrato (i contenuti), soprattutto per i mittenti che fanno comunicazione sul digitale riguardo un prodotto, da un pannolino per neonati a un cartone animato, che può essere oggetto di valutazione. L'ascolto, in questo caso, è mediato da una richiesta di feedback, inteso come un ritorno di giudizio su qualcosa che è stato provato o vissuto in prima persona, come nel caso di un evento per le mamme. Quando invece è spontaneo, sia negativo sia positivo, a seconda dei casi, il valore del riscontro raddoppia e incede profondamente sul tema delle prossime pagine.

Tra ascoltare e sentire

Una curiosità linguistica: il verbo "ascoltare" nasce come derivato del latino *auscultare*, ovvero "sentire con l'orecchio". Il significato tradizionale del termine "ascolto" è appunto quello che indica una vera e propria azione ed è fortemente legato al concetto di attenzione. Da qui, per esempio, la locuzione "dare e prestare ascolto".

La reputazione e il sentiment

Quando si lavora online, il celebre aforisma attribuito allo scrittore irlandese Oscar Wilde, "Non importa che se ne parli bene o male, l'importante è che se ne parli", è da chiudere a chiave in un cassetto. Che il cuore pulsante della nostra

strategia sia un bene, un servizio o un prodotto, non fa alcuna differenza: tutto ciò che raggiunge un pubblico diventa inevitabilmente catalizzatore di giudizi, più o meno espliciti. Il concetto di reputazione sul digitale, come nella vita reale, è attinente a quello della credibilità che un determinato soggetto presenta all'interno di una comunità. Sapere cosa gli altri pensano di noi ci aiuta a prendere le misure soprattutto riguardo a quanto possiamo esporci in società e a capire quanto questa ci consideri affidabili. Basti pensare per esempio che, quando nel 2008 ci fu un crollo alla borsa di Wall Street, i banchieri newyorkesi di spicco pagarono anche diecimila dollari al mese pur di mantenere intonsa la propria fedina online. La reputazione di una persona o un'azienda incide profondamente su diversi piani, come la possibilità di instaurare relazioni durature e profittevoli con i propri clienti, e il miglioramento delle relazioni con i media: il vantaggio competitivo, insomma, passa anche da questo. Adam Arvidsson, professore di Sociologia all'Università degli Studi di Milano, ha affermato che "la prossima economia sarà un'economia etica non più basata sul lavoro, come è stata l'ultima economia capitalistica, ma sull'abilità di costruire relazioni sociali eticamente significative". È facile dunque intuire come le opinioni del target diffuse sul digitale siano in grado di innalzare in modo notevole il posizionamento di un oggetto, aumentando l'interesse nei destinatari finali in modo indiretto, modificando così positivamente la loro percezione. Solo se dimostriamo di essere credibili, il nostro pubblico potrà accordarci fiducia. Tale processo in fondo, lo viviamo in prima persona anche nelle situazioni di tutti i giorni: se una compagnia di assicurazioni si dimostra veloce e solvibile nel rimborso di un danno alla nostra auto, in caso di necessità decideremo di affidarci a questa anche per altre evenienze. Ma non solo: spesso a concorrere nella nostra scelta incide anche la reputazione. Se vediamo tutti i giorni una lunga coda fuori da una gelateria, saremo portati a pensare che il prodotto è incredibilmente buono. Ma che cosa succede nel caso in cui un servizio televisivo o un gruppo d'acquisto su Facebook attacchi aspramente la realtà che fino a un momento prima reputavamo affidabile? Inizieremo ad approfondire, a porci delle domande, e infine a valutare delle alternative più salde. Le persone sono giudici inflessibili dell'operato del mittente della comunicazione, perché sono le prime a farne le spese in termini di tempo, denaro e qualità dell'esperienza.
Recentemente Report, il programma di Rai3 condotto da Milena Gabanelli, ha mandato in onda un reportage che cercava di ricostruire l'affare da un miliardo di dollari dell'Eni per l'acquisto della licenza per sondare i fondali marini del blocco petrolifero in Nigeria, denominato Opl245. Mentre si susseguivano le immagini sul piccolo schermo, l'azienda controbatteva punto per punto ogni accusa attraverso il proprio canale Twitter. In questo modo, per la prima volta in Italia, si è dato il via sul digitale a una sorta di contro-trasmissione capace di conquistarsi uno spazio in grado di garantire un contraddittorio. Migliaia e

migliaia di persone in Rete, intente a seguire l'hashtag del programma #report, si sono ritrovate così davanti alla possibilità di confrontare entrambe le versioni, con documenti, infografiche e direttive a portata di clic. Quello che ha fatto Eni è stato un lavoro certosino di pubbliche relazioni digitali, imbastite al fine di smentire le insinuazioni sui loro rapporti con realtà non governative e sulle attività illecite nella regione africana. In una sola frase: mettere in salvo la propria reputazione. La strategia utilizzata si chiama *fact checking*, la verifica dei fatti, che Eni ha voluto svolgere in tempo reale. In passato ci si sarebbe affidati in un secondo momento a quelle che venivano chiamate *web cleaning agency*; oggi il motto è quello classico del campo medico, ovvero "prevenire è meglio che curare". Controllare le fonti, capire quali riferimenti sono in corso e districarsi tra i dati non è certo un gioco da ragazzi, ma è l'unico modo per appurare la veridicità delle informazioni divulgate al pubblico, mettendo l'interlocutore di fronte alle proprie responsabilità. Inoltre, è un ulteriore servizio per gli utenti che possono chiarirsi le idee in modo autonomo, in base alle risorse fornite. Uno dei campi dove il fact checking trova la massima applicazione è quello politico, dove in modo del tutto collaborativo gli utenti su Twitter monitorano le dichiarazioni dei principali esponenti, confrontando ciò che affermano con numeri e fatti obiettivi e imparziali.

Sotto l'ombrello della web reputation viene ospitato anche il concetto di *sentiment*, da tradurre dall'inglese con l'accezione di "opinione" e "punto di vista", ancor prima di emozione in senso stretto. Si tratta di una metrica che ci permette di decodificare la qualità del nostro ascolto, e di conseguenza aiuta noi digital strategist a capire in che modo alzare la stima e la considerazione del destinatario nei nostri confronti. Inoltre, una simile analisi ci permette di andare a fondo riguardo a cosa provano le persone davanti ai contenuti che proponiamo. Riconducendo il meccanismo al gioco del Tangram, possiamo rappresentarlo con il triangolo medio aderente al triangolo grande del destinatario, che recepisce a sua volta il contenuto del secondo triangolo grande, cioè il mittente (Figura 7.2).

Un'ulteriore metafora del sentiment può essere creata pensando alla tipica situazione di un treno in ritardo. Immaginiamo di trovarci su un vagone molto affollato, con tanti pendolari costretti a stare in piedi, e magari con tanto di condizionatore rotto in pieno agosto. Tendiamo l'orecchio e ascoltiamo i commenti delle persone intorno a noi: che parole usano per esprimere il disagio che stanno vivendo, cosa provano, quale modalità espressiva scelgono per criticare l'operato della compagnia ferroviaria? L'analisi del sentiment sul digitale si compie esattamente con questa modalità di ascolto. Analizziamola insieme in due pratici step.

1. *Valutazione degli indicatori testuali*: in questa prima fase si cerca di capire quali sono le porzioni di testo, punteggiatura compresa, che formano l'espressione

di un'opinione. Possono essere modi di dire ("una volta non era così"), singole parole ("inferno") ed esclamazioni ("che diamine!").

2. *Estrazione del tipo di umore*: solo in seconda battuta si andranno ad analizzare tono di voce ed eventuali riferimenti alla propria condizione ("sto per impazzire").

Figura 7.2 Il concetto di sentiment schematizzato con il Tangram.

Parola di Vincenzo Cosenza

Digital strategist della sede romana di BlogMeter, società leader in Italia nell'analisi delle conversazioni online nelle interazioni sui social media, Vincenzo Cosenza va oltre ai due punti esposti e nel suo blog personale Vincos.it suggerisce di estendere l'analisi in modo molto più approfondito, valutando così anche: *sentiment lexicon*, cioè lessici ad ampia copertura arricchiti con informazioni sulla loro valenza positiva o negativa e sull'emozione che trasmettono; inoltre, è qui che vengono trattati gli annullamenti di polarità in contesti linguistici particolari (come "straordinario" in riunione straordinaria, oppure "mortale" in salto mortale); *regole sintattico-semantiche*, per la composizione delle espressioni di punti di vista ("il loro sporco profitto"), per il trattamento di fenomeni linguistici come la negazione ("non mi sento bene") e la quantificazione ("mi sento poco bene"), per l'identificazione di domande e comparazioni ("x è più bello di y") e per il cambiamento di polarità delle espressioni in determinati contesti ("aumento dei prezzi"; "diminuzione dei prezzi").

Benché esistano dei programmi che analizzano in modo automatizzato il sentiment, il metodo migliore per procedere in questo campo è quello che prevede un approccio manuale. Si tratta ancora di un lavoro artigianale, poiché presenta sfumature che possono sfuggire anche al cervellone digitale più sopraffino: nessuno più di noi è capace di fare le pulci a un testo e comprenderlo davvero, attraverso ortografia, sintassi e semantica. Inoltre non sono da sottovalutare tutte quelle parole che fanno parte del linguaggio di ciascuna regione italiana, capace di cambiare anche di città in città. Dello slang fanno parte anche le abbreviazioni, che hanno visto la massima ascesa con il boom degli SMS e hanno continuato a sopravvivere per rispettare i limiti di Twitter: la lettera X potrebbe significare "per", ma anche indicare un'omissione di nome, oppure ancora, se triplicata in XXX, un contenuto pornografico. Non è detto poi che un punto di vista venga espresso in modo semplice e lineare. È possibile sentire sul nostro treno in ritardo un pendolare esclamare: "ecco, mancava la ciliegina sulla torta!", generalmente un modo di dire che identifica il tocco finale, il particolare che completa e rifinisce qualcosa. In questo caso specifico, in realtà, in tutta probabilità quello che la persona voleva dire era che, dopo una giornata intensa e complicata, non mancava altro che un ultimo fastidioso dettaglio a renderla ancora più pesante. Infine, ci sarà da tener conto del significato stesso delle singole parole in riferimento al contesto: c'è differenza tra pesca e pesca, se si sta parlando di frutta oppure di ittica; e ancora tra i principi, se il focus è la monarchia britannica o il bagaglio valoriale di uno studio di avvocati.

Ancora una volta, il digital strategist deve stabilire insieme al mittente della comunicazione quali metriche di analisi prendere in considerazione. Prendiamo come esempio la catena di pizzerie RossoPomodoro, che ha numerosi locali in Italia e nel mondo. Le recensioni lasciate su portali come TripAdvisor non possono avere la pretesa di essere esaustive: l'analisi del sentiment dovrà valutare svariati punti di ascolto, dalla raccolta di feedback in sede alle classifiche comparative dei food blogger, dai tweet che consigliano dove mangiare a segnalazioni su forum specifici. A differenza del monitoring, oggetto dell'apertura di questo capitolo, qui è in gioco la qualità delle affermazioni raccolte, non la quantità. Essendo una realtà presente in diversi paesi, si dovrà prestare attenzione in due sensi: uno globale sulla percezione dell'azienda madre RossoPomodoro in generale, e uno locale, per ciàscuna pizzeria in franchising. I giudizi possono essere positivi, negativi o neutri, quando chi si esprime non pende né da una parte né dall'altra. Per ciascun locale può venir intercettata la percezione dei clienti riguardo al rapporto tra qualità e prezzo, l'accessibilità e la comodità della sede, il tipo di cucina e gli ingredienti impiegati, la presentazione generale e la professionalità del personale. Chiaramente, sono solo alcuni degli indicatori possibili che possono essere approfonditi, anche in base a eventuali criticità legate all'attualità, come successo

in passato con la polemica legata all'importazione di passata di pomodoro e di mozzarelle dall'estero. Anche in questo caso, si può giocare d'anticipo, capendo come prevenire i problemi.
Più della carta stampata e del resto dei media tradizionali, il digitale è spietato perché mette a nudo criticità e problemi per mezzo della stessa voce dei destinatari. Infatti, la possibilità di accedere a svariate piattaforme online per produrre contenuti aumenta esponenzialmente le chance di trovare opinioni controproducenti a ciò che si vuole raggiungere. Questo può accadere anche attraverso la diffusione di notizie false: un cattivo uso dei social network porta a condividere contenuti di svariate fonti senza accertarsi prima se siano attendibili o meno, innescando così una reazione a catena difficile da fermare per la realtà coinvolta negativamente. Lo stesso Governo italiano è mira di bufale periodiche, come quella inerente a una fantomatica approvazione della tassa per chi possiede schede SIM. Ad arginare il fenomeno, per fortuna, ci sono numerosi portali che controllano le notizie più inverosimili, ma spesso sembra non bastare. Internet ha la memoria lunga e gestire una crisi reputazionale può divenire complicato: il grande scoglio è innanzitutto capire come comportarsi, senza innescare meccanismi di difesa e contrattacco che non fanno altro che aggravare la situazione. Ecco perché è importante evitare di reagire a caldo, prediligendo invece una pausa di riflessione per mettere a punto la strategia migliore da adottare in casi come questi.

Moderazione delle criticità

Come abbiamo anticipato, far scendere in campo il triangolo medio del Tangram, l'orecchio in ascolto, può rivelarsi un'arma di prevenzione molto efficace ed efficiente. Ma come comportarsi quando siamo travolti da una problematica difficile da arginare? Benché la moderazione rientri tra i compiti di un community manager, da digital strategist dobbiamo essere di supporto nella pianificazione di un piano d'emergenza, proprio come in caso di calamità naturale. All'interno di questo piano, andremo a definire tutte le procedure operative di pronto intervento. Si tratta di creare un albero delle ipotesi: esattamente come per i piani della Protezione Civile, per esempio, occorrerà assegnare le responsabilità decisionali ai vari livelli di controllo, utilizzare le risorse in modo razionale e definire un sistema di comunicazione interno che consenta un costante scambio di informazioni. L'equipaggiamento che abbiamo a disposizione non è solo il buon senso, ma anche un vademecum completo che a ciascuna eventuale condizione faccia corrispondere una precisa azione comportamentale.
In informatica, più precisamente nell'ambito dell'ingegneria del software, si parla di design pattern quando si vuol far riferimento a uno schema di soluzioni per problemi ricorrenti. Pattern è un termine inglese che può essere tradotto in

italiano, a seconda del contesto, con modello, schema ricorrente, struttura ripetitiva. Anche nella grafica, il termine indica un modello di ripetizione, in questo caso di un motivo geometrico su un piano. Declinato nella strategia digitale, il design pattern è come un manuale delle regole di gioco pronto a indicare le vie d'uscita più risolutive. Un utente anonimo lascia un commento inopportuno sul nostro blog? Qualcuno sta promuovendo un gruppo pubblico di Facebook per boicottare il nostro evento? Potrà essere lo schema precedentemente definito a suggerirci come dobbiamo comportarci ogni volta, non lasciando più nulla al caso o all'umore del momento (Figura 7.3).

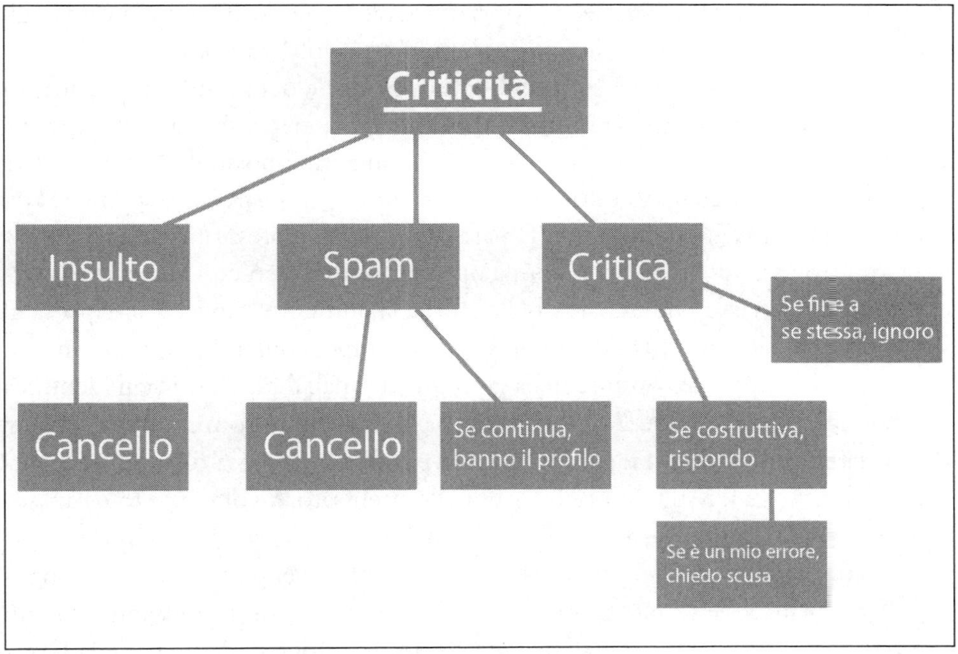

Figura 7.3 Esempio di un design pattern per la moderazione di commenti inopportuni.

Per i social network in particolare, spesso vengono redatte vere e proprie social media policy, che identificano e descrivono le politiche di utilizzo dei canali sia da parte del mittente sia del destinatario. Si tratta di un documento condiviso online che garantisce a tutti il diritto di intervenire ed esprimere la propria libera opinione, oltre a incentivare conversazioni educate, pertinenti e rispettose. I social non prevedono moderazione preventiva, ma è in questa occasione che viene sottolineato come commenti e post discriminatori o offensivi nei confronti di altri utenti o cittadini verranno rimossi. Allo stesso modo, non vengono tollerati insulti, turpiloquio, minacce o atteggiamenti che ledano la dignità personale, i diritti delle minoranze e dei minori, i principi di libertà e uguaglianza. Principi

forse scontati al giorno d'oggi, ma che ancora troppe persone sembrano ignorare. Ecco perché non sono mai abbastanza le occasioni per ribadirlo. Una buona social media policy deve definire anche come verranno gestite le pubblicità non richieste, gli interventi che contengono dati sensibili in violazione della legge sulla privacy e quelli inseriti ripetutamente, per esempio. Per gli utenti che dovessero violare queste condizioni più volte, molti staff si riservano il diritto di usare il ban o il blocco per impedire ulteriori usi nocivi, segnalando il fatto ai responsabili della piattaforma e, in ultima istanza e in presenza di violazioni particolarmente gravi, alle forze dell'ordine preposte. Alcuni gestori, poi, specificano anche gli orari di pronto intervento: per citarne uno, il canale Twitter @InfoAtac, dell'azienda della mobilità di Roma, dichiara nella propria biografia che modera e risponde agli utenti dal lunedì al sabato, dalle ore 6.15 di mattina all'1 di notte.
Senza una pianificazione dei procedimenti di gestione dei presidi online attivati dalla strategia digitale, si corre il rischio di cadere in errori facilmente evitabili. Con la diffusione di Internet, numerosi termini inglesi impossibili da italianizzare sono entrati nel linguaggio quotidiano: per esempio *blog*, *tag*, *hashtag*. Anche *epic fail*, letteralmente fallimento epico, fa parte di questi. L'espressione è chiaramente un ossimoro, essendo le due parole una opposta all'altra: "epico" suggerisce qualcosa di straordinario che rimarrà nella storia; "fallimento", invece, ci riporta al significato di esito negativo, grande insuccesso, impossibilità di raggiungimento dei propri obiettivi. Nell'ambito della gestione di canali digitali, epic fail identifica tutte quelle pratiche dove l'autore, e più in particolare il community manager, nel tentativo di condividere con il proprio pubblico qualcosa di veramente eccezionale, ottiene il risultato opposto a quello prefissato. A volte questo è causato da disattenzioni, come foto modificate in maniera poco credibile oppure errori grammaticali da prima elementare. Altre volte, invece, vengono commesse ingenuità grossolane, che vanno a ledere la sensibilità di una community più o meno estesa. È il caso di Fiat, che qualche anno fa, in occasione della Festa della Donna, ha comunicato una promozione sui sensori di parcheggio inclusi nel prezzo delle autovetture vendute l'8 marzo: provocazione che ha offeso buona parte del pubblico femminile. Alla fine l'azienda si è trovata a dover chiedere pubblicamente scusa. Altrettanto ha dovuto fare Groupon, quando sul suo canale Twitter, appena dopo un terremoto sul territorio italiano, ha agito con superficialità e pubblicato il messaggio: "Paura del #terremoto? Molliamo tutto e scappiamo a #SantoDomingo", correlato anche di link verso l'offerta di viaggio sul sito. Ci sono poi altre realtà che, nonostante clamorosi epic fail, preferiscono imboccare la via del silenzio senza rispondere ai commenti polemici degli utenti, come la compagnia telefonica Tre Italia, che proprio il giorno di San Valentino ha pubblicato l'aggiornamento: "Con chi o con cosa tradiresti il tuo partner, proprio oggi magari?". In questo caso le battute si sprecarono, l'atmosfera rimase leggera

e la maggior parte dei loro follower rispose solo "con Vodafone" e "con Tim". Tirando le somme, non c'è un libretto di galateo standard, molto dipende proprio anche da come il nostro interlocutore direziona la comunicazione.
Certo, ben più emblematico è stato il ripetuto epic fail di Melegatti nel periodo prenatalizio. Tutto è iniziato da una foto di una coppia a letto condivisa sulle pagine social aziendali, accompagnata dalla didascalia: "Ama il tuo prossimo come te stesso... Basta che sia figo e dell'altro sesso!". Il messaggio divulgato ha fatto storcere non poco il naso a numerosi utenti, che hanno iniziato a protestare accusando Melegatti di omofobia e alzando un primo polverone intorno alla pubblicità discriminatoria. Nel pomeriggio, l'azienda ha iniziato a prendere una serie di decisioni affrettate e di pancia: in un primo momento è stata ripubblicata la foto con una didascalia più politically correct: "Ama il tuo prossimo come te stesso... Basta che sia figo e del sesso che vuoi!", e in seguito il post è stato cancellato del tutto. Accorgendosi però che gli utenti avevano salvato l'immagine incriminata e continuavano a criticarla, l'azienda ha pubblicato sulla propria pagina Facebook un messaggio di scuse. Eccolo in versione integrale:

> Con riferimento al post di questa mattina, Melegatti S.p.A. chiarisce che la gestione della comunicazione sui social è affidata ad un'agenzia esterna che ha pubblicato senza autorizzazione da parte dell'Azienda. Melegatti S.p.A. si dissocia dall'operato di tale agenzia che ovviamente è stata sollevata dall'incarico e si scusa formalmente con chiunque si sia sentito offeso dal contenuto. Da 121 anni Melegatti è per tutti.

Se per un attimo è sembrato efficace e gli animi parevano essersi quietati, tutto è precipitato nuovamente un paio di ore dopo quando, tra i tanti commenti scettici, ha fatto capolino un messaggio troppo entusiasta per essere vero, firmato dal signor Giorgio Serafini che diceva: "Complimenti per la risposta Melegatti. È raro trovare qualcuno che ammette i suoi errori e si scusa!". Messaggio che non è passato inosservato e che ha sollevato ulteriormente i bollenti spiriti dell'intera comunità online; dopo una veloce indagine sui motori di ricerca, alcuni utenti hanno scovato chi si celava dietro quel nome e cognome. Dal precedente luglio, il dottor Serafini era diventato direttore marketing di Melegatti e, stando ai comunicati stampa diffusi in Rete, avrebbe dovuto occuparsi di tracciare le nuove strategie di promozione e comunicazione per tutti i canali. Nell'arco di una giornata Melegatti è stata travolta da una criticità dietro l'altra, provocando un effetto domino che l'ha obbligata ad archiviare questa brutta esperienza senza aggiungere ulteriore carne al fuoco. Nei giorni successivi lo stile degli aggiornamenti è cambiato drasticamente, tornando ad abbracciare un tono di voce in linea con la tradizione e il garbo che ha sempre contraddistinto il brand.
Albert Einstein diceva che "i problemi che abbiamo non possono essere risolti allo stesso livello di pensiero che li ha generati". A volte, dunque, basta solo cambiare il punto e la modalità di osservazione. Il gioco del Tangram può aiutarci a

visualizzare i problemi. Gli anglofoni chiamano questo processo *problem shaping*, dove l'obiettivo è dare forma al problema, inquadrarlo. Ogni qualvolta si verifichi una qualsiasi criticità, avvicinate il triangolo medio a uno degli altri pezzi (Figura 7.4): il problema è scaturito da una scarsa attenzione della qualità dei contenuti (quadrato)? Oppure per uno sbilanciamento delle leve di coinvolgimento?

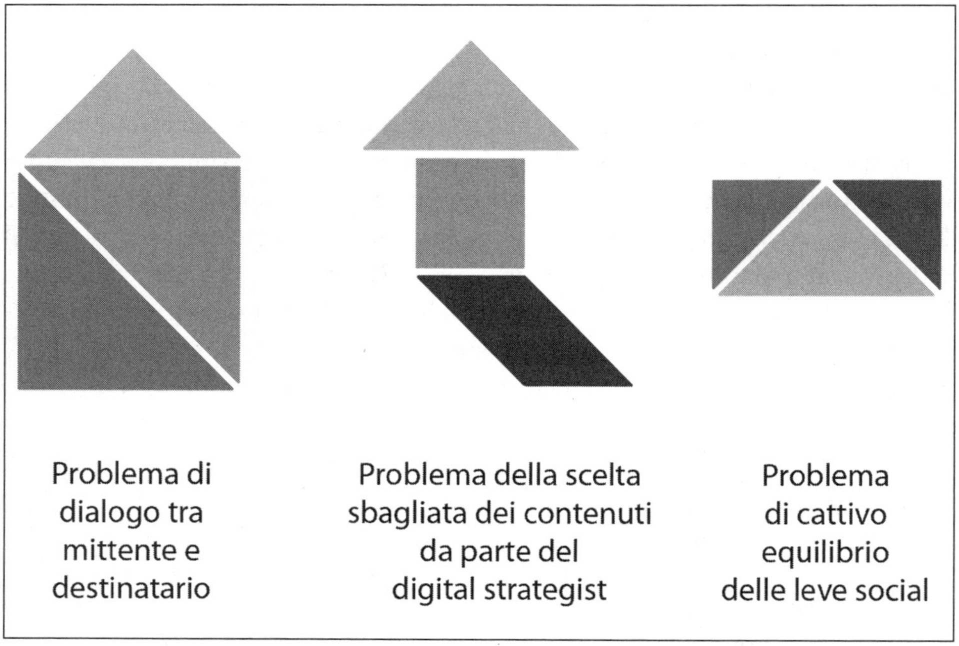

Figura 7.4 Alcune semplici forme possibili con il triangolo medio.

Quando si parla di strategia digitale, le decisioni vanno sempre prese collettivamente, con il mittente e anche con l'eventuale squadra di lavoro. Non conta solo la nostra posizione, ma anche quella di tutti gli altri sei pezzi. È un gioco dove ciascuna scelta strategica è decisiva per l'andamento della partita stessa; non per niente, la scienza matematica che analizza le decisioni di un soggetto in situazioni di conflitto o interazione con rivali antagonisti si chiama "teoria dei giochi".
Una volta messa in salvo la reputazione online, controllato il polso del sentiment e studiato un piano in caso di problemi, non rimane che capire che cosa fare dei dati raccolti, cosicché, di volta in volta, potremo correggere il tiro della nostra strategia digitale. Nel 1986, l'economista giapponese Masaaki Imai coniò una nuova parola per descrivere la filosofia di business che supportava i successi dell'industria nipponica negli anni '80, con particolare riferimento alla Toyota: *kaizen*, unione della parola *kai* (cambiamento) e *zen* (migliore), che potremmo tradurre dunque con "cambiare in meglio". È proprio il continuo miglioramento

alla base della nostra ricerca, una sorta di rinnovamento a piccoli passi, da realizzare giorno dopo giorno.

NOTA

Il più famoso studioso a essersi occupato della teoria dei giochi è il matematico John Nash, al quale è dedicato anche il film di Ron Howard *A Beautiful Mind*.

Tre, due, uno: azione!

Collegato al miglioramento continuo dei propri progetti trova spazio il lavoro in Giappone di William Edwards Deming, ingegnere e consulente di gestione aziendale statunitense: l'omonimo ciclo è una rappresentazione visiva del circolo virtuoso capace di risolvere le criticità. La metodologia proposta è anche nota con l'acronimo inglese PDCA: *Plan*, *Do*, *Check*, *Act*. Nelle pagine precedenti, grazie all'aiuto dell'ascolto, abbiamo smarcato i primi tre punti e ora come già anticipato, è tempo di prendere tra le mani il timone e agire sulla strategia digitale per correggerne la direzione. Con il Tangram possiamo capire se c'è un pezzo a cui cambiare la posizione, da rafforzare oppure da mettere in secondo piano: il triangolo dell'ascolto può affiancarsi in modo più aderente al destinatario, può combaciare con le due leve di coinvolgimento o più semplicemente mettersi a lato, dando più spazio agli altri sei elementi. Occorre dare un colpo di spugna alla sagoma intera e ricostruirla da capo, come un mandala buddhista, un articolato disegno simbolico, generalmente composto di sabbie colorate, che rappresenta la formazione del cosmo attraverso un diagramma circolare costituito mediante l'associazione di diverse figure geometriche. Al termine del lavoro, dopo un certo periodo di tempo, il mandala viene semplicemente distrutto: un gesto che vuole ricordare la caducità delle cose e la loro rinascita.

Inoltre, possono esserci svariati approcci da mettere in atto dopo un periodico riassesto della situazione: un buon esercizio mentale è quello di indossare, metaforicamente parlando, i "sei cappelli" del già citato Edward De Bono. Pubblicato poco più di trent'anni fa, il suo testo *Sei cappelli per pensare* è stato con il tempo adottato da migliaia di educatori e aziende di tutto il mondo, così da trovare nuove soluzioni grazie a punti di vista differenti tra loro. Spesso, quando una strategia digitale non sembra funzionare come vorremmo, tendiamo a correggere il tiro con un approccio lineare. Le interazioni su Facebook non sono abbastanza? Diamo il via a una campagna per incrementarle. Raramente ci fermiamo a pensare a come riorganizzare l'equilibrio di tutti e sette i pezzi della strategia digitale, finendo invece per frammentare le energie e le risorse. La strategia digitale è proprio come il nostro corpo, e come tale non va curato a compartimenti stagni

ma nella sua totalità, riequilibrando le energie dentro e fuori. I sintomi possono solo darci un'indicazione della priorità da prendere in esame, dopodiché è l'intero sistema a doversi rimettere in sesto.
Come abbiamo già accennato nei primi capitoli di questo manuale, il pensiero verticale segue una direzione precisa in cui muoversi; al contrario, il pensiero laterale agisce allo scopo di generare direzioni inaspettate. I sei cappelli di De Bono sono rappresentazioni visive che ci aiutano ad assumere diverse personalità, così da considerare soluzioni diverse. Il colore di ciascun cappello rappresenta un ruolo e un approccio: bianco per il neutrale, blu per il razionale, nero per il negativo, giallo per il positivo, verde per l'emotivo e arancione per il creativo. Tenete i dati del monitoring svolto a portata di mano e scegliete se utilizzare i cappelli da soli oppure in gruppo, magari proprio durante una riunione con tutto il team digital. In questo caso, ogni partecipante potrà indossare un colore a scelta, così da impersonare il ruolo corrispondente, stimolare la creatività e dichiarare le proprie posizioni in base a questo.
Proviamo ad applicare la lezione di De Bono a un esempio concreto. L'azienda italiana E-motion propone un insieme di soluzioni integrate che migliorano l'attività di chi vende prodotti online, da quando il commerciante consegna loro il pacco contenente l'ordine del cliente a quando questi lo riceverà tra le mani. All'interno della loro strategia digitale, è emerso con il tempo che la criticità più grande era dovuta alla difficoltà di spiegare realmente di che cosa si occupassero. E-motion offre un solo back-office per gestire tutti i processi, dagli sconti alla spedizione integrata sulle principali piattaforme ecommerce, un servizio di logistica a metri cubi effettivamente occupati e un servizio interno di costumer care di supporto ai clienti. Ma soprattutto, di volta in volta, è l'azienda a valutare i corrieri più adatti secondo la zona e la tipologia della merce. Nonostante la semplicità di utilizzo per l'utente finale una volta acquisito, il pezzo del Tangram in disequilibrio era il triangolo grande, ovvero il mittente, incapace di trovare il modo giusto di comunicarsi. Per porre rimedio e dare nuovo assetto alla strategia digitale, possiamo ipotizzare l'ordine di cambio di cappello rappresentato nella Figura 7.5.

Cappello nero: negativo

Iniziamo dall'avvocato del diavolo. Il suo compito è rilevare le ragioni che hanno portato il pezzo preso in analisi a una situazione negativa. Le domande basilari che si pone è: che cosa non ha funzionato? In che punto si è inceppata la strategia digitale? E-motion è una società giovane che si è sviluppata all'interno di un gruppo internazionale leader a livello europeo per quanto riguarda i servizi di logistica e spedizione, ma che non ha ancora avuto modo di raccontare online in maniera efficace che cosa è capace di fare sul territorio italiano.

Cappello giallo: positivo

Passiamo subito alla sua controparte, ovvero chi rileva gli aspetti positivi e i vantaggi competitivi presenti sul tavolo da gioco. Una volta elencati, diventeranno le fondamenta per le nuove opportunità. Che cosa rende unico questo mittente? Per esempio, sappiamo che l'intricata burocrazia e i mille documenti da caricare sono solo un lontano ricordo per gli utilizzatori di E-motion, i quali, grazie al passaparola, segnano una crescita costante. Ecco che abbiamo già il primo cavallo di battaglia della nostra strategia digitale corretta.

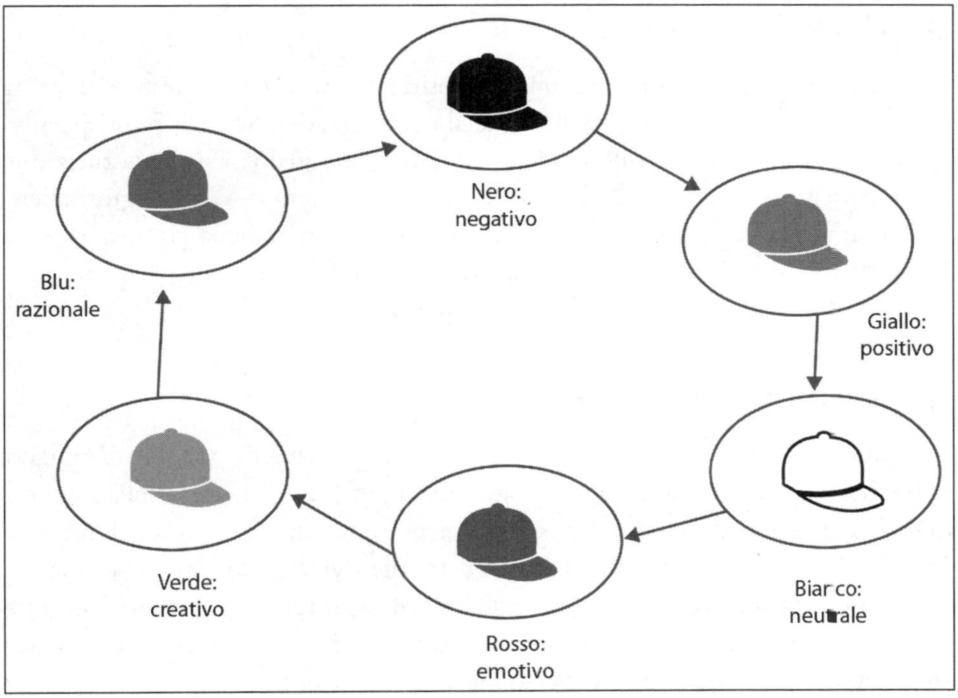

Figura 7.5 Ciclo dell'uso dei sei cappelli di De Bono nel caso preso in analisi.

Cappello bianco: neutrale

Al bando facili entusiasmi: il terzo intervento è mirato all'analisi di dati oggettivi che vengono trattati in modo del tutto imparziale, senza giudizio. Nel caso di E-motion sono i numeri degli utenti, dei plugin scaricati e anche degli interventi del costumer care. Sono prese in considerazione anche le richieste di informazioni dei potenziali utilizzatori: sapere che un bacino di utenti ha necessità di integrare E-motion ai propri sistemi, anziché alle piattaforme tradizionali, direzionerà l'azienda verso la creazione di un'interfaccia API pubblica.

Cappello rosso: emotivo

Il colore suggerisce la vicinanza con tutto ciò che è legato a emozioni, intuizioni e sentimenti; infatti, il ruolo di questo cappello è quello di dare libero sfogo alle impressioni. Ancora una volta, è un tipo di brainstorming opposto a quello precedente. Qui conta solo la soggettività: cosa prova l'utilizzatore dei servizi di E-motion? Per trovare la soluzione, qui viene richiesta una proiezione. Possiamo immaginare che le persone si sentano in buone mani, al sicuro, e sappiano che non devono preoccuparsi più di nulla. In altre parole, hanno fiducia.

Cappello verde: creativo

Eccoci finalmente al momento più propositivo. Chi indossa questo colore ha l'incarico di generare visioni e indicare sbocchi creativi. Se tra i punti positivi individuati dal cappello giallo ci sono un'offerta flat, qualsiasi sia la destinazione delle spedizioni, e pay-per-use, a prescindere dal numero di vendite giornaliere, potrebbe rivelarsi un'ottima idea mettere a punto una tabella comparativa tra le tariffe di E-motion e degli altri servizi e – perché no? – anche un'app che funzioni da simulatore di prezzi per ogni fascia di peso.

Cappello blu: razionale

Del processo creativo precedente, il cappello blu prenderà poi solo il meglio, stabilendo le priorità. Con rigore e logica sistemerà il nuovo corso della strategia digitale e le regole del gioco. Per esempio, avrà capito che l'esigenza del mittente è quella di avere un nuovo sito web con dati obiettivi (bianco), ancora più snello e semplice (giallo), che faccia capire il risparmio di tempo e denaro (verde) e capace di dare sicurezza (rosso). In un colpo solo, la strategia inceppata (nero) riprende a funzionare a regime verso gli obiettivi aziendali.

Qualsiasi sarà il metodo scelto per correggere una strategia digitale dopo l'ascolto, l'importante è non avere paura di sbagliare. Il 26° presidente degli Stati Uniti e Premio Nobel per la pace, Theodore Roosevelt, il 23 aprile 1910 alla parigina Sorbona tenne un discorso intitolato *Citizenship in a Republic*. Nel passo più noto si celebra proprio il dedicarsi a una causa con coraggio senza paura della sconfitta:

> Non è il critico che conta, né l'individuo che indica come l'uomo forte inciampi, o come avrebbe potuto compiere meglio un'azione. L'onore spetta all'uomo che realmente sta nell'arena, il cui viso è segnato dalla polvere, dal sudore, dal sangue; che lotta con coraggio; che sbaglia ripetutamente, perché non c'è tentativo senza errori e manchevolezze; che lotta effettivamente per raggiungere l'obiettivo; che conosce il grande entusiasmo, la grande dedizione, che si spende per una giusta causa; che

nella migliore delle ipotesi conosce alla fine il trionfo delle grandi conquiste e che, nella peggiore delle ipotesi, se fallisce, almeno cade sapendo di aver osato abbastanza.

La presentazione dei sette pezzi del Tangram è ormai giunta al termine; non rimane che approfondire la loro relazione all'interno di sagome vere e proprie, sia semplici sia complesse, cioè formate da più set di gioco. Provando e riprovando ancora. Il prossimo capitolo ci aspetta.

Tentar non nuoce

La locuzione inglese *trial and error* indica la modalità di test per risolvere un problema basata su vari tentativi, in modo da provare diverse soluzioni fino a trovare quella giusta. Secondo il filosofo Karl Popper, il metodo per prove ed errori, che abitualmente viene adottato dagli esseri viventi nel processo di adattamento, così come anche dallo scienziato che, di fronte a un problema, avanza ipotesi per risolverlo, è essenzialmente un metodo di apprendimento a eliminazione. Si scartano così via via tutte le soluzioni che portano sconfitte e non coincidono con l'obiettivo. E a proposito di prove, il modo di dire inglese *send up a trial balloon*, "spedire su un pallone di prova", significa mettere alla prova il pubblico, inviando un determinato messaggio per vedere come reagisce. È questo il caso, per esempio, dei teaser, campagne pubblicitarie che cercano di suscitare nel pubblico la maggior curiosità possibile senza svelare il mittente e che, nel caso risultassero davvero vincenti, necessitano di una seconda campagna successiva, in cui si svela il mistero e si passa dunque a una comunicazione diretta ed esplicita.

Capitolo 8

Tangram al completo

Dal quadrato perfetto

Adesso che abbiamo approfondito la conoscenza di tutti e sette i pezzi non abbiamo più scuse: mettiamoci a giocare insieme e a costruire, finalmente, strategie digitali complete. Per passare dalla teoria alla pratica, scompigliamo il quadrato del Tangram iniziale e prendiamo in considerazione quattro possibili clienti: un ente istituzionale contro la criminalità, una nuova azienda di abbigliamento per donne, una palestra e un'agenzia per incontri. Dietro queste realtà si celano clienti molto particolari: I Fantastici Quattro, il gruppo di supereroi dei fumetti nati alla fine del 1961 per mano dello sceneggiatore ed editore Stan Lee e del disegnatore e co-sceneggiatore Jack Kirby. Certo, siamo nel campo dell'assurdo ma, come abbiamo visto in questo manuale, l'inserimento di un elemento ludico all'interno del lavoro aiuta ad apprendere e memorizzare pratiche importanti. Da adesso in poi, è tutta finzione.

Sono tempi duri anche per i supereroi: dopo anni e anni di avventure insieme, hanno deciso di sciogliere il gruppo e dare vita ciascuno a un nuovo progetto. Sin dall'introduzione del quartetto negli anni '60, i Fantastici Quattro sono stati una famiglia parecchio strana e, infrangendo le

In questo capitolo

convenzioni con altri archetipi dei fumetti dell'epoca, hanno litigato e portato rancori più o meno profondi. Non solo, a differenza di altri colleghi, hanno sempre evitato l'anonimato o identità segrete in favore di uno status di celebrità. Ecco perché non ci hanno pensato due volte a rivolgersi a un digital strategist per capire come coinvolgere le persone intorno alle loro attività e lasciarsi il passato familiare alle spalle.

Mister Fantastic

Il primo triangolo grande: il mittente

Il suo vero nome è Reed Richards. Dotato di grande intelligenza, è un genio della scienza, tanto che già al college studiava un progetto per creare un razzo per un volo spaziale. Ha acquisito la capacità di resistere a diversi attacchi di tipo fisico, come respingere i proiettili oppure sopportare colpi dalla forza sovrumana, ma soprattutto di allungare e deformare a piacimento il proprio corpo. Le sue inclinazioni e caratteristiche, una volta sciolto il gruppo, l'hanno portato a voler fondare un osservatorio istituzionale che possa monitorare il livello di criminalità nelle città e soprattutto contrastare preventivamente i farabutti.

Il secondo triangolo grande: il destinatario

Il servizio si rivolge principalmente a tutti quei governi che vogliono integrare un'arma in più per allontanare i pericoli e proteggere i propri cittadini. È dunque essenzialmente una realtà B2B, business to business, con la quale il mittente dialoga attraverso un social network interno per istituzioni internazionali, forze dell'ordine e tribunali. La strategia comprende anche una parte B2C, business to consumer, poiché ogni caso concluso in modo positivo ha poi necessità di comunicarsi all'esterno alla società.

Il quadrato: i contenuti

Sebbene talvolta appaia freddo, Mister Fantastic è comunque un uomo generoso pronto a tutto per aiutare il prossimo, facendo continue ricerche scientifiche al fine di realizzare scoperte che possano essere utili alla comunità. E così che ha brevettato un paio di occhiali a raggi-X che consentono di vedere cosa accade nei covi dei criminali e nei magazzini dei negozi usati come copertura. Non solo, tutto ciò che viene intercettato dalla vista può essere anche ascoltato. Infatti, i contenuti dell'osservatorio sono le informazioni tempestive e veritiere che si possono ricavare in tempo reale, utili poi al destinatario per attivare i mandati di cattura.

Il parallelogramma: i valori professionali

In questo caso, tutto è concentrato nella rapidità della trasmissione di notizie utili al destinatario; non per niente, la sua posizione nella strategia digitale è ben aderente alle due leve, che deve attivare a seconda che debba parlare con le istituzioni o la società civile.

Il primo triangolo piccolo: la leva razionale

È incastonata tra l'orecchio che ascolta le conversazioni (fuori e dentro la Rete), i contenuti raccolti e divulgati al destinatario e la relativa capacità di essere veloci nella comunicazione. Il suo aspetto social sta nel fatto che l'intranet riservata ai destinatari permette lo scambio di dati, segnalazioni e autorizzazioni (B2B).

Il secondo triangolo piccolo: la leva emozionale

Il suo ruolo è piuttosto marginale e, nel gioco di equilibrio tra le due leve, ha un peso bassissimo. Il compito si riduce a rendere appetibili i contenuti con infografiche e mappe interattive per i cittadini (B2C) divulgate con puntuali Storify.

Il triangolo medio: l'ascolto

L'ascolto, come è chiaro nella sagoma di insetto alato (una metafora di qualcosa di piccolo, attento e veloce) illustrata nella Figura 8.1, è centrale e mette in stretta comunicazione il mittente con il destinatario. Inoltre, la sua centralità ci suggerisce anche l'anima stessa della strategia digitale e più in generale del progetto che ne fa uso: un osservatorio.

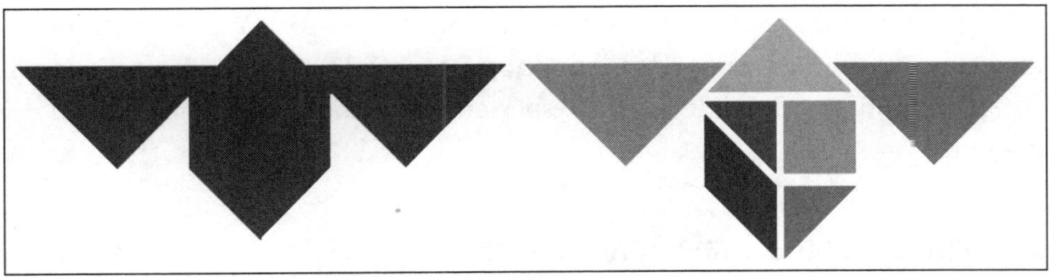

Figura 8.1 La strategia digitale di Mister Fantastic.

La Donna Invisibile

Il primo triangolo grande: il mittente

È la moglie di Reed ed è capace di rendere il suo corpo e le cose che tocca invisibili, grazie alla generazione di un campo di forza psichico che riflette la luce. Grazie al meccanismo inverso ha anche sviluppato, nel corso degli anni, la capacità di far tornare visibili oggetti e persone che prima non lo erano. Susan "Sue" Storm, questo il nome vero, una volta ottenuto il divorzio da Mister Fantastic ha scelto di intraprendere una strada più tranquilla rispetto all'ex marito. Riscoprendo una vecchia passione per i vestiti, ha aperto uno store online di impermeabili invisibili. Chi li indossa (adulti, piccini e addirittura amici a quattro zampe) diventa trasparente agli occhi degli altri.

Il secondo triangolo grande: il destinatario

Il focus della comunicazione sul digitale vuole rivolgersi soprattutto al pubblico femminile, e solo in seconda battuta a uomini, bambini e animali domestici, con linee di moda dedicate. Il capo messo in commercio può rivelarsi molto utile a una donna in diverse occasioni, per esempio quando incontra la vecchia suocera per strada e non vuole fermarsi ad ascoltare tutte le sue lamentele.

Il quadrato: i contenuti

Il messaggio è chiaro: "Indossate questo impermeabile e non avrete più problemi". All'interno della strategia digitale, che assume la forma di una donna che si mostra orgogliosa del suo vestito (Figura 8.2), il contenuto è sopra ogni altra cosa e influenza ogni singolo altro pezzo. Come materiale da utilizzare, il digital strategist avrà a disposizione le schede prodotto, ma soprattutto un testimonial fortissimo: la stessa Donna Invisibile. Ecco perché la sagoma costruita con il Tangram è umana: cosa meglio dell'esperienza di Susan può essere il fulcro del contenuto?

Il parallelogramma: i valori professionali

Tra le capacità da far scendere in campo più di altre c'è quella di instaurare una relazione empatica con il proprio destinatario, attraverso l'ascolto da una parte e un coinvolgimento emozionale dall'altra.

Il primo triangolo piccolo: la leva razionale

Al contrario del caso precedente, qui la ragione svolge un ruolo defilato. Viene attivata solo come costumer care e satisfaction, per capire il grado di soddisfazione delle clienti, ed eventualmente fornire informazioni più dettagliate sulla composizione del capo e le modalità di lavaggio, per esempio.

Il secondo triangolo piccolo: la leva emozionale

La strategia digitale qui esprime il suo massimo potenziale, pianificando una serie di attività di digital PR con le fashion blogger più in voga, e creando un calendario editoriale su Instagram molto particolare: ogni giorno viene proposta un'immagine che racconti un potenziale utilizzo, creando così un vero e proprio manuale e, di conseguenza, incentivando le donne all'acquisto solleticandone un bisogno che prima non c'era. Non solo: collegata alla sua attività online, il digital strategist può inserire nella strategia anche un'operazione a sfondo sociale, con un minisito dedicato o con una serie di lezioni di autodifesa via mail, dove la testimonial invita le donne a tenere un capo sempre in borsetta, per scongiurare possibili aggressioni da parte di sconosciuti.

Il triangolo medio: l'ascolto

Come anticipato, l'attività di monitoring fa affidamento sull'empatia.

Figura 8.2 La strategia digitale della Donna Invisibile.

La Cosa

Il primo triangolo grande: il mittente

Se oggi Benjamin Jacob Grimm ha un aspetto mostruoso, la colpa è di alcuni raggi cosmici che tramutarono il suo corpo in un ammasso di inscalfibile roccia arancione e gli donarono una resistenza sovraumana: da qui il nome la Cosa. Fino a poco tempo fa era il miglior amico di Reed dai tempi dell'università, e da giovane è stato innamorato di Susan. Lasciato solo dai suoi amici, è stato costretto a trovare un nuovo impiego e, vista la sua natura fisica, prendere in gestione una vecchia palestra.

Il secondo triangolo grande: il destinatario

Si tratta di un'attività molto locale. Ben confida che il digitale possa essergli d'aiuto per trovare clienti in zona, soprattutto ragazzi che vogliano aumentare la propria massa muscolare.

Il quadrato: i contenuti

La sagoma della strategia digitale è una panca con al centro il quadrato dei contenuti, punto di equilibrio tra il mittente e il destinatario (Figura 8.3). Essendo tra le altre cose anche un eccellente combattente, la Cosa offrirà pure corsi rivolti agli appassionati di jūdō, pugilato e wrestling, tutte tematiche che potranno aiutare a sviluppare una giusta pianificazione di annunci geolocalizzati su Facebook.

Il parallelogramma: i valori professionali

Benché sempre tormentato dalla sua fisicità poco piacevole alla vista, e sentendosi più un mostro che un uomo, Ben è diventato l'idolo di moltissime persone in tutto il mondo, che lo adorano non solo per le imprese eroiche ma soprattutto per la sua ironia e il suo senso dell'umorismo. È da qui che dovrà attingere il digital strategist, trasformando i punti di debolezza in punti di forza, con la massima flessibilità.

Il primo triangolo piccolo: la leva razionale

Faranno la loro parte video tutorial su YouTube e hang-out su Google+ con esercizi in diretta.

Il secondo triangolo piccolo: la leva emozionale

A coinvolgere emotivamente il pubblico, invece, verrà studiato un digital storytelling sulle più celebri prove di forza di Ben, come la volta in cui è riuscito a sollevare e scagliare via a grande distanza una piramide grande quanto quella del Louvre.

Il triangolo medio: l'ascolto

In questo caso, da monitorare sono le criticità online riferite all'orribile aspetto del mittente, che si mette in mostra soprattutto con le attività in diretta previste dalla leva razionale

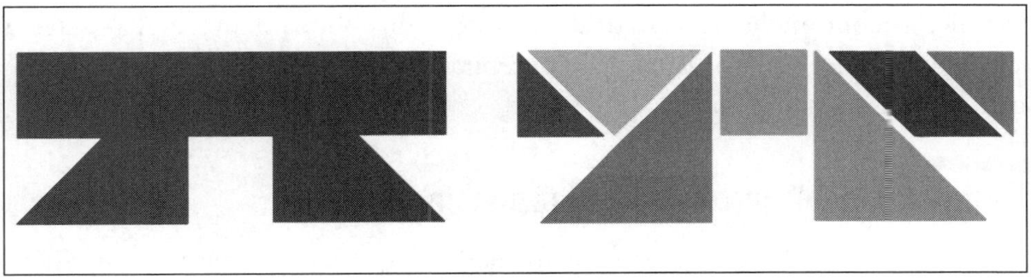

Figura 8.3 La strategia digitale della Cosa.

La Torcia Umana

Il primo triangolo grande: il mittente

Ed eccoci all'ultima realtà presa in esame con questa carrellata immaginaria: un'agenzia per incontri. Dietro c'è lo zampino di Jonathan Storm, fratello minore di Susan, meglio noto come la Torcia Umana, per via della sua capacità di generare fiamme e raggiungere i 6000 °C di media, toccando i 500.000 °C come massimo estremo. Da qui l'idea di far scoppiare il fuoco della passione tra le persone sole, lanciando un servizio online per incentivare nuove relazioni e organizzare eventi e party esclusivi. Tra i Fantastici Quattro, infatti, Johnny è anche il componente più intraprendente che da sempre ha cercato di farsi pubblicità per apparire su riviste famose, guadagnare fama e corteggiare belle ragazze.

Il secondo triangolo grande: il destinatario

Sono uomini e donne che non hanno ancora trovato l'anima gemella o che escono da una storia importante e vogliono trovare un partner capace di far dimenticare loro la delusione amorosa. Più in particolare, il target è composto da tutte quelle persone che preferiscono avere un primo approccio online sicuro e protetto da un servizio affidabile che faccia da tramite.

Il quadrato: i contenuti

Questo è un caso particolare in cui il contenuto è il servizio stesso, alimentato dagli iscritti e dalle loro storie a lieto fine. Non per niente il quadrato è speculare all'unione delle due leve, come vedremo più avanti.

Il parallelogramma: i valori professionali

Affidabilità, riservatezza e massima trasparenza delle condizioni di utilizzo, sia morali sia economiche nel caso di attivazione di un abbonamento. Nella strategia digitale tali valori fanno da base al contenuto e sono aderenti tanto al mittente quanto al destinatario finale.

Il primo triangolo piccolo: la leva razionale

Le due leve social sono combacianti e formano un quadrato perfetto, come fossero loro stesse simbolo di Amore e Psiche, i due protagonisti della nota storia narrata da Apuleio ne *Le Metamorfosi* (Figura 8.4). In particolare, con la leva razionale si predisporranno moduli da compilare online per raccogliere preferenze e caratteristiche personali da inserire nel sistema del servizio, nonché sondaggi periodici per segmentare ancora di più i destinatari e coinvolgerli poi successivamente in eventi dedicati.

Il secondo triangolo piccolo: la leva emozionale

Il digital strategist avrà l'imbarazzo della scelta tra gli innumerevoli profili a disposizione: potrà scegliere di valorizzarli con tagline efficaci via Twitter oppure creare meccaniche di gioco su Pinterest tali da restituire come risultato classifiche tematiche basate sui punteggi "a pelle" degli utenti stessi. Per ogni azione fatta dall'utente (iscrizione alla newsletter, creazione di contenuti e così via) possono venire di volta in volta sbloccati nuovi benefit e nuove opportunità di contatto con gli altri membri, come in un videogame.

Il triangolo medio: l'ascolto

Alla base del monitoring c'è la moderazione interna grazie a un team che bada alla tranquillità d'uso e alla sicurezza del sito. La priorità dei moderatori, in questo caso, è assicurare agli iscritti al servizio della Torcia Umana di comunicare con profili affidabili e sempre in un clima sereno e piacevole per tutti. Per esempio, se uno scatto o un annuncio sono considerati inappropriati, si interviene con una modifica o la cancellazione della pubblicazione.

Figura 8.4 La strategia digitale della Torcia Umana.

Quelli che abbiamo analizzato sono quattro esempi di prima analisi per impostare una strategia digitale capace di prendere in considerazione tutte le carte che noi digital strategist possiamo avere a disposizione. Partendo da questa bozza visiva, potrete iniziare a pianificare strumenti e azioni più precise per raggiungere gli obiettivi prefissati. Una volta completato il quadro, non vi resterà che aggiungere l'ingrediente segreto che vedremo nelle prossime pagine...

La costruzione di mondi

Arrivati a questo punto, abbiamo ben chiaro come un digital strategist possa costruire una strategia digitale e cucire su misura uno storytelling per tenerla unita. Siamo pronti per scoprire l'ingrediente segreto capace di trasformare un qualsiasi piano di comunicazione ben ponderato in qualcosa di trascinante per il destinatario: il *world building*, cioè la costruzione di un mondo immaginario a cui fare riferimento per ogni azione e attività pianificata. Come nel gioco del Tangram, dove ogni singolo tassello concorre a formare il quadro generale, in uno storyworld ogni elemento va considerato come declinazione del mondo narrativo creato.

Quello di Mulino Bianco, marchio sul mercato dal 1975, è un modello da manuale, a partire dal nome che riporta al bianco della farina e all'identità visiva del mulino, delle spighe di grano e dei fiori di campo: i confini del mondo sono ben definiti (Figura 8.5). Uno dei primi spot televisivi, con la tecnica del cartone animato, vede protagonista un piccolo mugnaio che vive nel mulino dove prepara dolci e prodotti vari per il suo amore, una persona più grande, di nome Clementina, nella vana speranza che lei riesca a vederlo. Gli elementi del mondo Mulino Bianco, pian piano, vengono ripresi anche da altri tasselli della comunicazione: le sorpresine dentro le confezioni di merendine, il modellino del mulino messo in palio con concorsi e raccolte punti, la forma stessa di alcuni prodotti, come le macine.

Figura 8.5 Gli elementi principali dello storyworld di Mulino Bianco.

Agli inizi degli anni '90, la strategia pubblicitaria passa dal piccolo mugnaio a una famiglia che ha il desiderio di vivere nel verde e decide di trasferirsi in campagna, dove un mulino farà da sfondo agli spot successivi. Lo stereotipo della "famiglia del Mulino Bianco", perfetta e sempre radiosa, entra nell'immaginario comune dei consumatori e, di conseguenza, la costruzione del mondo si rafforza notevolmente: nel tempo sono cambiati gli abitanti, ma non l'ambientazione intorno. Man mano diventa un mondo così forte che, tra il 1994 e il 1996, la strategia di comunicazione cambia percorso e invade di verde, di fiori e di campi di grano le piazze e le strade dei luoghi più belli delle principali città italiane, da Venezia a Roma e Firenze. Marco Testa, presidente dell'omonima agenzia di comunicazione dichiarò:

> Abbiamo voluto raccontare una fiaba, un sogno. Una città immaginaria che non esiste, ma che nello spot sembra esistere davvero. Il messaggio che ci premeva dare, dopo anni di immagini legate alla campagna, è che perfino chi vive in città può regalarsi un piccolo momento di natura mangiando sano.

E così non solo il mondo si rafforza, ma si estende anche in altri territori, fino ad arrivare ai giorni nostri. Negli ultimi anni, infatti, Mulino Bianco svela uno dei più grandi misteri della pubblicità italiana e, spalancando al pubblico i battenti di legno del mulino, risponde a tante domande relative a quell'universo senza tempo: chi è che muove la ruota del Mulino? Chi prepara con tanto amore i prodotti? Chi abita in mezzo a quei bei campi di grano e fiori? È l'Uomo del Mulino, che lavora di giorno e di notte, impasta, sforna e crea i suoi prodotti circondato dagli elementi base del mondo originario: i sacchi di farina, la gallina, la ruota e l'acqua; al centro, la semplicità della natura e dei suoi ritmi, che fa da fil rouge anche a tutta la comunicazione sul digitale. In televisione, sulle confezioni e online viene inoltre introdotto il concetto di "Valle del Mulino" che, come spiegato sul sito ufficiale:

> diventa un luogo dove Mulino Bianco instaura una conversazione col suo pubblico, facendo sì che la campagna rappresenti un altro pilastro fondamentale della marca: l'importanza della comunità, del lavoro corale, delle emozioni condivise che attraversano le generazioni.

Ma non finisce qui, perché sul sito web è possibile entrare in un'area riservata chiamata *Il tuo mulino*, inviare una lettera al mugnaio ed esplorare *Il Mondo Buono*, sezione che racconta l'impegno ambientale ed etico del marchio.

Operazioni del genere hanno un unico minimo comune denominatore, che gli inglesi chiamano *continuity*, in italiano "continuità", parola che definisce la coerenza, e dunque la non contraddittorietà, nello svolgimento di eventi, situazioni e storie dei personaggi in un mondo di finzione. Tale termine si rifà all'omonimo concetto matematico di continuità, che si applica come valore a una funzione senza salti o sbalzi (Figura 8.6). È quello che succede in modo lampante, per esempio, nel caso di serial TV e fumetti, dove il mondo narrativo è più che mai imprescindibile.

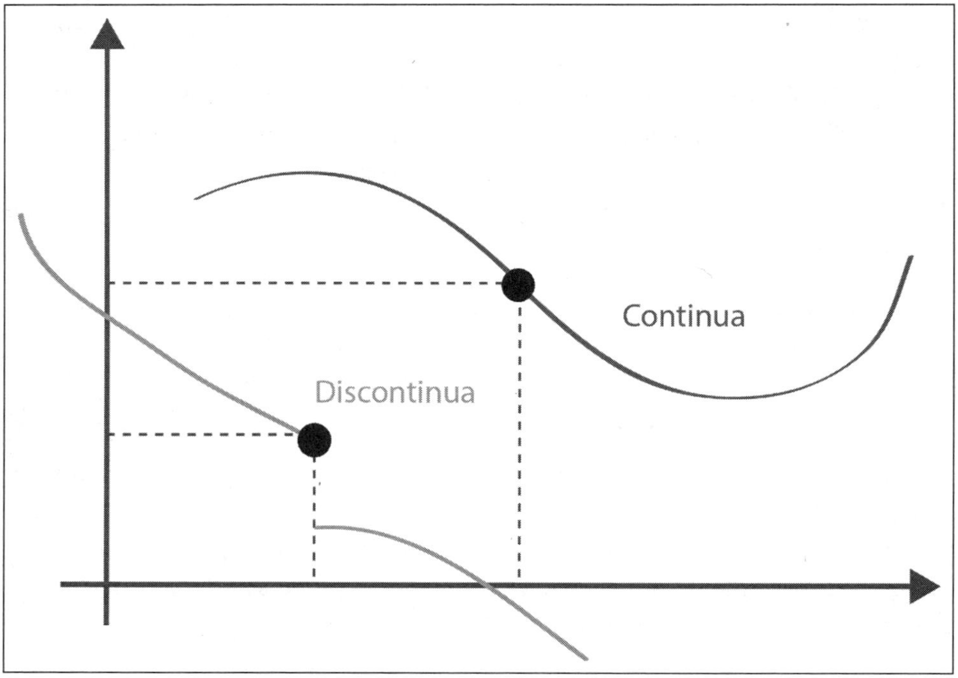

Figura 8.6 Una funzione continua e una non continua.

Ci sono due modalità di lavoro quando si parla di costruzione di mondi. Una è molto somigliante a quella messa in pratica da un giardiniere: con determinati semi e piantine, si può avere un'idea molto precisa di ciò che potrà nascere, ma per far crescere poi il giardino vero e proprio ci vuole cura e pazienza. Questo può capitare quando, davanti a una serie di elementi aziendali già esistenti e di cui conosciamo le singole potenzialità, dobbiamo individuare solo il modo di farli coesistere tra loro, con coerenza e costanza. In modo diametralmente opposto, la seconda modalità si rifà invece al mestiere di architetto, che prima studia e disegna le singole parti in modo dettagliato e minuzioso, e solo successivamente le posiziona in una location. John Ronald Reuel Tolkien, autore de *Il Signore degli Anelli*, ha agito proprio così: prima ha ideato la lingua, gli usi, i costumi e i miti dietro le popolazioni della Terra di Mezzo, e solo dopo ha iniziato a scrivere. E così è successo, anche per i mondi galattici e intergalattici come quelli di *Star Trek* e *Guerre Stellari*, consegnando allo spettatore chiavi di lettura specifiche che facevano riferimento a un ventaglio di leggi fisiche, storiche e sociali che nulla hanno a che vedere con la nostra quotidianità e con il campo del possibile.

> Io di solito disegno una figura quasi umana, non una specie di coniglio 'fatato' come alcuni dei miei recensori inglesi pensano: con un po' di pancia e le gambe corte. Una faccia rotonda e gioviale; orecchie leggermente appuntite ed 'elfiche'; capelli corti e ricci (bruni). I piedi, dalla caviglia in giù, coperti di peli bruni. Vestiti: calzoni di velluto verde; panciotto rosso o giallo; giacchetta marrone o verde; bottoni dorati (o ottone); un cappuccio verde scuro con il mantello (appartenente ad uno gnomo). Dimensioni importanti se ci sono altri oggetti nel disegno: diciamo circa tre piedi o tre piedi e sei pollici.
>
> *J.R.R. Tolkien, Lettere, n. 27*

Nel suo piccolo, anche la comunicazione sul digitale cerca sempre più di andare in questa direzione. Ogni realtà, consapevolmente o meno, definisce tutti i giorni i confini del suo spazio e le regole per farne parte. Il risultato finale deve essere credibile e comprensibile agli occhi del destinatario, e soprattutto degno di essere esplorato. Sono innanzitutto i dettagli a formare il quadro complessivo.
La Scuola Holden di Torino, fondata nel 1994 con l'obiettivo di formare narratori, negli anni si è costruita una identità forte e chiara, non tanto impostando una semplice brand identity collegata alla figura del fondatore Alessandro Baricco, ma andando a posizionare mattoncino su mattoncino per tirar su un mondo vero e proprio. Il punto di partenza è stato la scelta del nome: il protagonista de *Il giovane Holden*, capolavoro di J.D. Salinger, dato il suo scarso rendimento scolastico, viene espulso dall'istituto e si trova a vagabondare da solo per le strade di New York. Come spiegato dal sito ufficiale:

> La Scuola si chiama Holden perché l'idea era quella di fare una scuola da cui Holden Caulfield non sarebbe mai stato espulso. Un posto per gente non normalissima, ecco. In un certo senso, scegliere quel nome rappresentava un impegno. Ancora oggi, in effetti, la Scuola ha un modo molto singolare di far crescere gli studenti. Si insegna con metodi, principi e regole che sarebbe difficile trovare altrove.

Ebbene, è chiaro: il mondo di riferimento ha un nome e soprattutto un obiettivo che farà da fil rouge a ogni iniziativa didattica e non. Gli abitanti di questo mondo, docenti e studenti, spesso assumono l'etichetta di "holdeniano", aggettivo che definisce, in modo più ampio, anche l'approccio culturale e intellettuale che si impara in quelle aule. Ci sono sei "città" (corsi di studio) nel mondo della Scuola Holden (cinema, digital storytelling, giornalismo, serialità, televisione e scrittura) e i "cittadini" (i ragazzi) si incontrano a specifici "incroci" (workshop, eventi, laboratori). Come ne *Il Signore degli Anelli*, ciascuna città è caratterizzata da una "lingua" (linguaggi narrativi), ci sono un "capo" di riferimento (tutor), specifici orari, abitudini, esigenze. Non solo: anche la scelta della sede torinese non è casuale. Quella che oggi è conosciuta come Caserma Cavalli è nata nel 1580 per ospitare la Regia Fabbrica delle Polveri e Raffineria dei Nitri, e venne distrutta da un'esplosione nel 1852. Fu poi ristrutturata e nel 1867 divenne

l'arsenale della città di Torino. Ancora oggi, in qualche modo, si lavora "materiale esplosivo", certo non la polvere da sparo, bensì il talento dei giovani.
E ancora, pensiamo all'attività commerciale della realtà Eataly che, non per caso, sul proprio sito web viene raccontata in una sezione chiamata *Mondo Eataly*, dove tutto è raccontato in modo semplice e diretto, come i sapori che ricercano. Il nome stesso di Eataly nasce dalla fusione di due parole: "Eat", che in inglese significa "mangiare", e "Italy", Italia. Eataly, infatti, è mangiare italiano, riferito non solo ai prodotti, ma soprattutto al nostro modo di intendere la buona tavola e i sapori veri. La filosofia dietro al mondo passa da ogni presidio online, cartello, tovaglietta e pannello in loco: l'utente e il visitatore che entra in contatto con la realtà Eataly, sul digitale così come nel reale, riconosce immediatamente di aver messo piede in un universo a parte, dove le magliette dei dipendenti e gli status recitano "Facciamo cose buone", i manifesti e i banner "La vita è troppo breve per mangiare e bere male" e così via. Lo storyworld creato è coerente, coordinato, mai contraddittorio.

L'isola che non c'è

Utopìa, il romanzo di Tommaso Moro pubblicato in latino aulico nel 1516, è uno dei primi esempi di mondo immaginario con proprie regole. In questo caso, veniva descritto il viaggio immaginario di Raffaele Itlodeo in un'isola fittizia, abitata da una società ideale dove, tra le tante cose, la proprietà privata è stata abolita e si produce solo per il consumo e non per il mercato. Lo stesso ambiente urbano è pianificato a priori e viene costruito sempre lo stesso tipo di edificio. Ancora oggi il termine "utopìa", neologismo dell'epoca da *οὐ*, "non", e *χρόνος*, "luogo", significa ideale, progetto, speranza, aspirazione che però non può avere una reale attuazione. Se l'etimologia di utopìa ci riporta alla definizione di "nessun luogo", per analogia la parola "ucronìa" si riferisce a "nessun tempo". Si tratta di un vocabolo coniato a metà Ottocento dal filosofo francese Charles Renouvier e indica un genere di narrazione di un mondo che abbia seguito un corso diverso rispetto a quello realmente accaduto. In parole più semplici, risponde alla domanda: "Cosa sarebbe potuto succedere se un preciso avvenimento storico fosse andato diversamente?". Si tratta di una vera e propria costruzione di storie alternative.

Concludiamo la carrellata di esempi di worldbuilding con *Nuok*, magazine online di viaggio nato nel 2009 con l'intento di raccontare le più belle città del mondo dal punto di vista dei giovani italiani che le abitano. Anche in questo caso, iniziamo la nostra analisi dal nome. *Nuok* è la parola "New York" pronunciata da un bambino che ha appena iniziato a parlare; di quel bambino, i redattori cercano di conservare l'approccio al viaggio, il sorriso, la curiosità verso il mondo, la voglia di giocare e l'incapacità di prendersi sul serio. Ma scendiamo più a fondo. Il mondo di *Nuok* è composto di città chiamate "Sitis" e, con la stessa modalità, per ciascuna viene usato un nome storpiato: per le città straniere viene cambiato il nome inglese (Pizburg, Lannon, Melburn, Borlin), per quelle italiane invece il nome in dialetto (Bulagna, Zena, Rroma, Milan). Gli abitanti che animano il mondo sono chiamati "nuoker", neologismo riconosciuto anche dall'Enciclopedia Treccani:

> Questo tipo di giornalista metropolitano fai-da-te è il nuoker, una nuova, potenziale, figura di professionista. Parola accattivante, ben conformata [...] Ci senti dentro New York, ma anche, in omeoteleuto, l'ammiccamento intellettualino alla prestigiosa rivista «The New Yorker».

La strategia di *Nuok*, riassunta con il Tangram, potrebbe assumere la forma di una barca a vela (Figura 8.7).

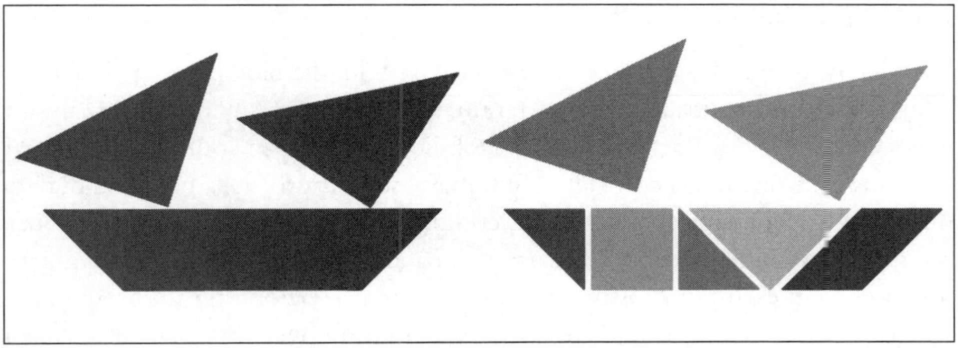

Figura 8.7 La possibile sagoma di Nuok con i pezzi del Tangram.

I nuoker (mittente, primo triangolo grande) producono reportage di viaggio (contenuti, quadrato) che da un lato danno informazioni pratiche (leva razionale, primo triangolo piccolo) e dall'altra creano uno storytelling territoriale (leva emozionale, secondo triangolo piccolo). I viaggiatori (destinatario, secondo triangolo grande) vengono ascoltati (ascolto, triangolo medio) e possono interagire con la narrazione integrandola con consigli e suggerimenti; mentre le capacità dei nuoker (valori professionali, parallelogramma) danno la direzione al progetto collettivo (sagoma finale, la barca in navigazione a vele gonfie). Blog di viaggio, anche collettivi, ce ne sono una miriade, ma ciò che può fare la differenza, a parità di qualità dei contenuti, è proprio la presenza di un territorio delimitato con regole, usi e nomi precisi. Tirando le somme, costruire una strategia digitale con un mondo di riferimento personale e unico aiuta, e non poco.

Le domande da porsi

Qualsiasi sia la strategia digitale che stiamo approcciando, proviamo a immaginare il mittente come creatore e governatore di un mondo. Aiutiamoci per metafore: quali sono le leggi in vigore in questa realtà? Chi sono gli abitanti che si muovono sul territorio? Che tipo di governo c'è? Modera le conversazioni o le caldeggia? Chi detiene il potere, e chi no? Qual è la filosofia dietro? Qual è l'aspetto che dà più valore a questo mondo: la sostenibilità, la trasparenza, la professionalità? Quali sono gli umori, le criticità, i punti deboli e facilmente preda di invasioni? Dove vivono gli abitanti e che comportamenti di consumo adottano? Che età hanno? Che rapporto hanno con la tecnologia? Quali mezzi devono usare per riuscire a godersi tutti gli aspetti del mondo? E le vie di comunicazione quali sono?

Strategia transmediale

Una decina di anni fa, in concomitanza con il boom dei blog e delle prime piattaforme per la pubblicazione di contenuti, il termine "crossmedialità" era molto in voga e si riferiva in particolare alla possibilità di mettere in connessione i mezzi di comunicazione l'uno con l'altro. Si trattava, soprattutto, della necessità di dare un nome ai primi intrecci nati dalla combinazione tra media con diverse età, come la televisione, Internet e la carta stampata. Per portare il concetto ai giorni nostri con un esempio, crossmediale può essere la relazione tra un programma televisivo di cucina, una campagna affissioni per promuoverlo nei principali centri commerciali e un hashtag dedicato su Twitter per permettere agli appassionati di ricette di scambiarsi pareri e impressioni in tempo reale. L'oggetto della nostra comunicazione, in questo caso i contenuti del programma trasmesso, viene spalmato e adattato ai vari mezzi. Se volessimo dare forma a quanto detto con il Tangram, avremmo davanti tre figure complete, con i quadrati che si toccano, poiché sono i contenitori di un contenuto affine (Figura 8.8).
Se con una strategia crossmediale i media scelti non aggiungono né differenziano i contenuti, tutt'altra storia accade invece se parliamo di transmedialità: non è più un incrocio di un contenuto attinente adattato a più mezzi, ma una composizione di un mondo attraverso la trasposizione su diversi media. Lo stesso prefisso "trans", con significato di "al di là" e "attraverso", indica un mutamento da una condizione a un'altra. Una delle definizioni più puntuali di transmedialità arriva da Henry Jenkins, accademico e saggista americano che si occupa da tempo di media, comunicazione e giornalismo, il quale sottolinea come sia quella "capacità del prodotto, storia, contenuto, servizio di aggiungere brandelli di senso e narrazione a ogni sua incarnazione sulle diverse piattaforme". Per riportare il discorso a parole più semplici, è come un corpo umano, dove ogni nostro arto compie azioni specifiche, con movimenti propri del braccio o della gamba, che

insieme riescono a costruire un'azione vera e propria. È di nuovo, come per la strategia digitale, un sistema complesso. Con il Tangram potremmo visualizzare la transmedialità usando due o più set insieme, mantenendo al centro della nostra figura un unico pezzo quadrato, il contenuto, che collega più sagome. Non si limita a rappresentare l'oggetto della comunicazione, ma il suo mondo di riferimento. Sarà lo storytelling, analizzato nel Capitolo 6 insieme alle leve social, a cucire insieme i pezzi e dare un senso unitario al progetto.

Figura 8.8 Un esempio di strategia crossmediale.

Utilizziamo come oggetto di studio della possibilità di adattamento trasmediale l'opera *Cashmere, WA*, dello sceneggiatore Leonardo Staglianò, vincitore della terza edizione del prestigioso Premio di Scrittura Teatrale Diego Fabbri. Questa la sinossi ufficiale diffusa:

> Alaska, 1974. Ryan ha 18 anni, la barba lunga e un piccone in mano. Da quando la madre è morta, sei mesi prima, vive in una galleria costruita all'epoca della corsa all'oro e passa le sue giornate scavando. Il suo obiettivo è raggiungere la costa all'estremo nord dell'Alaska, dove l'Aurora Boreale "non è solo un'immagine, ma anche un suono, una voce". Ryan sembra pazzo. A chiunque cerchi di riportarlo in superficie, risponde che ha fatto una promessa: deve "afferrare le luci dell'Aurora Boreale e portarle a casa". La stessa casa in cui è morta la madre. Ryan non è un folle; ha un piano, e sa come realizzarlo. Nel corso dello spettacolo scopriremo che la sua missione ha a che fare con una colpa. E scopriremo anche che Ryan infine realizzerà il suo obiettivo, in maniera del tutto inaspettata.

Benché nella realtà non sia stata intavolata alcuna campagna transmediale, possiamo metterci alla prova ipotizzandone la composizione. Innanzitutto, sgombriamo il campo da possibili equivoci di termine: intorno allo spettacolo *Cashmere, WA*, che progetto di comunicazione crossmediale sarebbe potuto nascere? In diversi tempi, si sarebbe potuto realizzare un romanzo, un lungometraggio, una riduzione per il Web. Diversi media (carta, grande schermo e Internet) ma contenuto simile: la storia di Ryan, un ragazzo orfano di madre che decide di scavare una galleria sotterranea per rivedere l'aurora boreale. Cambiano i supporti e i linguaggi narrativi, ma non il succo della storia, insomma. Per rappresentarlo, andremo a disporre tre set di Tangram, con tre quadrati centrali che custodiscono la trama. Se un domani a tutto ciò si aggiungesse anche una versione a fumetti, semplicemente si andrà ad aggiungere un nuovo set di Tangram; verranno usati i cinque triangoli e il parallelogramma, mentre il quadrato sarà per forza di cose confinante con gli altri quadrati. Un progetto crossmediale, come è facile intuire, non ha necessità di avere una pianificazione dettagliata iniziale: ci sarà sempre tempo per aggiungere un nuova declinazione.
Al contrario, la transmedialità richiede una strategia vera e propria, dove vengono definiti punti di contatto tra le varie iniziative che dovranno essere in grado di emanare la sensazione di far parte di un universo a sé stante. Per farlo, è dunque molto importante pensare fin dal principio alle possibili declinazioni: se la crossmedialità può veder vivere i suoi singoli prodotti interni anche autonomamente (il libro, il film, la serie web, il fumetto), la transmedialità può nutrirsi solo dell'insieme di più parti assemblate tra loro. E così, cambiamo la domanda iniziale che ci siamo posti: intorno allo spettacolo *Cashmere, WA*, che progetto di comunicazione transmediale sarebbe potuto nascere? Possiamo immaginare: un minisito che aggiorna gli utenti in tempo reale riguardo il grande lavoro di scavo di Ryan, la profondità che ha raggiunto e la distanza dalla costa all'estremo nord dell'Alaska visualizzata su una mappa interattiva; il diario della sorella del ragazzo da distribuire come teaser alle fermate della metropolitana, con tutti i suoi pensieri e le sue paure per il fratello, e tutte le emozioni che ha provato ogni volta che ha cercato di convincerlo a tornare in superficie; infine, la messa a punto di una collezione di podcast con musiche ispirate all'aurora boreale e composte dalla mamma prima di morire. Ciascuno dei tre progetti di comunicazione richiede una propria strategia digitale a parte per la diffusione e l'engagement del destinatario, che cambia di caso in caso, ma ha due aspetti in comune: l'obiettivo di portare più persone possibili a teatro a vedere lo spettacolo, e il quadrato centrale, lo stesso contenuto, che, quando si parla di figure complesse con più set di Tangram, corrisponde a un mondo (Figura 8.9).

Figura 8.9 Un esempio di strategia transmediale per il lancio dello spettacolo.

Operazione transmediale è anche quella studiata a tavolino per il lancio di *Quo Vado?*, l'ultimo film di Checco Zalone, campione d'incassi in Italia, dove la sceneggiatura, come nell'esempio di *Cashmere, WA*, è stata solo una parte del mondo contenuto nel quadrato. Partiamo ancora una volta dalla trama:

> È la storia di un ragazzo che ha realizzato tutti i suoi sogni: vivere con i suoi genitori evitando così una costosa indipendenza, essere eternamente fidanzato senza mai affrontare le responsabilità di un matrimonio con relativi figli e ottenere un posto fisso in un ufficio provinciale. Un giorno, però, tutto cambia e il ragazzo viene messo di fronte a una scelta: lasciare il posto fisso o essere trasferito lontano da casa, soluzione che finisce per preferire. Per metterlo nelle condizioni di dimettersi, la dottoressa Sironi lo fa girovagare in diverse località a ricoprire i ruoli più improbabili e pericolosi ma lui resiste eroicamente a tutto, anche al freddo Polo Nord. Proprio quando è sul punto di abbandonare l'amato posto fisso, si innamora e inizia per lui un'avventura fantastica alla scoperta di un nuovo mondo.

Una strategia digitale tradizionale probabilmente avrebbe visto schierarsi online un sito di riferimento, un trailer su YouTube e una pagina Facebook, e magari anche spezzoni scelti del film nei principali programmi televisivi, interviste radiofoniche e manifesti in città: una campagna crossmediale con i fiocchi. Ma così non è stato. Innanzitutto, dieci giorni prima dell'uscita nelle sale, la produzione ha inserito sullo store musicale digitale iTunes il singolo *La prima Repubblica*, volutamente in pieno stile Adriano Celentano e caratterizzato da un ritornello orecchiabile sul modo di vivere spensierato di un tempo. Non solo le vendite sono schizzate alle stelle grazie al passaparola innescato sui social network, ma in poche ore la canzone è balzata terza nei passaggi radiofonici, dopo Steve Wonder e Justin Bieber, proprio sotto il periodo natalizio: un successo annunciato. Parallelamente, su Facebook e alcuni portali di informazione come *Il Corriere della Sera* hanno iniziato a circolare tre teaser, tre brevi video collegati al film con protagonista proprio Checco Zalone. Niente backstage, scene tagliate o selezionate dagli autori: si è trattato di tre pillole dove il film era solo menzionato, senza alcuna scena del lungometraggio in questione. Un'operazione geniale, se per esempio prendiamo in analisi lo sketch ambientato nello studio di uno psicologo.
Zalone si reca da lui perché è molto preoccupato: sono cinque mesi che non dice più parolacce, sulle quali aveva costruito l'intera carriera attoriale. Adesso che sta per uscire il suo nuovo film, che non ne contiene, teme la delusione dei bambini. Ecco allora che lo psicologo lo provoca, chiedendo se la proiezione sarà gratis per tutti. Zalone, contrariato, torna a dire una parolaccia: un miracolo che lo rende radioso. Abbraccia con gioia lo psicologo che è riuscito a guarirlo, e quando questi gli dice il costo della prestazione, l'attore continua a imprecare. Segue poi negli ultimi frame il titolo del film e la data di uscita.
Che cosa sappiamo adesso del film noi utenti? Che non ci sono parolacce, una delle criticità più grandi evidenziate nelle precedenti pellicole, e dunque è adatto a un pubblico di famiglie con bambini. Al tempo stesso, è riuscito a far ridere il suo pubblico adulto più affezionato. Quello che ha fatto Checco Zalone, con il singolo musicale, i tre sketch e nessuna diffusione di immagini del film vero e proprio, è a tutto tondo un'operazione transmediale, perché è riuscito a raccontare la sua storia attraverso il mondo intorno.
Concludiamo il nostro approfondimento con le parole di Jeff Gomez, uno dei più importanti produttori nel campo dell'intrattenimento transmediale, contenute in un'interessante intervista diffusa da Meet The Media Guru, che alla richiesta di spiegare chiaramente il significato di narrazione transmediale ha risposto:

> Oggigiorno, in un mondo interconnesso come è diventato il nostro, l'attenzione fluttua dal monitor del PC al cellulare alla TV senza che ci pensiamo su due volte. Il problema è che le storie che amiamo non lo fanno. Non si comportano nel modo

in cui avremmo bisogno. La narrazione transmediale, invece, permette lo sviluppo di un mondo narrativo coerente che si estende su piattaforme multimediali multiple; è l'avanguardia di un processo di trasmissione di un messaggio, di un tema o di una trama a un pubblico di massa attraverso l'abile e ben studiato uso delle piattaforme multimediali. Si tratta di una filosofia di comunicazione e di estensione della marca che ne allunga il ciclo vitale e ne arricchisce il contenuto creativo.

Testi e immagini

La protagonista di *Alice nel paese delle meraviglie*, per mano di Carrol, già dall'inizio delle sue avventure, stesa sull'erba, si chiede annoiata: "E a che cosa serve un libro senza figure e dialoghi?". Anticipa di tanti anni ciò che poi avrebbe assunto il nome di multimedialità, inteso come un utilizzo contemporaneo e sinergico di diversi supporti che danno vita a loro volta a contenuti multimediali, cioè un insieme di immagini in movimento, immagini statiche, musica e testo. Niente di nuovo sotto il sole, se pensiamo ai capolavori degli amanuensi medievali che univano parole a miniature. Un esempio di prodotto multimediale dei giorni nostri è Wikipedia che, a differenza di una normale enciclopedia cartacea, permette di associare a ogni voce non solo la sua spiegazione testuale, ma anche fotografie, disegni esplicativi, filmati, suoni e commenti audio. Se una volta il termine multimediale era riferito soprattutto ai primi cd-rom, oggi abbraccia invece tutti quei supporti che rendono le informazioni fruibili, condivisibili e modificabili ovunque.

Verso la convergenza

Parlando di strategia digitale, costruzione di mondi e transmedialità, non possiamo fare a meno di accennare a un concetto molto caro al già citato Henry Jenkins: la convergenza, intesa come il punto d'incontro tra un flusso di contenuti e il pubblico su più piattaforme e, più in generale, la cooperazione tra più settori e mezzi di comunicazione. Nel suo saggio *Cultura convergente* (edizione Apogeo) l'accademico si è focalizzato sul modo in cui gli individui combinano fra loro diversi media, suggerendo così che la convergenza va intesa innanzitutto come uno sviluppo culturale, prima ancora che come un effetto delle tecnologie che avanzano. Benché il testo sia del 2006, risulta dieci anni dopo di estrema attualità. Da tempo il telefono cellulare, per esempio, ha cambiato le nostre abitudini: possiamo scattare foto, girare video, leggere libri; solo in seconda battuta possiamo anche fare e ricevere telefonate. Lo stesso vale per l'orologio di casa Apple, ben lontano dall'essere solo un dispositivo per leggere l'ora: musica, mappe, monitoraggio dell'attività fisica e dello stato di salute. Tutto converge in un unico oggetto, l'Apple Watch, che a sua volta converge in un unico profilo personale, predisposto a gestire una miriade di altre applicazioni e programmi. Inevitabilmente, i sette pezzi della strategia digitale sono coinvolti in questo processo di cambio di paradigma: il mittente è il risultato della convergenza di tutte le loro forze (Figura 8.10).

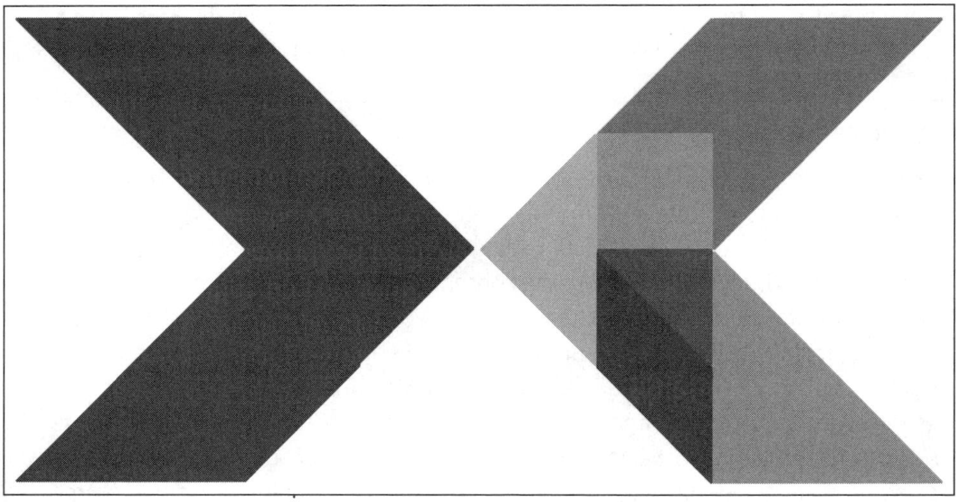

Figura 8.10 La sagoma di una freccia: ogni pezzo punta all'altro.

Il secondo triangolo grande: il destinatario

Pensiamo a Facebook, nato come rete sociale per mettere in collegamento le persone. Oggi è ben più di un semplice social network: è un punto di convergenza di abitudini e bisogni di noi utenti. Qui leggiamo le news del momento, facciamo gli auguri di compleanno agli amici, ci scambiamo messaggi nelle chat private, seguiamo i brand che sentiamo affini e organizziamo eventi. Adottando questo punto di vista, possiamo agire strategicamente sul piano di comunicazione, ripensando il triangolo grande del destinatario, che non ha solo la funzione di ricevente, ma anche di partecipante. Lo stesso Jenkins, partendo dalla teoria dell'intelligenza collettiva di Pierre Levy, ha mostrato come sia esplosa una cultura della partecipazione, dove il singolo individuo vuole prendere parte a un processo collettivo: diventare partecipe, interagire, dire la sua.

Da consumer a prosumer

Più di trent'anni fa, il futurologo Alvin Toffler coniò per primo, all'interno del suo libro *The Third Wave*, il termine *prosumer*, quando predisse che i ruoli di produttore e consumatore avrebbero cominciato a fondersi e a cancellare i confini che li separavano. È una composizione di parole tra *producer* (produttore) e *consumer* (consumatore) e anche ai giorni nostri indica un utente che da ricettore passivo diventa attivo e partecipa alle fasi di creazione, produzione, distribuzione e consumo.

Il quadrato: i contenuti

Anche il consumo di contenuti sul digitale è diventato un processo collettivo dove ciascun utente è chiamato a contribuire alla conversazione e alla diffusione di conoscenza, lasciando un commento a un blog, una recensione su un portale oppure un'integrazione utile a tutti, come nel caso di Wikipedia. Una pianificazione corretta dovrebbe prevedere contenuti aperti e bidirezionali, dove anche il destinatario può fare la sua parte. Pensiamo a uno studio medico che, per richiamare l'attenzione dei lavoratori intorno all'importanza di una sana alimentazione nella pausa pranzo, indice una call fotografica dove si invitano gli utenti a condividere una foto del pasto attraverso un hashtag dedicato. Il gruppo di nutrizionisti potrà poi, per esempio, farne una selezione quotidiana, commentarne la qualità e indicare salutari alternative. In questo modo, i contenuti sono prima stimolati dal mittente, prodotti dal destinatario e poi utilizzati nuovamente dal mittente, innescando un efficace livello di engagement.

La convergenza di Storify

Creare un solo punto di riferimento per i contenuti è una buona pratica per molte realtà: l'esempio più semplice è il sito web strutturato per ospitare il flusso di aggiornamenti di Twitter, scelti per profilo o hashtag, oppure lo streaming video di un ciclo di conferenze. In questo caso, la strategia digitale prevede una sorta di agevolazione per il destinatario, che non viene disperso su svariati presidi online (canale YouTube, profilo Twitter e così via) ma trattenuto all'interno di un mondo costruito ad hoc. Nel loro piccolo, anche piattaforme come Storify contribuiscono a far convergere i contenuti propri e di terzi. Infatti, Storify consente al mittente di comporre e pubblicare storie, partendo da contenuti già presenti sui social network. Attraverso una ricerca per hashtag, profili, tag e parole chiave è possibile selezionare singoli aggiornamenti che, una volta trascinati sul foglio virtuale a sinistra dello schermo, andranno a formare un paragrafo del racconto. In questo modo, in un unico posto, vengono convogliate diverse tipologie di contenuti (foto, video, testo) da diversi social media (Facebook, Twitter, Instagram, YouTube, Flickr ecc.).

Il parallelogramma: i valori professionali

In *Culture partecipative e competenze digitali: media education per il XXI* secolo, Henry Jenkins scrive:

> La produzione sociale del significato è più della moltiplicazione delle interpretazioni individuali; comporta una differenza qualitativa nei modi in cui diamo senso alle esperienze culturali, e in questo senso implica un profondo cambiamento nei modi in cui comprendiamo il tema delle competenze. In un mondo come l'attuale, i giovani hanno bisogno di abilità per lavorare all'interno dei social network, per condividere

> conoscenza all'interno di un'intelligenza collettiva, per negoziare attraversando le differenze culturali che caratterizzano gli assunti che governano le diverse comunità e per riconciliare i frammenti contrastanti di informazione al fine di formare un quadro coerente del mondo che li circonda.

È chiaro che la convergenza culturale e digitale porta lo stratega a dover essere sempre più competente, sia nell'uso degli strumenti sia nei singoli settori.

I due triangoli piccoli: le leve sociali

Alcune strategie digitali possono pensare di far convergere anche le meccaniche di coinvolgimento social del pubblico. Un esempio ci è fornito dalle applicazioni mobile che monitorano corse, passeggiate, giri in bici ed escursioni, come Run-Keeper, permettendo la pubblicazione di statistiche legate alle attività (mappe, distanza, calorie e tempo), prestazioni raggiunte e piani di allenamento su Facebook, Twitter e nelle pagine degli amici del network interno al sistema. Gli altri utenti possono così seguire in tempo reale i nostri allenamenti, standoci vicini (leva emozionale) con dati alla mano (leva razionale). Spostandoci nel panorama aziendale, prendiamo come esempio il caso di Edison, che su Twitter ha costruito diversi profili dedicati a specifiche community e gruppi di stakeholder, da @EdisonNews, che fornisce news sulle attività industriali, i risultati finanziari e l'aggiornamento su attività e iniziative culturali e sociali, a @Edison4Gov, pensato come luogo trasparente di informazione sulle attività organizzate dalle Relazioni Istituzionali della società nonché di dialogo con le istituzioni pubbliche italiane e dell'Unione Europea, il mondo politico, le associazioni, le ONG e i think tank del settore energetico. In questo caso, Twitter fa convergere i contenuti di diversi media, li diffonde agli utenti segmentati e offre una panoramica a 360 gradi sull'azienda, sia razionale sia emozionale, per esempio con la creazione di TweetBook da distribuire online.

Il triangolo medio: l'ascolto

Nel 2013, la società di marketing Nielsen, che opera nel campo dei vari media, ha stretto un accordo con il social network Twitter per mettere a punto *Twitter Tv Ratings*, un preciso strumento di misurazione di attività, visualizzazioni e portata di utenti raggiunti e coinvolti dai programmi televisivi. Da allora, prima negli Stati Uniti e poi in Italia, fornisce un modo alternativo per leggere il coinvolgimento degli spettatori, tracciando un quadro sull'attività partecipativa e la convergenza di due media così diversi, televisione e Internet. In questo caso specifico, il triangolo medio del Tangram monitorava quattro metriche: Unique Audience, il numero di account che hanno effettivamente visto almeno un tweet relativo a un programma TV; Impression, il numero complessivo delle volte in cui i tweet relativi a un programma TV sono stati visti; Unique Author, il numero di persone che hanno postato almeno un tweet relativo a un programma TV; Tweet, il numero di tweet riferiti a un programma TV di prima e seconda serata, a eccezione degli eventi sportivi e delle repliche. Ecco perché anche l'ascolto deve saper essere flessibile e sintonizzarsi anche su altri media, non solo quello digitale.

Il futuro del digitale

Vogliamo concludere questo manuale di strategia digitale con uno sguardo rivolto al futuro più prossimo. Ogni anno escono decine e decine di pubblicazioni, si organizzano eventi, si interpellano i grandi guru, ma è sempre più difficile prevedere *the next big thing*. Viviamo in un'epoca dove tutto ciò che ci circonda, online e non, cresce a una velocità smisurata rispetto al passato. Se ci limitassimo a scrivere ciò che si dice in Rete in questo momento, probabilmente al momento della pubblicazione risulterebbe già datato. Ecco perché con questo ultimo intervento ci limiteremo a capire le principali direzioni di approccio generale che difficilmente nei prossimi anni passeranno di moda.

Al servizio degli utenti

Ciò che davvero può fare la differenza tra un progetto di comunicazione e l'altro è sempre di più il rapporto umano che si instaura. Inutile nascondersi dietro a un dito: dopo anni dietro ad automatizzazioni di processi e aggiornamenti programmati, il destinatario ha imparato che può dare fiducia solo a un mittente con il quale può stringere un rapporto diretto e sincero, capace di personalizzare la sua esperienza dentro e fuori la Rete.

All'inizio del 2016, con un annuncio davvero sorprendente, Anna Masera, storica giornalista de *La Stampa* e Capo Ufficio Stampa e Responsabile Comunicazione alla Camera dei deputati durante la XVII legislatura, ha dato il via anche in Italia a una nuova figura professionale digitale: il Public Editor. Il suo ruolo sarà quello di voce del mittente al servizio del destinatario, in questo caso della comunità di lettori online. Inoltre, farà da garante, all'insegna della massima trasparenza. Come spiega la stessa Masera in un comunicato, il suo ruolo sarà duplice. Citiamo testualmente:

> Da una parte sarò *ombudswoman* (il termine *ombudsman* deriva da un ufficio di garanzia costituzionale istituito in Svezia nel 1809 e che significa letteralmente «uomo che funge da tramite»). Quindi sono benvenuti commenti e critiche che riguardano le notizie e gli approfondimenti che il giornale pubblica su carta e su Internet. Dall'altra parte mi occuperò della comunità di lettori-utenti: ovvero, come dice Margaret Sullivan,

public editor del *New York Times*, sarò responsabile anche del *reader engagement*. Quindi vi ascolterò per riportare al giornale i vostri contributi, per migliorare la qualità dell'informazione che vi diamo anche sulla base delle vostre esigenze e attraverso la vostra partecipazione.

A questa definizione ha fatto seguito anche una *netiquette*, una sorta di galateo digitale per mantenere la conversazione civile e costruttiva. Qui, per esempio, si fa riferimento tra le altre cose al senso dell'umorismo, da dosare responsabilmente, poiché online si può travisare facilmente o, peggio ancora, prendere per un'offesa. Allo stesso modo, l'utente viene messo in guardia dal pubblicare facili allusioni, sottintesi e insinuazioni, che spesso tendono a generare disordine e malanimo. Insomma: regole di buon vivere da non sottovalutare.
L'esempio visto fa riferimento alla nuova area di servizio della *customer satisfaction*, ovvero la soddisfazione del cliente, misurabile tenendo conto di ciò che pensa il destinatario riguardo il mittente e mantenendo sempre un atteggiamento aperto e consapevole che solo la conoscenza porta a un effettivo miglioramento. È un'evoluzione della costumer care e del costumer service, dove il prendersi cura dell'utente era funzionale solo nel momento in cui aveva un quesito che necessitava di una risposta. Conoscere il grado di soddisfazione del destinatario e farsi da tramite tra i due triangoli grandi del nostro Tangram è tutt'altra storia. È qualcosa che va al di là del semplice ascolto: diventa un dialogo, un rapporto di fiducia, un'esperienza a tutto tondo.

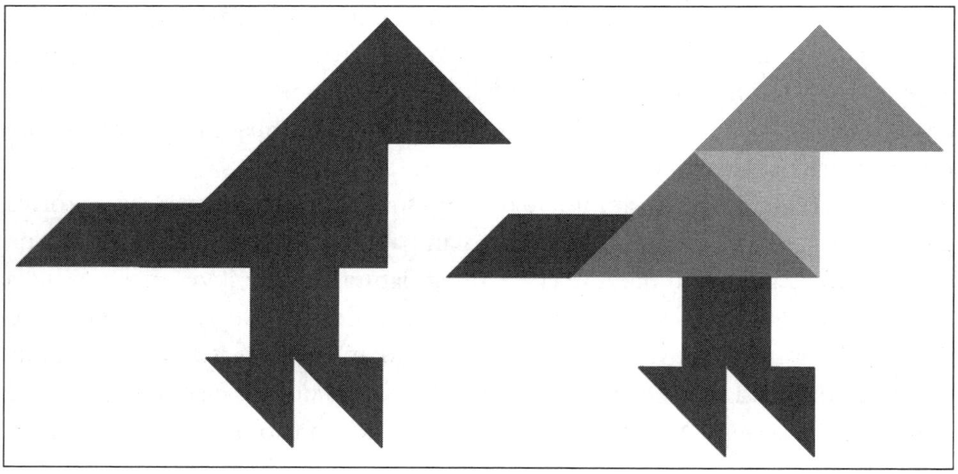

Figura 8.11 I pezzi che entrano in gioco a servizio dell'utente.

L'orecchio dell'ascolto qui è tra i due triangoli grandi come ponte, ma appartiene in egual misura a entrambi (Figura 8.11). In casi sempre più numerosi, il destinatario ha la possibilità di ascoltare una risposta del mittente, come nelle risposte alle recensioni di TripAdvisor o di Airbnb, dove a essere valutato non è solo chi ospita ma anche chi è stato ospitato. In questo caso la correttezza è bidirezionale: è possibile scrivere e modificare il proprio feedback entro 48 ore e solo se la controparte non ha ancora completato il proprio, in modo tale da non influenzarne il giudizio. Le recensioni di persona che ospita e persona ospitata vengono dunque pubblicate online solo quando entrambe risultano completate, lasciando comunque la possibilità di pubblicare un'ulteriore risposta a testa.
Henry Gordon Selfridge, fondatore dell'omonima catena di grandi magazzini londinesi, è il papà spirituale della celebre frase "il cliente ha sempre ragione", entrata nel linguaggio comune. Niente di più falso, in realtà: a volte, anche l'utente può aver torto, e se di relazione si parla, allora anche le responsabilità sono condivise. Essere al servizio degli utenti significa tutelarli con trasparenza, ma fiducia chiede fiducia, è un atteggiamento reciproco. L'unica direzione strategica da intraprendere, da qui in avanti, è imparare a prendere gli utenti in considerazione singolarmente, uno per uno, e non più comportarsi come se facessero parte di un unico grande pubblico.

> La gente si dimentica quello che hai detto, la gente si dimentica quello che hai fatto, ma la gente non potrà mai dimenticare come li ha fatti sentire.
>
> *Maya Angelou*

Sempre più educational

L'educazione, intesa come insieme di tutti quei processi di sviluppo di facoltà e arricchimento culturale, è un tema che sul digitale sta guadagnando terreno. Sempre più realtà inseriscono all'interno della loro strategia di comunicazione uno o più aspetti rivolti all'educational, a volte per trasferire nozioni utili al target al fine di far conoscere meglio il mittente e il suo lavoro, altre volte, invece, con un obiettivo di formazione per bambini e ragazzi. È il caso, per esempio, della recente partnership tra il gigante giapponese dei prodotti di intrattenimento interattivo Square Enix, casa madre di alcuni dei più famosi game del mondo come *Final Fantasy*, *Dragon Quest* e *Kingdom Hearts*, e l'associazione Pacer, acronimo di Parent Advocacy Coalition for Educational Rights. È così che una delle serie digitali più seguite, *Life Is Strange*, ha ospitato un concorso aperto a tutti gli utenti, riguardante le vittime di bullismo, intitolato *Everyday Heroes*. Questa operazione strategica prevedeva la raccolta di contributi fotografici e video concernenti storie positive di persone che si alleano per combattere le molestie e i bulli, riuscendo a vincere la loro battaglia con l'unione, senza violenza, insomma. Per ogni con-

tenuto condiviso con l'hashtag dedicato #EveryDayHeroes, la Square Enix ha effettuato una donazione al Pacer. Emozioni e nozioni si mescolano insieme per uno scopo didattico: da un lato il mittente trasmette una serie di valori in cui crede, dall'altro il destinatario può interagire e imparare.
La stessa parola "didattica" affonda le sue origini nel greco *didàskein*, che sta a indicare l'acquisizione della pratica dell'insegnamento e del mostrare. Caso nostrano, invece, quello di Poste Italiane, in collaborazione con la Fondazione Mondo Digitale: il progetto *Nonni in Rete. Tutti giovani alle Poste* consisteva in un programma di alfabetizzazione digitale della terza età per formare anche le persone più anziane all'uso del Web e delle nuove tecnologie di comunicazione, così da combattere l'esclusione sociale e tecnologica degli italiani over 65. Ancora una volta la leva emozionale e quella razionale, i due triangoli piccoli del nostro Tangram, si uniscono per formare una nuova figura (Figura 8.12).

Figura 8.12 I pezzi che entrano in gioco a scopo educational.

Ci sono poi realtà che decidono di sviluppare contenuti educational strettamente affini al proprio settore di riferimento. La Canon, azienda tra le maggiori produttrici mondiali di fotocamere digitali e altri prodotti legati a video e stampa, ha messo a disposizione sul proprio sito dispense professionali sulla fotografia in generale. La regola dei terzi, la prospettiva sfuggente, il bianco e nero: anche senza una macchina Canon tra le mani, l'utente ha la possibilità di imparare parecchie cose e – perché no? – anche essere stimolato inconsapevolmente all'acquisto. Anche l'azienda di make-up Pupa ha fatto un'operazione analoga sponsorizzando video tutorial su YouTube della truccatrice e webstar Clio Zammateo, meglio conosciuta come ClioMakeUp, già nel 2009 forte di una media di 500.000 visualizzazioni per singolo video e di una community di 150.000 fedelissime. Anche imparare a stendere uno smalto, incipriarsi il naso e abbinare più ombretti tra loro è educational. E ancora, MailUp, piattaforma digitale di cloud computing utilizzata da PMI e grandi imprese per creare, inviare e monitorare newsletter, email e SMS, ha dedicato alle risorse per gli utenti un'intera sezione sul proprio sito costantemente aggiornata con webinar, demo ed ebook, non direttamente collegati ai servizi a pagamento proposti, ma più indirizzati a costruire una conoscenza da parte dell'utente: un glossario completo con definizioni, tematiche e vocaboli dell'email marketing, un Osservatorio Statistico forte di un campione di 14 miliardi di messaggi e una raccolta di informazioni e normative per rispettare la privacy sono solo alcuni esempi.

La lezione che possiamo trarre noi, invece, è che confezionare risorse per il destinatario è un grande valore aggiunto nell'economia di una strategia digitale: incrementa sia la credibilità sia la riconoscibilità della realtà in questione. L'utente, venendo così in contatto con il mittente, ha la possibilità di arricchirsi di una nuova esperienza e di portarsi a casa qualcosa che, senza dubbio, sarà poi utile nella quotidianità. Ecco perché è una delle direzioni future da calcare il più possibile.

Dal planning al modelling

In uno dei suoi ultimi interventi in Italia, Greg Horowitt, californiano guru dell'innovazione e fondatore di Global Connect, illustrando i pilastri su cui si basano ecosistemi complessi come la SiliconValley ha dato un'indicazione precisa sull'approccio che si dovrebbe adottare:

> La sfida è passare da un egosistema a un ecosistema, da una organizzazione classica a piramide, basata su posizioni e ruoli codificati a una organizzazione che si basa più sui tempi e l'interazione tra gli attori. Dove tutti hanno ruolo importante e alla pari. [...] Bisogna superare il paradigma e passare da predire e ripetere a imparare e adattarsi, passare dal planning al modelling, un sistema dove l'insuccesso e il fallimento sono prodotti collaterale dell'innovazione.

Ecco che, a conclusione di questo volume, torniamo ancora una volta a parlare del pezzo più originale del Tangram, il parallelogramma e la sua grande capacità di diventare flessibile in ogni situazione, prevista e non da una strategia digitale. All'interno del processo di comunicazione, i confini dei singoli ruoli professionali sono sempre più labili, e il digital strategist non potrà essere solo chi pianifica le azioni da intraprendere.

Come suggerito da Horowitt, chi lavora con il digitale avrà sempre meno possibilità di predire le mosse di un destinatario e ripetere le attività pianificate, e dovrà per forza di cose fare tesoro delle esperienze e adattarsi di volta in volta. Secondo lui, la chiave di successo è nella similitudine con una foresta pluviale, dove contano solo le connessioni che si creano con foglie e radici, gli scambi fluidi, il sottobosco che circonda gli alberi. Anche una strategia digitale, dunque, può nascere da quello che lo startupper definisce un *creative system*, un sistema creativo dove l'immaginazione conta più della conoscenza. Nell'innovazione tecnologica così come, ci permettiamo noi, nella comunicazione per il digitale, si dovrà presto passare dal pianificare al modellare, lavorare dunque alla strategia non come se fosse un solido, ma una sostanza plastica alla quale imprimere ogni volta una forma nuova. Il Tangram è uno strumento che permette all'artista del digitale di sagomare, dare la forma, foggiare le idee per coinvolgere un pubblico in Rete.

Seguendo queste tre direzioni, ogni strategia digitale potrà avere come obiettivo l'unico che conta davvero, quello di migliorare la vita degli utenti. Questo può avvenire attraverso un rapporto di scambio di riflessioni, la pubblicazione di un tutorial su come costruire un mappamondo oppure con l'immediatezza della creatività: rendere migliore la vita a qualcuno, anche solo per un brevissimo secondo, anche sul digitale.

Appendice

Il metodo nella vita quotidiana

Senza nemmeno accorgercene, ogni giorno componiamo centinaia e centinaia di strategie per raggiungere obiettivi specifici, come mettere insieme cosa avanza nel frigo per preparare un pranzo veloce oppure raggiungere un luogo facendo la strada più breve e veloce. Abbiamo concluso tutto quello che c'era da dire sulla pianificazione digitale, ma la bellezza del Tangram non si esaurisce qui. Può rivelarsi, infatti, un meraviglioso strumento per dare struttura alle nostre relazioni e vivere al meglio il quotidiano, anche al di là dell'ambiente lavorativo. Ognuno nasce con una scatola da gioco: sta a noi decidere quali meraviglie comporre. Qui di seguito c'è un suggerimento d'utilizzo per ciascun pezzo, da applicare con le stesse uniche due regole del rompicapo: usare tutti e sette i pezzi e non sovrapporli tra loro (Figura A.1).

In questo capitolo

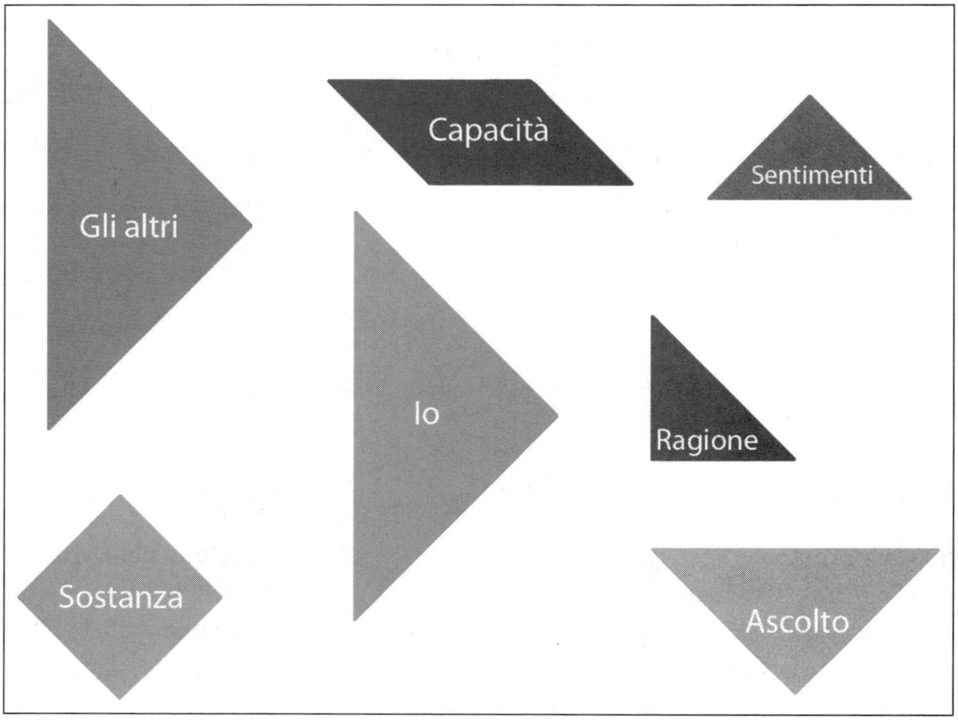

Figura A.1 Il Tangram e la nostra vita personale.

Il primo triangolo grande: riscoprire il proprio io

È il primo passo per riuscire a muovere tutti gli altri componenti. È molto importante avere consapevolezza di chi siamo, dei nostri limiti e dei nostri talenti. Per farlo, innanzitutto dobbiamo scrollarci di dosso le etichette che le persone negli anni ci hanno affibbiato: non è detto per esempio che, se tutti ci vedono e descrivono sempre calmi e paciosi, lo siamo davvero. Un buon modo per trovare dentro di sé le risposte giuste al dilemma "chi siamo?" è ripensare a che cosa preferivamo fare quando eravamo bambini e quali erano i nostri atteggiamenti nei confronti della vita di tutti i giorni. Potremmo ricordarci della tendenza a isolarci per fantasticare quando eravamo in un gruppo numeroso, oppure del piacere di partecipare attivamente ad attività che prevedevano la manualità: sono tutti indizi per scoprire la nostra vera natura, nascosta dal tempo, dalle strade intraprese per necessità e dai giudizi di altri. Rispolveriamoci.

Il secondo triangolo grande: capire chi abbiamo davanti

Qualsiasi persona incontriamo durante il giorno, dal panettiere al commercialista, diventa destinatario del messaggio che abbiamo necessità di veicolare, che sia chiedere un pezzo di focaccia o comunicare il pagamento di una parcella. Non dobbiamo per forza conoscere personalmente chi abbiamo davanti per capire come dobbiamo comportarci: ogni segmento ha un suo particolare codice di linguaggio, stile e comportamento. Come visto in più riprese in questo manuale, l'empatia è un elemento fondamentale per aiutarci nelle comunicazioni, ancora di più nella sfera personale. Capire a pelle il prossimo è un dono, ma a volte anche il nostro intuito può venire ingannato. Non bisogna fermarsi alle apparenze o ai pregiudizi: alcuni comportamenti potrebbero solo fare da scudo alla timidezza e al senso di inadeguatezza dell'interlocutore. Seguire il fiuto va bene, ma facendo sempre attenzione a non finire fuori pista.

Il quadrato: essere di sostanza

In una società dove tutti hanno la possibilità di dire la propria, il silenzio è diventato un valore molto raro. Se non abbiamo alcun contenuto concreto e intelligente da condividere, è sempre meglio stare zitti. Un aforisma ripetutamente citato dice: "È meglio rimanere in silenzio ed essere considerati imbecilli, piuttosto che aprire bocca e togliere ogni dubbio". Inoltre, l'atto del comunicare mette in conto una certa attenzione e dispendio di energie da parte del destinatario, che deve decodificare il nostro messaggio. Evitiamo la retorica fine a se stessa, giri di parole, forme linguistiche scontate, espressioni di concetti banali, sia nella forma verbale sia scritta. Cerchiamo di imparare a concentrare quello che vogliamo dire, e allo stesso tempo a mantenere una chiarezza di fondo che vada dritta al punto: se ogni parola costasse un euro, quante ne useremmo davvero?

Il parallelogramma: diventare sempre più flessibili

Impariamo a non fissarci su un'idea, mai. Piuttosto, comportiamoci come l'acqua: scorriamo con la corrente, il flusso di ciò che accade. Come diceva il poeta Luigi Cibrario, impariamo a fare l'inchino al nostro destino. Il corso degli eventi porta ogni volta qualcosa di inaspettato; ecco perché è inutile (e controproducente) rimanere aggrappati alla nostra idea di futuro. Proprio quando tutto sembra andare per il verso sbagliato, si aprono nuove opportunità di crescita e rinascita. Il bambù è il simbolo per eccellenza della flessibilità: si piega senza spezzarsi mai. E così dobbiamo imparare a fare anche noi, adattandoci a quello che succede nel mondo interiore ed esteriore. Inoltre, possiamo provare man mano a introdurre i valori delle *Lezioni americane* di Calvino anche nel quotidiano: la leggerezza quando riempiamo una valigia per partire, la brevità quando dobbiamo rispondere a una email, la molteplicità dei nostri scambi culturali, la coerenza quando dobbiamo prendere una decisione, e così via.

Il primo triangolo piccolo: fare tesoro della logica

Nell'uso comune, la logica è l'arte di condurre un ragionamento, argomentando ciò che si pensa e mettendo in fila le idee. Fin da piccoli siamo stati abituati a ragionare in questo modo: pensiamo a quando abbiamo imparato a vestirci (prima la maglia e poi il cappotto) o quando abbiamo guidato per la prima volta (prima si gira la chiave e poi si passa dalla frizione all'acceleratore). La logica è strettamente legata alla razionalità che ci aiuta a dare una struttura a ciò che ci circonda: può essere la scaletta di un saggio, il programma delle pagine da studiare prima di un esame universitario, oppure anche solo la lista della spesa. Ragionare per schemi e mappe mentali è un ottimo esercizio anche per memorizzare dati, visualizzare concetti complessi e fare chiarezza su eventuali dubbi attraverso un pensiero che metta in ordine cause ed effetti.

Il secondo triangolo piccolo: dare spazio alle emozioni

In contrapposizione alla razionalità, ecco che fanno capolino i sentimenti, da non soffocare né ignorare, in quanto sono la voce dell'anima. Il recente film d'animazione *Inside Out*, firmato da Walt Disney Pictures, ne ha rappresentati cinque (gioia, disgusto, paura, rabbia e tristezza), benché gli studi dello psicologo statunitense Robert Plutchik, che hanno ispirato il cartone, ne prevedano altri tre: accettazione, sorpresa e attesa. Qualsiasi sia lo stato d'animo del momento, cerchiamo di non allontanarlo da noi, ma di comprenderlo e farne tesoro: ne risentirà positivamente anche il lavoro. Siamo furibondi con il collega? Andiamo a correre. Sentiamo le farfalle nello stomaco? Disegniamole. Lasciando libero sfogo alle emozioni potremmo cogliere l'occasione per tradurre in atti creativi ciò che ci accade, che sia una disgrazia inaspettata o un'opportunità che cercavamo da tempo.

Il triangolo medio: fermarsi ad ascoltare

Questo consiglio vale sia per l'ascolto di noi stessi sia degli altri. Chi non è abituato a prestare attenzione a suoni e parole spesso avrà difficoltà a sua volta a farsi capire, incidendo sulla qualità della vita. La maggior parte dei salotti televisivi è la sintesi di tutto ciò che non si deve fare: parlarsi addosso, dando per scontato quello che sta per esprimere l'interlocutore, e avere fretta. Il risultato? Una perfetta incomunicabilità. Occorre prendersi invece una pausa, sospendere il giudizio e prestare attenzione, anche solo per avere più tempo al fine di formulare meglio la propria risposta. Come nel digitale, ascoltare ciò che le persone più vicine pensano di noi può anche rivelarsi utile per migliorarsi. E allo stesso modo, facciamo monitoring della nostra voce interiore, la nostra coscienza, il famoso "Grillo Parlante" che ci aiuta a orientarci sempre verso le scelte più sagge.

Sette buoni libri

Come abbiamo visto in questo manuale, tra le capacità più utili a un digital strategist c'è anche il saper attingere da settori completamente diversi dal proprio. Alcune letture possono rivelarsi di grande stimolo per l'attività professionale: non importa se apparentemente non riguardano il settore del digitale, perché sarà il nostro cervello a creare le giuste connessioni nei momenti più inaspettati, sotto la doccia, spingendo il carrello della spesa, prima di dormire. All'interno di questo manuale sono stati citati numerosi volumi, ma non c'è stato modo di inserire tutti quelli indispensabili per aprire la mente sull'approccio alla strategia. Rimediamo qui nell'appendice. Ecco allora che, per ciascuno dei sette pezzi del Tangram, abbiamo pensato di selezionare un libro che potesse venire incontro alla necessità di trovare spunti e nuove occasioni di riflessione: arte militare, turismo, ordine, futuro, fisica, scrittura e filosofia. Buona lettura!

Il triangolo grande del mittente

Ecco il trattato di strategia per eccellenza: Sun Tzu, con *L'arte della guerra*, ci dà una grande lezione per imparare a gestire i conflitti in modo profondo e non distruttivo, perché anche nella nostra vita quotidiana "la miglior battaglia è quella che vinciamo senza combattere". Queste pagine sono innanzitutto un modo per conoscere noi stessi, prima ancora della controparte. Il contenuto ha ampiamente influenzato la filosofia orientale nel corso dei secoli, e oggi questo testo viene utilizzato nelle scuole di management di tutto il mondo. Perché Sun Tzu non si limita a impartire precetti per sconfiggere i nemici sul campo di battaglia. Quella che propone, ben 500 anni prima della nascita di Cristo, è una strategia militare ampia e raffinata, un'arte: nel campo del digitale non abbiamo un nemico, anzi, ma c'è comunque qualcuno che, in senso figurato, dobbiamo saper conquistare.

Il triangolo grande del destinatario

Facciamo un balzo temporale notevole e arriviamo ai giorni nostri: *L'altro e l'altrove. Antropologia, geografia e turismo* (edizione Einaudi), di Marco Aime e Davide Papotti, racconta come negli ultimi decenni i viaggiatori si nutrano prima di tutto di un immaginario sulle mete che raggiungono. Attraverso l'analisi di città e paesi nel mondo, i due studiosi affrontano un percorso che porta alla luce diverse tipologie di persone, che a loro volta fanno parte di comunità, con precisi interessi, desideri ed esigenze. Anche se non viene esplicitato, il digitale in questa ricerca ci viene incontro, perché ci permette di studiare i vari segmenti da vicino, partendo dalla semplice analisi di ciò che viene pubblicato e condiviso. Solo conoscendo le differenze del nostro pubblico abbiamo la possibilità di costruire performance da sogno e di conseguenza offerte, in questo caso turistiche, ben mirate.

Il quadrato del contenuto

Libri, documenti, ricordi, vestiti: in casa, in ufficio e sul nostro desktop siamo costantemente sommersi da un'infinità di oggetti che creano spesso una gran confusione. Non poteva che arrivare da un'autrice giapponese, Marie Kondo, *Il magico potere del riordino* (edizione Vallardi), un manuale intelligente per trovare finalmente quel che ci serve in un attimo. Nel libro che l'ha resa una vera star, la scrittrice ha messo a punto un metodo che garantisce ordine, organizzazione degli spazi domestici… e di conseguenza la serenità, perché nella filosofia Zen il riordino fisico è un rito che produce incommensurabili vantaggi spirituali: aumenta la fiducia in se stessi, libera la mente, solleva dai rimorsi, valorizza le cose preziose, porta a fare meno acquisti inutili, e dunque a risparmiare. La confusione è spesso sinonimo di creatività, ma ci sono casi in cui il rigore è davvero necessario. Come, per esempio, nella costruzione di una strategia digitale.

Il parallelogramma dei valori professionali

Per questo pezzo, ci concediamo una lettura più narrativa. *Il cerchio* di Dave Eggers (edizione Mondadori) ci ricorda che prima di tutto siamo esseri umani, e che dimenticarlo ci porterebbe a un totale annullamento della nostra unicità. Mae Holland è una ragazza in gamba che entra a lavorare per il Cerchio, una neanche tanto velata metafora dei colossi tecnologici come Google. Quello che a prima vista assomiglia a un paradiso, si trasforma presto in un incubo complicato da gestire sia a livello personale sia lavorativo. Il progetto di usare le reti sociali per creare un mondo più trasparente e sicuro, senza barriere tra pubblico e privato, è davvero privo di conseguenze o rende le persone più esposte e fragili, alla fine forse più manipolabili? La visione di Eggers, anche se a prima vista può sembrare un po' azzardata, nasconde un amaro fondo di verità.

Il triangolo piccolo della leva razionale

Concetti complessi come il tempo, la gravità, lo spazio e la velocità, nelle *Sette brevi lezioni di fisica* di Carlo Rovelli (edizione Adelphi), sembrano davvero delle bazzecole. Questo librettino è un chiaro esempio di come anche gli argomenti più ostici possano diventare accessibili a tutti, senza richiedere particolari studi, solo grazie all'uso di un linguaggio preciso, semplice e sintetico. Dal mondo dell'infinitamente grande come l'universo a quello infinitamente piccolo come gli atomi, fino alle teoria della relatività generale di Einstein e alla meccanica quantistica: meno di cento pagine capaci di affascinare anche il lettore più pigro. Qui tutto ruota intorno a studi, ricerche e dati, facendo leva sulla nostra innata necessità di dare una forma a tutto ciò che ci circonda. Fisica atomica, teoria dei quanti e termodinamica non avranno più segreti.

Il triangolo piccolo della leva emozionale

Gli *Esercizi di stile* del francese Raymond Queneau (edizione Einaudi) ruotano intorno a una trama raccontata in novantanove modi diversi, ognuno con uno specifico stile di narrazione. La storia è molto semplice: verso mezzogiorno, su un autobus affollato, un uomo si lamenta con chi lo spinge di continuo e, non appena trovato un posto libero, lo occupa; il narratore lo rivede dopo un paio d'ore da un'altra parte con un amico, che gli dice di far mettere un bottone sul soprabito. Ci sono versioni enigmistiche, retoriche, con linguaggi settoriali, gerghi e lingue maccheroniche, e altre con varianti che spaziano dal testo teatrale al tema scolastico fino all'interrogatorio. I novantanove testi ci insegnano a usare il ventaglio completo delle possibilità che si hanno con le parole e a migliorare di conseguenza anche il nostro digital storytelling più prettamente emozionale.

Il triangolo medio dell'ascolto

I più invece, a quanto ci è dato vedere, sbagliano, perché si esercitano nell'arte di dire prima di essersi impratichiti in quella di ascoltare, e pensano che per pronunciare un discorso ci sia bisogno di studio e di esercizio, ma che dall'ascolto, invece, possa trarre profitto anche chi vi s'accosta in modo improvvisato.

Queste sono le sagge parole di Plutarco contenute nel suo capolavoro *L'arte di ascoltare*: il filosofo greco dedica la sua opera al giovane Nicandro, in occasione del suo ingresso nell'età adulta, affinché sia preparato a cercare in ogni cosa che incontrerà la pacatezza e la riflessione che solo imparando ad ascoltare si può ottenere. Dulcis in fundo, Plutarco ci dà anche qualche indicazione comportamentale, utile per gli incontri con i futuri clienti:

Stare seduti a busto eretto, senza pose rilassate o scomposte; lo sguardo deve rimanere fisso su chi sta parlando, con un atteggiamento di viva attenzione; l'espressione del volto dev'essere neutra e non lasciar trasparire non solo arroganza o insofferenza ma perfino altri pensieri e occupazioni.

Tangram in tasca

In commercio ci sono centinaia di tipologie di Tangram, da quelli in pietra di inizio Novecento all'asta su eBay a quelli in legno proposti dai negozi di giochi educativi delle nostre città, fino a quelli 3D in plastica nei rivenditori online di articoli giapponesi. Benché il suo costo sia di poche decine di euro, un'ottima alternativa all'acquisto è valutare una soluzione personalizzata fai-da-te.
Costruirsi i sette pezzi del Tangram da portare sempre con sé è piuttosto semplice e veloce. A seconda della vostra abilità manuale potrete scegliere la tipologia di supporto: carta colorata, cartone, feltro e – perché no? – compensato.
Anche sulle sue dimensioni avrete ampia scelta, da una versione ridotta da portafoglio a una più grande da pavimento.
Tenete sempre un Tangram a portata di mano: potrebbe rivelarsi molto utile durante un brainstorming di gruppo oppure semplicemente per verificare che tutti i suoi componenti siano stati presi in considerazione, sia in fase di stesura sia nel momento in cui dovrete tirare le somme a fine lavori. Inoltre, potrete decidere di personalizzare i pezzi di volta in volta, non solo attraverso materiali e colori, ma anche, per esempio, scrivendo su ciascuno il suo ruolo e gli obiettivi che bisogna raggiungere. In questo modo, avrete la possibilità di costruire anche le basi per una presentazione dal cliente, che potrà così comprendere meglio il lavoro per il quale sta investendo tempo, risorse e budget.
Infine, se si presenterà l'occasione di fare formazione, il Tangram potrà diventare un valido compagno per affrontare workshop pratici in caso di training di uno staff dedicato alla comunicazione su media digitali.
Numerosi studi evidenziano come l'approccio ludico nell'insegnamento sia fondamentale, e questo rompicapo più di altre metodologie apre alla possibilità di esercitare la creatività individuale, portando alla luce la stessa freschezza e l'entusiasmo di quando il gioco era la nostra occupazione principale. Per esercitarvi nella sua costruzione, procuratevi un foglio di cartoncino, una matita, un righello e un paio di forbici.
Ecco le istruzioni.

1. Disegnate un grande quadrato su un foglio, meglio se a quadretti. Nel caso aveste bisogno di un ulteriore aiuto, tracciate con il righello quattro linee verticali e quattro orizzontali equidistanti, così da ottenere sedici quadrati uguali all'interno di quello più grande. Saranno le vostre guide (Figura A.2).

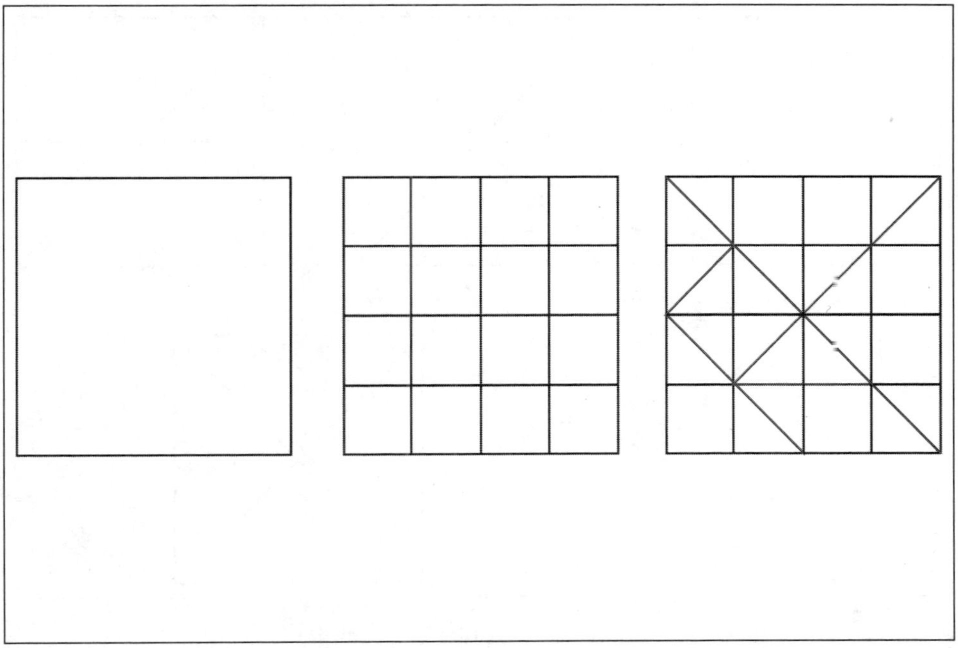

Figura A.2 Istruzioni per costruire un Tangram con le otto linee guida.

2. Tracciate una diagonale che taglia a metà il quadrato grande che avete appena disegnato e tagliate con le forbici lungo la linea creata, così da ottenere come risultato due metà.

3. Prendete in mano solo una metà del quadrato grande e dividetela a sua volta in due parti: così facendo otterrete altri due triangoli grandi uguali, quelli che in questo manuale di strategia digitale rappresentano simbolicamente il mittente e destinatario.

4. Lasciate da parte le due forme ottenute e occupatevi della seconda metà del quadrato grande, dal quale dovrete ritagliare un triangolo medio seguendo una linea che unisce la metà dei lati più corti del triangolo. Questo procedimento sarà decisamente più facile se a monte avrete tracciato le quattro linee verticali e orizzontali equidistanti come suggerito al primo punto di questo elenco. In alternativa, potete fare riferimento alla Figura A.3, altrimenti continuate nella lettura dei punti 5, 6 e 7, decisamente più tecnici.

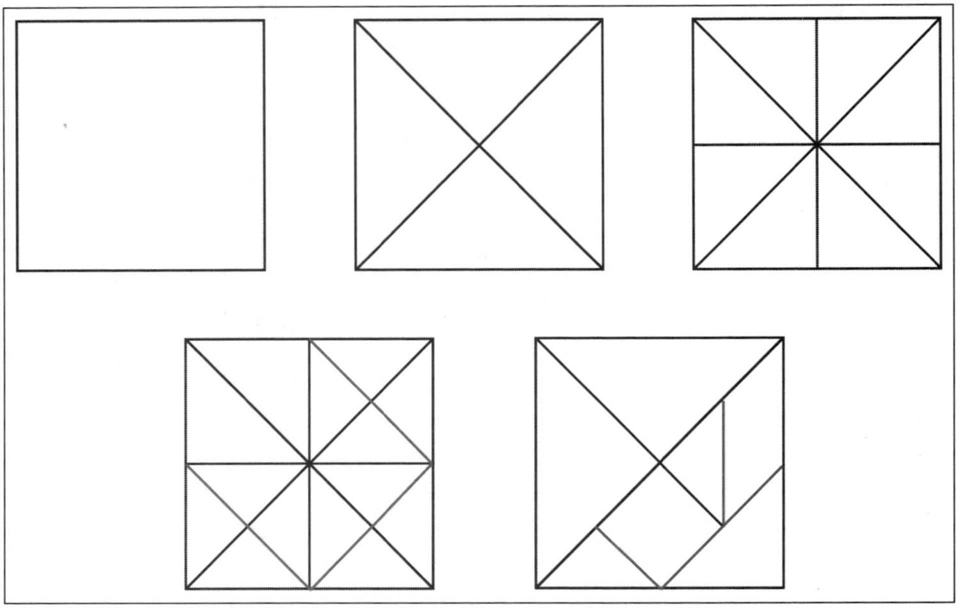

Figura A.3 Un secondo metodo per costruire il Tangram.

5. Seguendo la linea perpendicolare che unisce l'estremità della base minore del trapezio a quella maggiore, riuscirete a ricavare poi un triangolo più piccolo: la prima leva social.
6. Tracciando una perpendicolare che divide a metà la base minore del trapezio rimasto tra le vostre mani, sarete riusciti a isolare il quadrato: i nostri contenuti.
7. Infine, grazie a un ultimo taglio verticale e parallelo al lato obliquo del trapezio rimasto, ecco a voi gli ultimi due pezzi: il secondo triangolo piccolo e il parallelogramma, rispettivamente la seconda leva social e il bagaglio valoriale del digital strategist.

Prima di passare alle conclusioni di questo volume, apriamo una piccola parentesi sfiziosa sulla geometria del rompicapo che ci ha accompagnato nella lettura. Le sette figure del Tangram hanno un fil rouge che le unisce e le contraddistingue: ciascuna è un multiplo del triangolo più piccolo. Infatti, il triangolo medio, il quadrato e il parallelogramma presentano ciascuno un'area doppia di quella di un triangolo piccolo; e ogni triangolo grande ha un'area quadrupla rispetto al triangolo piccolo. Potrete accorgervene accostandoli o sovrapponendoli tra loro. Infine, tutti gli angoli sono o retti o di 45 o 135 gradi. Ed è proprio grazie a tali rapporti precisi che possiamo capire come con questi sette pezzi sia possibile costruire figure geometriche come il quadrato, il triangolo, il rettangolo e il trapezio. Se volete approfondire l'argomento, il consiglio è quello di trovare nei mercatini dell'usato o nelle biblioteche il volume, ormai fuori catalogo, *Tangram*, di Reginaldo Lucioli (edizione Mondadori, 1989). Oltre a centinaia e centinaia di figure da comporre e interpretare, troverete qui una lunga prefazione scritta da uno dei massimi esperti di giochi, il giornalista Giampaolo Dossena, che vi condurrà attraverso il magico mondo dei sette pezzi con uno sguardo allo stesso tempo matematico e psicologico molto intrigante. Insomma, una lettura che non potrà mancare sul vostro comodino se siete diventati anche voi grandi appassionati di Tangram.

Finalmente le conclusioni

In queste pagine abbiamo trattato diversi argomenti, a volte molto diversi tra loro, vestendo i panni di quello che una volta, prima dell'avvento del metodo scientifico, era la figura dell'alchimista. Al di là dell'aspetto esoterico, che in questa sede non ci interessa minimamente, è curioso osservare come il suo lavoro consistesse nell'atto di unire le più svariate conoscenze e discipline, dalla chimica all'astrologia, dalla metallurgia alla medicina, lasciando molte tracce anche nella storia dell'arte. Il manuale che state per concludere di leggere ha usato lo stesso metodo: abbiamo toccato le tematiche più disparate, plasmando idee (a volte anche semplificandole molto) e fondendo insieme concetti apparentemente inconciliabili. Il termine stesso "alchimia" vuol dire proprio "colare insieme", "saldare", "allegare", derivando dalla parola araba *al-khīmiyya*, ovvero "chimica" in italiano, che a sua volta sembrerebbe arrivare dal termine greco *khymeia*, che significa "unito", "colato". Gli obiettivi degli alchimisti, inoltre, erano molto ambiziosi: ottenere il massimo della conoscenza in ogni campo della scienza, creare un rimedio per tutte le malattie, trasmutare in oro i metalli meno pregiati come il ferro e il piombo, prolungare la vita oltre qualsiasi limite, nonché, come ci ricorda Harry Potter, trovare la tanto agognata pietra filosofale. Alla base di tutte le finalità, c'era la volontà di trasformare le cose. Il digital strategist compie un'azione magica molto simile: prende il contenuto grezzo e lo fa diventare altro. Il mondo digitale stesso è sinonimo di continua trasformazione.

Nel giro di pochi anni, subito dopo l'esplosione di Internet, abbiamo visto nascere gruppi di discussione, diari online, piattaforme collaborative, social network. Le nostre stesse abitudini sono cambiate con il passare del tempo, portandoci a essere connessi giorno e notte, e in piena mobilità, grazie a smartphone e tablet. Non solo: ogni secondo che passa nuove idee si illuminano nei quattro angoli del globo, facendo nascere innovazioni fino a poco tempo prima nemmeno immaginate. Cambiano la società, le professioni, i confini culturali, l'ambiente: è una continua riformulazione di idee, credenze e teorie, in tutti i campi dello scibile umano. Pensiamo al nostro corpo e al ricambio cellulare, per non parlare della ciclicità legata al mese femminile. Fino al Tangram, rompicapo per eccellenza di tutto ciò che è mobile, che può essere trasformato in qualcos'altro in poco tempo rimescolando i pezzi tra loro.

Considerato da Confucio come scritto di immensa saggezza, *I-Ching. Il Libro dei Mutamenti* è il primo dei testi classici cinesi, antecedente alla nascita dell'Impero. A livello popolare, viene ancora oggi usato per la divinazione, attraverso la lettura dei significati associati ai 64 esagrammi, una serie di composizioni di sei linee continue e interrotte. Nel corso dei secoli, è stato il testo di riferimento per taoisti e numerosi buddhisti: viene sviluppato il concetto di mutazione continua attraverso l'avvicendarsi degli opposti interdipendenti yin e yang, e ci viene così ricordato come tutto, noi compresi, sia il risultato dell'unione di contraddizioni apparenti, come due facce della stessa medaglia. Il filosofo Gottfried Wilhelm von Leibniz vide nel simbolismo de *I-Ching* (linea spezzata uguale a 0, linea continua a 1) un primo perfetto esempio di numerazione binaria, come illustrò poi nel suo saggio del 1705, *Spiegazione dell'aritmetica binaria*, che successivamente verrà riscoperto dal logico e matematico George Boole. Ma gli uomini di scienza non furono gli unici ad appassionarsi al testo cinese.

Il celebre psichiatra e psicoterapeuta svizzero Carl Gustav Jung, per anni collaboratore di Freud, dal quale poi si allontanò per svariati dissapori, studiò a lungo il meccanismo dietro *Il Libro dei Mutamenti*. Questo interesse lo portò a coniare il concetto di sincronicità, intesa come la possibilità di una connessione non casuale di uno o più eventi che paiono paralleli e significativi. È proprio la casualità, in realtà, a essere in perfetta sincronia con quello che accade secondo Jung. Ma in qualunque modo la si pensi, sia che esista un destino o una serie di cause susseguite da un effetto, è sorprendente osservare il percorso che ci porta a una determinata scelta e situazione. Steve Jobs, nel discorso ai neolaureati della Stanford University del 2005, reso celebre dall'invito "*stay hungry, stay foolish*", fa proprio riferimento a quello che lui chiama "unire i puntini": collegare insieme gli eventi accaduti e che ci hanno portati a scegliere un determinato lavoro o un determinato partner, per esempio.

Insomma, non è possibile unire i puntini guardando avanti; si può unirli solo dopo, guardandoci all'indietro. Così, bisogna aver sempre fiducia che in qualche modo, nel futuro, i puntini si potranno unire. Bisogna credere in qualcosa: il nostro ombelico, il destino, la vita, il karma, qualsiasi cosa. Perché credere che alla fine i puntini si uniranno ci darà la fiducia necessaria per seguire il nostro cuore anche quando questo ci porterà lontano dalle strade più sicure e scontate, e farà la differenza nella nostra vita. Questo approccio non mi ha mai delusa, anzi, ha sempre fatto la differenza nella mia vita.

Chi lo sa? Magari anche questo stesso manuale è arrivato nelle vostre mani grazie a una serie di sincronicità... Ma una cosa è certa: l'idea stessa di associare il rompicapo cinese Tangram alla strategia digitale è arrivata oggi in libreria dopo un percorso tutto particolare, durato più di vent'anni, fatto di tappe inaspettate.

Una nota squisitamente personale

Ogni sera, alle sei in punto, suonava al citofono di casa mio nonno Gemmo. Veniva a passare un'oretta da noi, prima di raggiungere mia nonna per la cena. Per me, che ero una bambina che aveva appena iniziato le elementari, era un momento molto bello. Avevamo il nostro rito: fare una partita a dama, con la tacita regola che se perdevo, e succedeva sempre, avevo diritto a una rivincita. Il più delle volte, ma questo l'ho realizzato in seguito, mi lasciava vincere il secondo giro. Aveva una strategia tutta sua per battermi, ne ero affascinata, perché non comprendevo come fosse possibile: per parecchi anni è stato un grande stimolo per cercare di prevedere le mosse successive, studiare i movimenti dei singoli pezzi, leggere le sue espressioni facciali. La strategia, inconsapevolmente, iniziava a interessarmi.

Qualche mese dopo, durante un viaggio a Parigi, sua figlia, mia mamma Laura, mi comprò un gioco di legno alle Galeries Lafayette, poiché era l'unico modo per farmi stare buona al ristorante. Era il mio primo Tangram: i sette pezzi erano tutti neri e il libretto di istruzioni dava qualche spunto per iniziare a costruire delle forme. Mi piaceva, trovavo incredibile il fatto che con così poco si potesse costruire un mondo. E soprattutto, essendo sempre stata molto pigra, mi evitava la fatica di disegnare quello che avevo in testa. Con l'arrivo del primo computer a casa, dopo qualche tempo, la scatola del gioco finì su una mensola della mia camera ad accumulare polvere. La tecnologia ormai aveva invaso ogni angolo della casa e quello schermo verde con le scritte nere mi avrebbe cambiato la vita.

Alle medie e al liceo coltivai la passione per tutto ciò che era legato a Internet. Dopo il diploma, mi iscrissi alla Facoltà di Lettere moderne, pensando che il mio futuro fosse legato alla scrittura; in breve tempo mi accorsi invece che la mia vera vocazione aveva a che fare con creatività, tecnologia e viaggi. Come tanti ragazzi di quell'età, non avevo le idee chiare, ma iniziai da volontaria in un ufficio stampa, poi presi i miei primi lavoretti, poi commissioni più grosse. Via via, si stava definendo la mia professione: coinvolgere le persone online.

Nell'estate 2009 decisi di visitare per la prima volta la città di New York. Una volta atterrata, qui ho incontrato Leonardo, amico di amici, e un colpo di fulmine mi ha portata a fermarmi per quasi tre anni nella Grande Mela. E così nacque *Nuok*, una fortunata rivista online di viaggio con una redazione di sessanta ragazzi in tutto il mondo, un buon numero di riconoscimenti alle spalle e tre pubblicazioni su carta. Questo portò inevitabilmente nuovi lavori, tra i quali una serie di docenze sul digital storytelling e, più in generale, la strategia digitale. Nel maggio 2015 mi chiesi come avrei potuto spiegare ai miei studenti ancora meglio ciò che applicavo tutti i giorni. Mi sono guardata intorno e ho intercettato la scatola di Tangram: l'ho riaperta dopo più di vent'anni e ho iniziato a dare a ogni pezzo un significato. Il risultato è dentro le pagine che state terminando di leggere.

Figura A.4 Uno dei tanti paradossi possibili con il Tangram.

Voglio dunque ringraziare mio nonno, mia mamma e il mio compagno perché, guardando indietro e unendo i puntini, è grazie a loro che oggi posso condividere con gli altri un metodo che per me si è rivelato prezioso. Ma anche grazie a mia sorella Beatrice per l'aiuto nelle immagini, a Enrico per quello nelle parole. E un grazie molto particolare a Riccardo, il più grande stratega che io abbia mai avuto l'onore di conoscere, che con i fatti mi ha dimostrato che non c'è nemico impossibile da battere se abbiamo pianificato una solida strategia capace di resistere a criticità e attacchi imprevisti.

Indice analitico